JN128690

青木　豊・中村　浩
前川公秀・落合知子 編著

博物館と観光

社会資源としての博物館論

雄山閣

博物館と観光―社会資源としての博物館論―　目次

はじめに

インバウンドと呼ばれる外国人観光客数は2017年には2,840万人、2018年はこれを超える数になるのは確実であろう。日本政府は、2020年に訪日外国人数を4,000万人に増やすとするが、この目標実現も近いと思われる。

本書は博物館側から観光という側面に照らして、博物館の在り方、あるいは対応の問題について考えたものである。以下本書の記述に従って簡単に紹介しておきたいと思う。

第1章では博物館の設立に関する問題をその構想から計画、さらに設立という動きの中でいかに対応してきたのかを、個別の事例を取り上げながら考えたものである。とくに各館ともに観光という面を意識した構想・計画となっている点は注目される。

第2章で観光政策と博物館を巡る諸問題について、まず観光行政と文化行政の問題について、文化財保護法をはじめ目まぐるしく変化する文化行政との関連では博物館及び文化財を取り巻く法的な諸問題を取り上げて考える。

国が強く進めている観光先進国構想を踏まえて国立博物館・美術館に、今求められているものは、観光において国立博物館・美術館が果たす役割は何かという問題について記述する。

次に文化庁が内外多数の観光客を全国の観光地に誘致する目的で進める日本遺産選定事業と博物館の関連及び位置づけに関する問題について考える。

第3章は地域資源としての博物館について具体的事例から考えてみたものである。第1節は戦前戦後の観光型博物館について、伊豆地域での博物館についてはどのように対処してきたのか等々について記述する。

第2節は歴史観光都市鎌倉で新たに開館した鎌倉歴史交流館について、その建設理念、運営などについて記述する。

第3節は、ふるさと納税を活用した文化財保護への活用の取り組みは各地で行われているが、ここでは静岡県小山町の事例を中心に紹介し、文化財保護に係る今後のふるさと納税の活用案を提示している。

第4節では国際観光地京都の取り組みについて述べる。とくに京都市では観光振興を産業政策としてとらえ、平成10年から観光を重要戦略産業と位置付けて機構改革を実施し、併せて京都市観光振興基本計画を5年ごとに策定し、観光振興の重要性を唱えてきた。観光庁との共同プロジェクトに取り組んだ結果、平成20年には京都を訪れる観光客数が5,000万人を超え、平成28年には5,522万人に達している。

第5節では国際観光地日光に展開された博物館について、戦前戦後を通じての2社1寺の宝物拝観に係わる問題点及びそれらの歴史に関する記述がある

第4章では博物館学会では見過ごされていた我が国の自然系野外博物館が官民一体の中から出現し、当初から教育と観光を目的としていたことを指摘。観光ブーム到来の時代に観光を視野に入れてフィールドミュージアムが設立されたことは特筆に値するとして記述を進めている。とくにスカンセン野外博物館、宮崎自然博物館などの事例を示し、フィールドミュージアムと観光、世界遺産と古城の観光等々、多岐にわたる実例をあげながら問題点を整理検討している。

第5章は、香港と中国の博物館事情で、第1節は中国の大学における観光学の役割と課題をテーマとし、観光学の歴史と各大学での取り組みを検討し、大学の観光教育は中国の発展状況と商業環境を考え、大学の育成条件や教育方針を融合し、変化し続ける市場に向けて常に改革しなければならない。そのためには教育の質の向上を図り、業界と学生自身の発展と社会に貢献できる人材をつくることを目標とすることが求められるとする。第2節は観光資源としての博物館を取り上げ、香港の公立大学の観光資源としての現況を記述し、十分に観光資源としての利用がなされていない現状と問題点を取りあげている。第3節は西安での遺跡博物館の集客力について考察し、さらに発展するには、として今後の遺跡博物館の運営面での提言も行っている。第4節は中国の観光資源としての博物館の現状と課題についてで、技術を過信した展示と過度の娯楽化とならないように慎重な検討が求められるとした上で、教育機能を

中心とした新しい技術や方法を利用し博物館を改革していくことが、今後の博物館に望まれることであると結んでいる。

第6章では観光と博物館とのかかわりにおいて必要条件となる諸問題について記述する。第1節で観光に対応した施設・設備について、まず施設では外観のインパクトの重要性が指摘され、続いてエントランス、ショップ、トイレ、駐車場の問題へと展開する。いずれも博物館にとっては必要不可欠な施設・設備であり、重要な提言も含まれている。

第2節では、利用者に求められる展示について、豊富なコレクションを基盤とする情報伝達を十分に果たし、見るものに驚きと発見をもたらす展示が必要であることを認識しなければならないとして、二元展示と二重展示の必要性など様々な展示手法等々についての記述がある。

第3節ではバリアフリー・入場料・多言語対応の問題を扱う。これらは明日の日本を支える観光ビジョン構想会議などでも取り上げられた問題であり、今日では観光の場において重要視すべき課題でもある。第4節は歴史系アミューズメント施設と博物館で両者の違いと博物館における娯楽性について考えるものである。

第7章は利用者を主体とする博物館学芸員の諸点で、地域の活性化を図るにはまずは博物館の活性化であり、これを支える専門知識は無論のこと、博物館学知識と意識であるとする考え方で論は展開される。とくに学芸員の職名使用に関する問題、無資格学芸員の問題、養成学芸員の博物館学知識の向上に関する問題、さらに、学芸員採用条件“大学院修了”要件に関する問題、博物館学を専門とする教員の配置と大学教員の博物館学的知識向上の必要性などについて論じている。

終章は、観光博物館の課題と展望である。博物館評価の歴史にふれつつ今後の博物館評価はどうあるべきかを論じたものであり、現在は人々の趣味嗜好が目まぐるしく変化し多様化の時代にあって、今ある博物館批評・評価はどれほど対応できているのかを問いかけ、それらを消極的なものにしないためにも博物館批評の批評を行っていく必要があるのでは？　とする。第2節は観光資源としての博物館とくに美術館の在り方について述べる。とくに歴史系博物館と美術館の違いを記述し、より美術館が観光資源として有効に機能する可能性を示唆しているが、一方で歴史系博物館についても個人の観光に対応する博物館としての認識が示されている。

以上、本書で問題とした諸点を極めて雑駁ではあるが、記述してきた。もとより各章、各節の記述には各個人の思いが込められており、その真意を尽くすことはできないのでそれぞれの記述を参照されたいと思う。

我が国の博物館については、歴史文化のみならず自然環境に関しても観光分野での対応準備は、徐々にではあるが整いつつあると考えられる。

二度と来ないかもしれない外国人観光客のために開放するのか、あるいは日本人観光客を掘り起こすのがいいのかは難しい問題であるが、いずれにしても入館者数の増加に連なるとすればいずれもウエルカムである。

中村 浩

第Ⅰ章 博物館の設立・運営・展開

―地域資源・観光資源としての博物館による地域創生・振興―

中村　浩

はじめに

博物館と呼ばれる施設は今日多種多様な分野及び種類のものがあり、一概にこれだといえる定義はないように思われる。しかし一方で『博物館法』に言う博物館とは、明確に「この法律において「博物館」とは歴史、芸術、民俗、産業、自然科学等に関する資料を収集し、保管（育成を含む。以下同じ。）し、展示して教育的配慮の下に一般公衆の利用に供し、その教養、調査研究、レクリエーション等に資するために必要な事業を行い、あわせてこれらの資料に関する調査研究をすることを目的とする機関（以下略）」と規定されている。

『社会教育統計』によると、登録・相当施設の認定を受けた博物館施設は人文、自然の両分野を合計して1,256館を数える。一方、法の認定を受けていない博物館類似施設は1,434館を数え、圧倒的にその設置数が多いことが判る（文部科学省 2016）。

地域的にも多くの観光客が訪れる地域が多く、法的な規制の及ばない類似施設が多く見られるという現状を示している。すなわち施設を訪れる人たちにとっては、その博物館施設が法的に認可されているかどうかは全く問題にならないし、それが訪問の決め手や判断材料にはならないのである。いわばその展示内容が観客にとって有意義なものであれば十分に満足することができるだろうし、それがたとえ専門的に高度な内容を持つものであったとしても見る側にとって難解なものや退屈なものであればあるほど、多くの観客の足は遠のいてしまうだろう。これは自然の摂理であり、入場料金を支払って訪れる観客にとっては当然のことながら、魅力があり、満足感の得られる内容がある施設に来場者が集中することになる。それらが総合して地域創生、振興のために有効な地域資源、観光資源となるだろう。

ちなみに近年における博物館の新設は、2014年（平成26）度（2014年4月～2015年3月）は15館、2015年度は15館、2016年度には12館が開館している（日本博物館協会2015・2016・2017）。これらのすべての検討はおおよそ筆者の力の及ぶところではないが、代表的な歴史系博物館について若干例を取り上げてみたい。

本稿では、地域資源あるいは観光資源として求められる博物館の設立・運営について、とくに博物館設立構想、および博物館設立基本計画の記述を中心に、創設から管理運営にいたる諸問題を読み解きたいと思う。

まず新たに博物館を創設あるいは既設の建物を撤去して新設した例、展示そのものをリニューアルし、より魅力的なものへ転換を図った例など、その構想から基本計画を中心に若干の検討を加えようとするものである。

1. 設立構想及び設立基本計画を巡って

(1) 建物の新設あるいは建て替えによる博物館

ここで見る博物館は、その計画の初期段階から検討が行われ開設された例あるいは既存建物の老朽化、あるいはほかの事由によって建て替えられ、新たな博物館として再出発を果たした例である。

博物館の設立は公立施設の場合と私立の場合ではその設立母体がまず異なっており、一概に記述できない。本稿では、その内容を公開している施設について記述していきたい。

①西都原考古博物館

宮崎県立西都原考古博物館は我が国の文化財行政の一つの画期となった風土記の丘構想の初期段階に設置されたものであり、特別史跡西都原古墳群の広大な敷地面積を持つ史跡保全を目的とする遺跡博物館である。

ここには従来、民俗分野と考古学分野の資料を展示公開していた西都原資料館が建設されていたが、2004年（平成16）に全面的にリニューアルして新たに考古博物館となったものである。

まず現状と課題が示されている（西都原古墳群保存整備指導委員会・西都原資料館再編整備検討委員会1999）。すなわち、館は1966年（昭和41）西都原古墳群が全国第一号の「風土記の丘」として整備されたのを機に建設された。展示室は考古資料展示室と民俗資料展示室からなり、オープン（1968年）以来30年を経過し施設の老朽化と展示内容の停滞化により時代の要求に対応できないため、抜本的な見直しが必要である。また総合博物館の分館としての位置付けのため機能・役割にも限界があり、平成7年度から実施されている西都原古墳群の保存・整備・活用の拠点として、十分その役割を果たすことに支障が生じてきている。これら館を取り巻く環境の変化に伴い課題が生じた。」として次の課題を示している。

・展示資料に大きな変化がなく近年の博物館に見る映像を用いた展示手法もとっていないため、入場者の減少の一因となっている。

・広大なフィールドを活かした野外展示物と資料館の展示との連携が不十分である。

・収蔵庫が手狭であることや雨漏りなどによる資料の保存管理に支障をきたしている。考古資料の展示収蔵のスペースの確保が困難であること。講座室、学習室など普及活動の施設がないため、生涯学習の実施が困難。資料館の持つ展示機能と既存の古代生活体験館との一体化を考慮した体験学習内容などについて検討の必要がある。情報処理機能の不備、資料の管理、情報提供などの業務が停滞。資料の収集保存・研究や展示活動のほか様々な普及活動など細やかなニーズにこたえるためのスタッフが不足、高齢者や身障者への配慮など、施設の充実が必要であったことなどがある。

さらに再編整備のねらいとして以下の点を示している。

・考古資料を取り扱った専門博物館として充実させることを目的とし、新しい展示手法を導入し、魅力ある展示とする。民俗資料については県立博物館に統合。野外博物館との連携を図るために、敷地計画、配置計画、外部の造園計画など様々な面から検討を加える。収蔵庫、整理室、保存処理施設などの機能を十分に果たすための完全な設備と十分なスペースを確保する。国指定文化財の展示及び収蔵スペースを確保するとともに、耐火・耐震性能を持った施設に整備する。

・県民のニーズにこたえ、多様な講座の開設など教育普及活動の充実、時代の要請にあった生涯学習施設となるべく教育普及活動関連設備を整備する。単なる疑似体験ではなく、本質的なものとするために、研究体制の確立及び既存の古代生活体験館との一体化を図る。収蔵資料の整備・情報提供及び、情報の受・発信のためのネットワーク化を実現するために、情報処理機器の導入を図る。資料の収集・保存、調査・研究活動、教育普及活動が円滑に進められるように、組織体制を確立する。

・高齢者や身障者に配慮するなど、広く県民に利用される博物館となるべく施設設備を整備する。

以上の整備の背景には次の基本理念がある。

1．フィールド・ミュージアムの一翼を担う博物館

2．人と情報の交流を支える博物館

3．郷土と世界が見通せる博物館

これを受けて、活動の基本方針は「基本理念を達成するために次の事業を核とした活動を行う。」とした。

基本構想と同じ冊子にまとめられており、基本計画は、その(5)基本計画として記述されている。とくに構想の部分と異なるのは展示について詳細に記述が行われている点である。

室内展示ではテーマ、展開例、展示内容などが記述されている。テーマのみを書き上げると、導入、地下式横穴墓の世界、世界の墓制、人、暮らし、交流、権威、西都原古墳群、出口と続く。とくに西都原古墳群のコーナーでは、ガイダンス的な概説展示と研究誌などのコーナー展示が行われている。ここでは立地する特別史跡西都原古墳群のガイダンス施設との住み分けが行われている。

野外展示では、第一古墳群、第二古墳群、第三古墳群、169~71号、鬼の窟古墳、酒元ノ上横穴墓群、寺原第一支群、寺原第二支群からテー

マが構成されている。

展示に続いては調査・研究・整備があり、さらに敷地の問題へと展開する。とくにオープン以来30年を経過し、周囲の景観に配慮した敷地計画及び資料館建設も、施設の老朽化と景観の変化により、存在感が薄れ利用者が激減したという現状の打破のため敷地構成の見直しが必要となる。

敷地構成については、立地環境からの敷地構成、フィールド・ミュージアムとしての敷地構成、交流の場としての敷地構成の課題をあげ、敷地の候補地を建物の位置との関係から景観に配慮しながら最良の選定を行っている。

今後の課題については「169～71号墳、男狭穂塚、女狭穂塚とのつながりを考慮したい。墳丘樹立の景観を外部展示物としてとらえ、博物館内部の展示と有機的な連携を持たせるためには、南側の民有地の買収が必須である」とする。

次に建物内部の諸室及び設備さらに外部諸設備などについて詳述し、最後に組織の問題にも及んでいる。とくに組織では関係機関との連携と役割分担について記述する。ちなみに、ここでの関係機関とは宮崎県総合博物館、県立西都原考古博物館、県埋蔵文化財センターであり、都市公園組合事務所公園協会、および観光協会のガイダンス施設である。

②兵庫県立考古博物館

本館は、兵庫県を代表する弥生時代集落遺跡の一つである播磨大中遺跡の保存と活用など地域振興と文化財保存に伴って開館したものである。

兵庫県立考古博物館設立構想の基本理念は「県民が本物の遺跡・遺物にふれることによって得た、先人たちの「知恵」と「生きる力」への「驚き・発見・感動」を身近な歴史文化遺産への関心へと結びつけ、地域文化を再発見するきっかけをつくり、地域文化に根ざし、愛着と誇りがもてる21世紀におけるあらたな「ひょうご文化」の創造に寄与することを基本理念とする。」とある（兵庫県教育委員会2013）。

この想定の背景には、「遺跡の宝庫兵庫としての認識」「考古学への関心の高まり」「地域文化の見直し」があり、さらに1994年12月、県文化財保護審議会の「発掘調査成果の公開・展示を積極的に進める必要がある」との中間報告があり、これを受けて有識者からの意見聴取、先進事例報告等をへて、1999年度から委員会を設置し、検討を進め、さらに2000年10月には県文化財保護審議会によって考古博物館の早期整備の必要性が説かれたことにある。

計画の背景から記述が始められ、検討の経緯、建設予定地と続く。

とくに「基本構想を踏まえたより具体的かつ詳細な検討を行うとともに、県民の参加・体験を重視した新しいスタイルの博物館を目指し、利用者本位の博物館づくりを進めるため企画段階評価を行い、その結果を反映した基本計画を策定した。」（兵庫県教育委員会 2014a・b）

ちなみに企画段階評価とは、展示や各種プログラムの企画の初期段階で実施される検証作業で、利用者と博物館の接点を探るものである。そこでの手法は、博物館と利用者をつなぐ接点となるマルチプルエントリーポイント（複数の入り口）のレベルと種類を探るための評価を２段階に分けて実施している。第一回調査は利用者と考古学・考古博物館との接点を探る、第二回調査は基本計画案の各展示テーマ、トピックと利用者の接点を探る目的でそれぞれ行われた。最後に、建設予定地は県立史跡公園「播磨大中古代の村」隣接地とされた。

基本構想から各種の検証作業を経て基本計画の策定となり、より具体的になっていくが、それらの背景には常に基本構想に見る基本理念がある。

整備方針には、「施設を核とした歴史文化遺産活用のあらたなシステムつくりを目的」として地域の活性化に貢献できるシステムの構築を目指し、考古博物館はそのシステムの埋蔵文化財分野における兵庫県の中核施設として整備」するとした。「ネットワーク」「体験・思考」「変化・成長」をキーワードとし、従来雄博物館の概念を超える21世紀にふさわしい新しいスタイルの博物館を創造する。」とした。とくに整備方針には、「館」から「環」へ、全県ネットワーク型博物館の創造、「与える」から「育む」へ、体験・思考型博物館の創造、「静」から「動」へ、変化・成長型博物館の創造というテーマを掲げている。

事業活動計画では、「驚き・発見・感動」をコンセプトとし、県民の「参加・体験」を軸に以下に示す四点の方針に基づく活発かつ多彩な事業活動を展開する。ちなみにその方針とは、①現場体験、本物体験の重視、②参加・体験から参画・創造へ、③総合的・積極的な活動の展開、④県下全域に広がる活動の展開である（図1）。

展示事業は、その全体構成として博物館施設では、映像（導入）展示、ガイダンス展示、テーマ展示、企画展示、収蔵展示、屋外展示、県内各所での移動展示（ネットワーク展示）で構成されている。

体験プログラムの継続的開催では、ミュージアム・ワゴンを活用した移動博物館事業、貸出展示ユニットを活用した展示等の開催が示されている。最後に展示更新についての考え方では、最新の調査・研究成果に基づき資料・情報が容易に更新できる展示、時限的、可変的な展示で構成し、いつ行っても、何度行っても新しい「驚き・発見・感動」が得られる展示を目指すとあり、展示学習支援活動の展開にも触れている。

体験学習事業では古代体験と考古学体験の二つのプログラムが企画され、前者は常時実施型と募集型プログラムに区分されており、後者は募集型プログラムのみ実施される。学習支援事業では、その実施に際し、館内にとどまらず、各地に博物館が出向く活動（アウトリーチ）を重視し、県内各所で博物館活動を展開するとともに、考古学資料を活用し事業を行う各種機関、団体などを支援する活動を積極的に推進するとある。とくにこの事業では、講座、講演会の開催など生涯学習の支援のほか、県下全域での考古楽者（ボランティア）養成に加えて小中学生などを対象としたジュニア考古楽者の養成の検討が示されている。このほか学習素材、情報の提供や学習相談など利用者と利用者、利用者と館の情報交換が行えるよう整備されると記述されている。

基本計画にはさらに広報・情報事業、展示計画の詳細、施設計画、情報システム計画、管理運営計画にいたる様々な諸問題について基本方針とその計画の詳細な内容が記述されている。

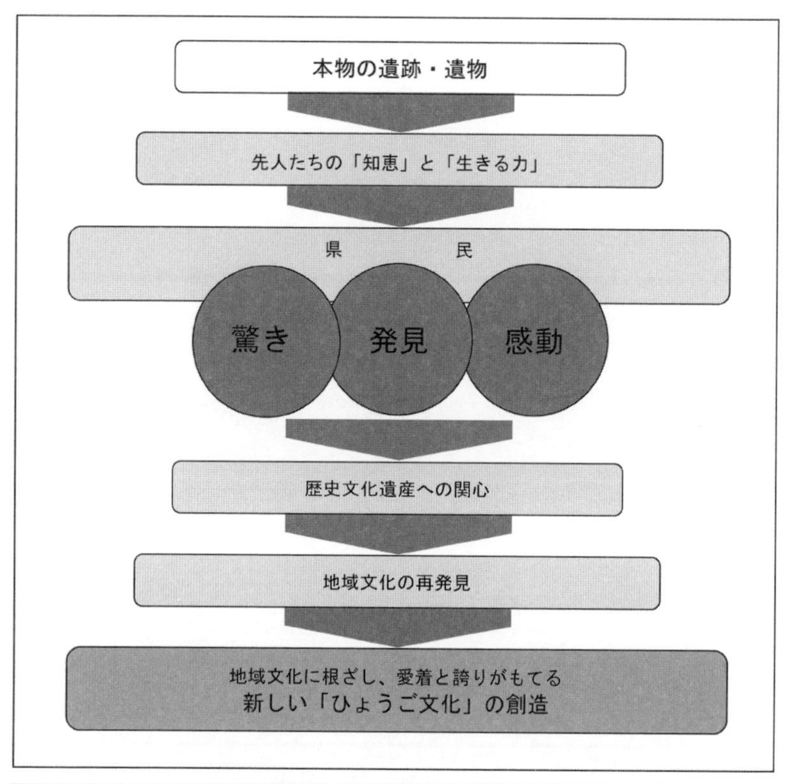

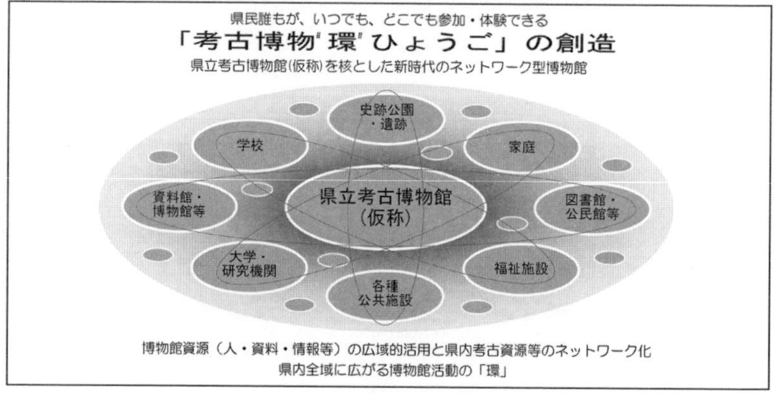

図1　兵庫県立考古博物館の基本理念イメージ（兵庫県教育委員会 2004a）

③大野城市立大野城心のふるさと館

大野城市は福岡県の北部に位置する中核都市のひとつで、水城跡、大野城跡、牛頸須恵器窯跡群などの史跡を有し、かつ1990年に設置された歴史資料室を開設している。2018年度に大野城心のふるさと館をプレオープンさせ、7月には正式にオープンした。このオープンに至る過程で、構想、計画と順を追って博物館設置の議論を深めていったことがわかる。まず、その基本構想について見ていく。

ただしその契機は市政40周年、水城・大野城の築城、築堤350年の記念という記念碑的な性格もある。このため新施設整備に伴い、(仮称)大野城心のふるさと館整備検討委員会を設置し、その協議を経て基本構想を策定している(大野城市2012)。

構想の基本理念では心のよりどころとしての「心のふるさと大野城」を次代につないでいくため、市民活動都市内外への情報発信の拠点施設として整備する。すなわち「こども」「歴史」「観光」さらにそれらのキーワードを「交流」によってつなぎ、「市民の心のふるさと意識を醸成し、ふるさと大野城を次代につなぐ」とある。

さらに「新施設の機能として、館は歴史・こども・観光をキーワードとし、これら機能の融合によって、多様な利用目的で来館した人々が、世代を超えた交流を深めることができる施設を目指す」としている。また「学びと体験のフィールドを市全域に広げていく拠点施設として、他の施設などと連携し、昔から今に至る大野城市の魅力を発見しながら、日々の暮らしを楽しむことができるような事業活動を展開する。」としている。

新施設の活動については、歴史系機能、こども系機能、観光系機能、交流系機能の4点が示され、その内容についても説明されている。とくに観光系機能で、「来館者が次に訪れても新たな発見や楽しみを感じるような充実した情報や企画を継続的に発信・提供していくために、より広い視野での調査や研究を進めていく。」としており、博物館が重要な課題としている問題にまで踏み込んでいる点は注目されよう。

次の第4章では新施設の整備が取り上げられ、その用地策定の問題について記述されている。検討の結果、市街地の中心部に用地を求めており、従来他地域の博物館施設が土地問題から交通不便な郊外に設置される例が見られる中で画期的な英断といえる。

最後に管理運営について触れ、民間の手法・人材の活用を含めて検討し、参加協働の運営、利用を促進するための運営、利用者の立場に立った管理運営を挙げている。

2012年11月『（仮称）大野城心のふるさと館構想』が５章７ページであったのに対し、2014年２月『大野城心のふるさと館基本計画〜日本一のふるさと館をめざして〜』は５章、参考資料を加えて63ページの大部な冊子となっている（大野城市2014）。

まず計画の前提条件（構想の背景、構想の経緯）、事業の位置づけ（歴史をつなぐ事業、（仮称）大野城心のふるさと館整備事業、基本計画策定の経緯）と続く、計画の背景が示される。

基本計画策定の基本事項として「ふるさと意識醸成を基本方針とし、歴史を軸に、子供、観光をキーワードとして子どもから高齢者まで世代を超えた交流や市民活動が行える場所として整備」することがうたわれている（図2）。

さらに市民参加の施設づくりでは施設の計画段階から開館後の運営まで一貫して市民参加の施設づくりを行うことにより、施設への愛着と大野城へのふるさと意識をはぐくみながら、市民の生きがいの場を創っていくことが示される。このほか市民アンケートの実施とその活用、さらに市民ワークショップ、市民ボランティアの育成がある。とくにワークショップでは「まちの宝ばこをつくろう」をメインテーマに多くの市民へふるさと意識の花の輪が広まるよう願いを込めて、この方式を「ONOJO花〇（マル）方式」とするとし、2013年度から2016年度まで継続的に実施するとされている。

いずれにしても基本構想は、ふるさと意識を育むという理念が土台にあり、歴史、こども、観光は基本理念を実現するための機能という位置づけで進められている。

施設の方向性は市民が求める新施設像、基本構想をもとに市民要望を

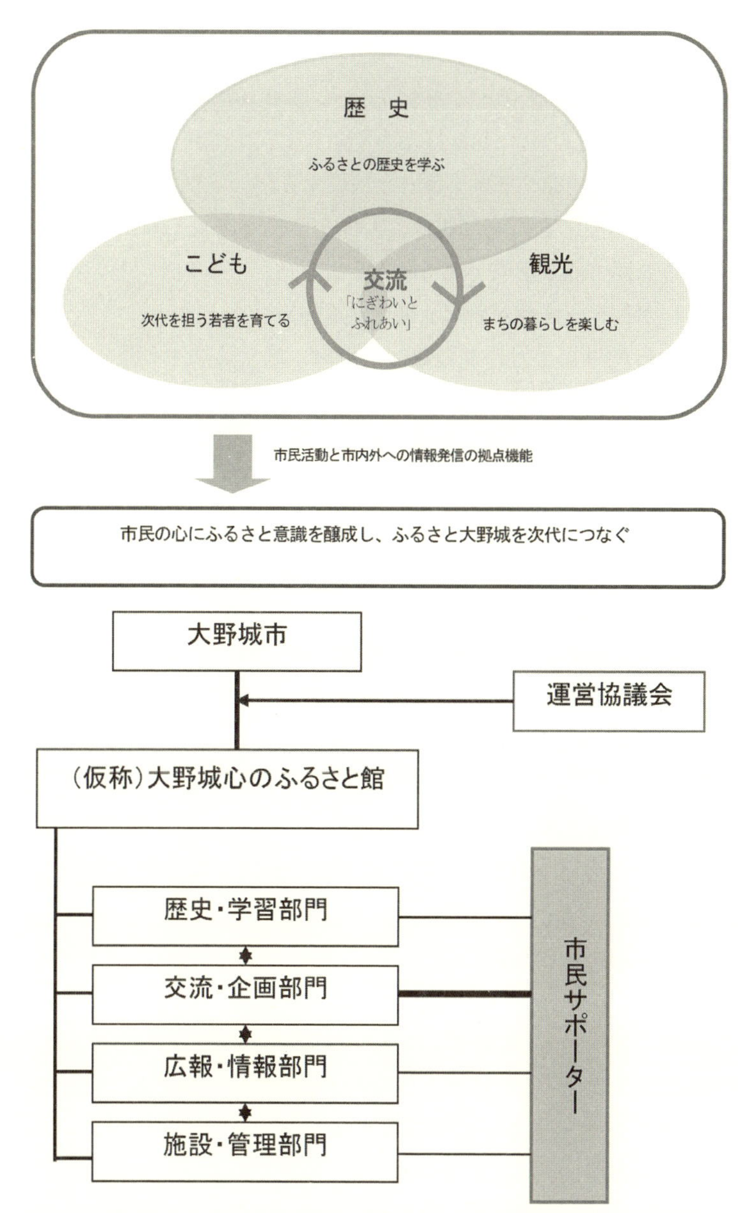

図2　大野城心のふるさと館の基本理念イメージと組織体制（大野城市 2014）

考慮した新施設であるとし、その方向性について次のように記述している。

①市民が参加し、活動する場をつくり、賑わいのある施設構成とする。
②子どもを中心とした知的好奇心を養うような体験・体感を主とした展示、学習機能、プログラムを整備する。
③収蔵部門や調査研究部門は、市民が文化財に親しみやすくなるような公開可能な構成・運用とする。
④市民参加を促す調査研究活動を積極的に行う。
⑤館から屋外に、屋外から館へ、市内全域で連携する事業活動を行う施設とする。
⑥多世代の市民が交流・継承していく新しい事業活動の仕組みづくりを行う。
⑦市民の参画と協働による管理運営形態を構築する。

以上の方向性によって本計画は市民満足度の最大化を希求する意味で「日本一のふるさと館をめざして」をサブタイトルとしている。

また館で展開する７つの事業活動は以下のごとくである。

①歴史事業、②交流事業、③連携事業、④情報発信事業、⑤市民サポーター事業、⑥調査研究事業、⑦収集保存事業

図示されているのはこれら①から④、⑥、⑦の中心的位置に⑤の市民サポーター事業がある。

事業活動の展開では、まず歴史事業での構成は体験学習、ツアー関連、学習支援、展示事業の各プログラムとなっており、それぞれの詳細な内容の解説が見られる。

交流事業では、世代間交流など、幅広い交流がある。連携事業では施設間連携、各種団体との連携がある。情報発信事業では装具案内、観光情報発信、その他のプログラム、館の広報活動などがある。市民サポーター事業では想定される活動例として、調査研究、体験学習、案内・展示、施設管理、子供などのサポーター活動がある。

管理運営計画では、市民の積極的な参画・協働により、柔軟で満足度の高い施設運営を基本方針のもと、市民の積極的な参画・協働、利用者

の視点に立った満足度の高いサービスの提供、持続的・効率的で柔軟な管理運営とする運営体制が構築される。

運営方式については市民が館の活動・運営全般に積極的にかかわりやすい体制づくりを構築するとともに、民間のノウハウを活かした指定管理者制度の導入による新しい施設の在り方を示すとして、自治体直営方式と指定管理者方式の比較を行っている。ただし当面は直営方式で運営され、指定管理者方式も将来的には導入されることもあるという。

運営組織については、歴史・学習、交流・企画、広報・情報、施設、管理、その他の部門と運営部門が列記され、その担当事業が示されている。なおその他の部門に見られる運営協議会の設置は、『博物館法』第20条から22条に記載がある組織である。

このほか開館形態についても触れられており、料金体系では一部を除いて基本的に無料とするとされている。

施設計画では、「活動や体験を核に、大野城市を知り・伝えながら、子どもたちを中心に市民がつながる交流の場」を基本方針に以下の内容が計画される。すなわち①誰もが訪れやすい日常性の高い開かれた施設、②利用者が利用方法を自由に考え様々な活動が可能な施設構成、③隔たりがなく、来館者と管理者が一体で運営できる施設の構築、④大野城市に点在する実際の宝物と連携した拠点施設の整備、⑤建設予定地周辺の環境に合致した土地利用計画と施設構成、⑥様々な環境負荷に配慮した施設計画の6点である。

展示計画はふるさと館で行う活動すべてを展示ととらえ、施設と活動が一体となる参加・体験型の展示を基本方針とし、以下の内容が計画される。すなわち①ふるさとへの関心・興味のきっかけづくりにつながる展示、②展示を通じて、ふるさと館一体となった交流・賑わいを生み出す、③可変性と柔軟性を基本とし、新しい出会いにつながる展示の構築、④子どもから高齢者まで楽しめ、世代間交流につながる参加・体験型の展示、⑤最新技術を活用し楽しめる展示、の5点である。

これらを踏まえて展示は、テーマ展示（ふるさと大野城の核となる歴史体験展示）、トピック展示（大野城市の歴史・文化を探求するミニ展示）、ふるさと展示（世代を超え交流するおもてなし展示）から構成される。これらのうちとりわけユニークなものとしてトピック展示が挙げられる。ここでは①タイムライン（通史展示）、②歴史ギャラリー、③観光ギャラリー、④こどもギャラリーで構成されており、展示のテーマや内容は定期的に入れ替え、新着資料の紹介、イベントに合わせたシンボル的な展示等柔軟性の高い展示が行われるとある。このほか展示のゾーニングイメージや多目的スペースの時間帯別利用例など詳細に記述されている。

最後に参考資料には概算事業費、概算運営費、事業スケジュールが見られるが、金額面では経過年数との関係から、当然若干の増減や誤差もあろう。

④新中津市立歴史民俗資料館

中津市は大分県北西部に位置する中津城を中心に開けた旧城下町である。中津市立歴史民俗資料館は1909年（明治42）に図書館として建てられ、1938年に建て直され、1992年6月に図書館が新地域に移転後、歴史民俗資料館として活用されてきたものである。しかし本来の用途が図書館であり、歴史資料の保管施設としての環境が整っていないことや利用しづらいこと、改築後75年を経過し老朽化が目立ち、展示スペースである木造建造物について耐震補強が必要であるとも診断された。一方、現在の建物が国の登録文化財に指定されており、中津市としても「今後とも観光ルートの一翼を担う施設としての利用を検討することから、新たに歴史民俗資料館の建設の必要が生じた。」とする（中津市教育委員会2014）。

2017年安全祈願祭を実施後、2018年から工事に着手し、2019年オープンを予定している施設である。

基本構想では、以下の5点が掲げられている。

中津市の貴重な文化財を収集・保存活用を行い未来へ継承する拠点、歴史・観光拠点、旧城下町観光ルートの拠点、市民が集い、学び、交流する、文化の発信拠点、中津市全域の文化財、文化的施設を結びつける拠点という5点である。以下それぞれの拠点の説明が続く。

とくに中津市の基本的な事項、位置と環境、中津市の歴史を記述した後、新中津市歴史民俗資料館の基本理念が示されている。

「中津市の貴重な文化財を蒐集し・保存・活用を行い未来へ継承する拠点、中津市の歴史・観光拠点、旧城下町観光の拠点、市民が集い・学び・交流する、文化情報の発信拠点、中津市全域の文化財、文化的施設を結びつける拠点」とするものである。

基本方針はそれぞれ目指すべき施設像が挙げられている。まず「中津市の古代からの歩みを学習できる場であり、城下町に立地する特権を生かした歴史・観光の拠点となる資料館」で、その対象は「中津市民、小中学生、中津の歴史に関心を持つ人々」とあり、続いて市内展示施設との関連では、市内の既存施設の拠点的施設であると位置づけるとしている。

次に事業の基本方針が記述される。それは「歴史学習機会の創出、歴史資料の収集・調査研究、歴史遺産・文化的施設へのいざない」等々である。最後に機能の基本方針が繰り返され、1. 収集・保存、2. 調査研究、3. 展示、4. 学習支援、5. 交流サービス、6. 管理運営と続き、個々に解説され、市民の参画・協働、近隣地域の関連機関や専門家との協力体制を積極的に推進すると結ばれている。

当該基本計画は基本構想と同じ冊子に含まれる第7章以降に掲載され、構想を引き継ぐ形態をとっている。

まず事業計画では、1の収集・保存では所在確認、系統的蒐集などのほか、資料の公開、収蔵資料のデータベース化、既存資料のデジタル資料館の充実に努めるとする。2の調査研究では、成果をインターネット、広報誌などにより随時発信するとともに展示、刊行物、学習会などによって広く市民に還元する。3の展示では「市民が展示を通じ歴史を学ぶことで、郷土に誇りを持てるようになる展示を目指す」とし、さらに展示の内容は、常設展示と企画展示、屋外展示とする。

また構成上必要な展示物で、中津市にないものや長期間の展示により劣化の恐れのあるものについては、展示替えの配慮とともに、必要に応じて複製品を作成し活用する。

展示全般に来館者の幅広い利用者層が理解できる表現、展示内容や展示手法の更新に努め成長進化する展示。様々な利用者に対応するため、触って楽しむ展示、五感に訴える展示、点字、外国語の解説などの採用を検討するとしている。この点に関してはぜひともユニバーサル・デザインの見地からも採用されるべき問題と考える。

このほか展示の構成や概要についての詳細な解説があるが省略する。

管理運営計画については、運営方法、要員配置、市民参加、開館形態などが記述されており、とくに「運営方法では当面の間は直営方式で行い将来的に指定管理者の運営も検討、施設の清掃・警備については外部への委託、入館料は有料、開館時間は午前９時から午後５時、年末年始および週１回の休館日を設ける。」とし、そのほか必要な事項は別途条例で定めるとしている。

(2) 展示のみのリニューアル博物館

ここでは建物の一部補修、リニューアルを伴うこともあるが、多くは建物自体については旧態のままの利用で変化がない場合の例を挙げる。とくに展示のみがリニューアルされるというケースでは、従来見られた基本構想ではなく、その展示に対する理念のみが示されているようである。またこれらの博物館では基本構想ではなく、基本計画のみが掲示される場合の方が多いようである。

①神戸市立博物館

本博物館は、わが国と諸外国との文化交流、接触と変容の中で、本市が接点としていかに重要な役割を果たしたかを市民が認識するとともに、広く国民が理解するよう、施設を開放し、その利用に供するという基本的性格をうけて以下の５点が示されている（神戸市立博物館・神戸市立博物館リニューアル検討委員会 2016）。

その１は本市のもつ風土性や神戸ッ子気質の形成過程を追求し、市民意識の向上と将来の豊かな住みよい神戸の未来像を探る。

２は市内の外国人の存在にいたる歴史的経緯（居留地、異人館等）と実態を把握し、国籍は異なるが、神戸市民としての相互理解を図るように努めるとともに、本市と関連の深い諸外国の事情をも明らかにする。

3は旧市立考古館の所蔵品を含む市内出土の桜ケ丘銅鐸や土器、石器、金属器を中心とした考古資料を扱い、原始、古代の日本文化や日本人が大陸との交渉の中で、どのような影響を受けたかを明らかにする。

4は旧市立南蛮美術館の所蔵品を中心とした美術資料を扱い、日本美術が諸外国からどのような影響を受け、どのように吸収、展開したかを明らかにする。

5は、文化人類、考古、美術資料の収集、調査、研究、展示等については、本市並びに周辺地域の古代から現代までを対象とするが、当博物館の性格上、国内全域は言うまでもなく、関連諸外国に及ぶことがある。

博物館の使命の項では博物館の存在意義を「経済力が文化・芸術を支える時代から文化・芸術が経済社会の在り方を変える時代に移ろうとしているという認識から、これからの博物館はまさにこの点に存在意義が求められている」としている。具体的には次の4点の使命が示されている。

まず①神戸を中心とする考古、歴史資料と、東西文化の交流に関する南蛮美術、古地図資料等の調査・研究・収集を通じて、多様な神戸文化の特徴と文化交流の態様を明らかにし、その成果を市民、入館者と共有するとともに、これを次世代に継承し、地域の発展に役立つ「知の拠点」となる。②市民・入館者が、優れた国内外の文化・芸術に触れ合う機会を積極的に「提供する」博物館として、また神戸の文化にこれまでにない魅力をつけ加えるために新たな調査・研究を「提案する」博物館、その成果を「発信する」博物館としての役割を果たす。

③博物館を利用するすべての人々が、知りたいこと、学びたいことに積極的に対応し、多くの入館者が、集い、楽しみ、競うことができ神戸を愛し、また、誇りとする拠りどころを得ることができる博物館とする。④阪神・淡路大震災の教訓を生かし、文化財を災害から守る重要性、コミュニティや市民の自発的な活動の大切さ、都市復興のなかで文化の果たす役割等、震災とその復興の中で得た知見を全国に、世界に発信する。

これに続いて現況、博物館の強み、入館者のニーズのほか、現状と課題が示され、リニューアルの必要性が説かれる。ここでは常設展示の陳腐化・情報化の遅れ、コレクションの利活用が不十分、情報や活動成果の公開の必要性周辺との親和性、教育普及機能・活動のさらなる充実、アメニティ設備などの不備、文化財保存環境への配慮、建物・設備の老朽化、諸室構成などの課題が挙げられている。

これらを前提としてリニューアルの基本方針が３点示されている。

１「まちに開かれた博物館」では神戸の歴史や文化にいつでも気軽に触れられるようにする。サービス機能を充実してまとめ、気軽に利用できるようにする。

２「わかりやすく伝えるための再構築」では優れたコレクションをいつでも見られるようにする。多様な伝え方で誰にでもわかりやすくする。

３「博物館機能のさらなる充実」では、トイレなどのアメニティ設備を改善し、入館者の利便性を向上させる。貴重なコレクションを守り、次世代へ継承する。

リニューアル後に目指す姿では、「神戸の文化振興の拠点施設として市民の学習意欲や活動の拠りどころの提供、文化的側面から神戸市の観光交流推進、賑わいを創出することで地元経済への貢献さらに神戸の魅力やブランド力を高める」とあり「神戸の文化振興を担う拠点博物館」「博物館活動の基盤に交流・発信機能を充実・強化」をうたっており、そのイラストが示されている（図3）。

以下、16ページから68ページまでリニューアルに関する詳細な事項について記述が行われている。

②柏崎市立博物館

柏崎市立博物館は1986年に「米山をとりまく自然と文化　そして創造のまち」をテーマに開館した総合博物館で、1999年には一部展示がリニューアルされ、今日に至っている。従来未改修であった人文展示室、収蔵展示室、プラネタリウム等に問題があるとされ、情報の旧態化・陳腐化、古い手法、人物館機能の移設統合、プラネタリウムの老朽化、各種機器類の老朽化・故障・不備など解決すべき課題が示される（柏崎市

神戸の文化振興を担う拠点博物館

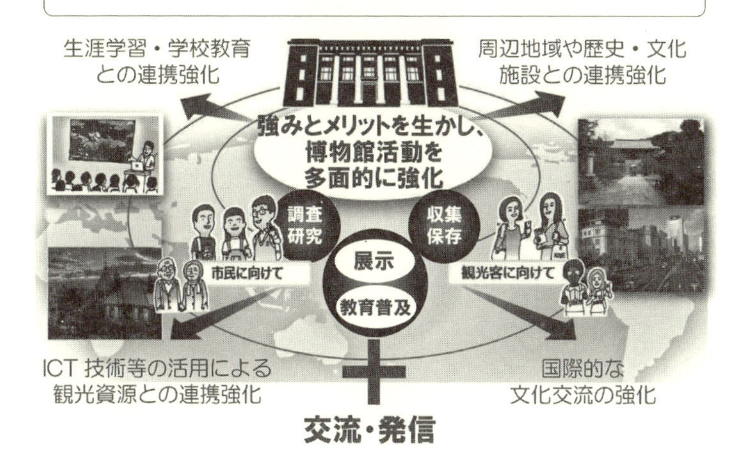

博物館活動の基盤に「交流・発信機能」を充実・強化

図3　神戸市立博物館のリニューアル後に目指す姿イメージ
（神戸市立博物館・神戸市立博物館リニューアル検討委員会 2016）

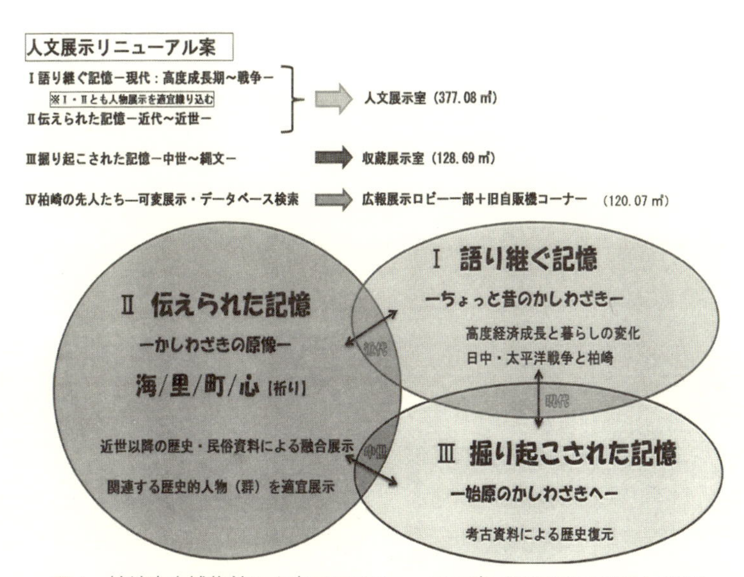

図4　柏崎市立博物館の人文展示リニューアル案（柏崎市教育委員会 2016）

教育委員会2016)。

展示リニューアルに対する基本的な考え方として「ちょっと昔からもっと昔へ」を主題とした、倒叙法による歴史展示、容易に展示の更新が可能な可変型展示の採用、参加体験型展示、市民と交流する展示が示されている（図4)。

以下、詳細に展示についての記述は見られるが重複する部分も多いので省略する。最後にプラネタリウム及びその他の施設整備計画、今後のスケジュールが紹介されており、平成30年度の開館が予定されている。

2. 基本計画以降の進捗状況

博物館基本構想によって、それぞれ博物館の目指す方向と役割がほぼ決定されたのち、さらに具体的な内容に踏み込んだ基本計画が作成される。この基本計画の後は、建物の建設、展示工事などの計画設計、実施設計の段階に入り、まもなく建設工事の着手となる。

このほか地方公共団体では、設置に伴う条例の改正や制定、あるいは議会などでの承認・議決などを伴っており、それらは粛々と進められている。

本稿で紹介した宮崎県立西都原考古博物館は、2004年（平成16）に開館し、順調に発展、兵庫県立考古博物館は2007年に開館し、2009年3月博物館法の博物館に登録され、2013年2月には文化庁長官より公開承認施設の承認を受けている（図5・6)。

大野城市立大野城心のふるさと館は、館の設置目的の内、観光としていたものを賑わいと表現を変えている。これにより、「ふるさと大野城を

図5　兵庫県立考古博物館遠景

図6　兵庫県立考古博物館　展示状況

図7　大野城心のふるさと館全景

図8　大野城心のふるさと館　展示状況

次代につなぐための市民交流市内外への情報発信、にぎわい創出の拠点施設」として位置づけた。いずれにしても教育委員会部局ではなく市長直属の施設の位置づけがあっての博物館施設であり、新たな運営形態の一つとして期待されよう。ちなみに館は、2018年にプレオープン、同年7月21日に正式にオープンした（図7・8）。また新中津市立歴史民俗資料館は2018年に工事着手し、2019年には中津歴史博物館（仮称）として開館することが決定されている。

また展示のリニューアルについては神戸市立博物館が、工事のため、2019年11月のリニューアル・オープンを目指して現在は休館中である。

柏崎市立博物館は、工事のため、休館中であったが、2018年3月24日リニューアル・オープンした。

このほかにもいくつかの博物館が新設、改築、あるいは展示のすべてあるいは一部のリニューアルが進展している。

むすびにかえて

以上、各地域における近年の博物館設置あるいはリニューアル構想、および計画について、少々長く冗長の感もあるが、必要部分を引用しながら見てきた。

これらに共通するのは、各地域住民（市民）への対応であり、地方公共団体では外せない地域アイデンティティの構築への布石であり、重要な地域貢献の一つでもある。

歴史遺産、文化財の収集・保存・継承は『博物館法』に定められた博物館機能の重要な部分である。これらに加えて地域観光への貢献が含まれており、観光資源としての博物館に対する期待が見える。とりわけインバウンドによる外国人観光客への対応も考慮されてはいるが、まずは市民、県民への対応が図られている。

いずれにしても表現自体に差は見られるが、ほぼ近似する内容が、それぞれの基本構想・基本計画に盛り込まれていると見てよいだろう。これらは『文化財保護法』『観光立国推進基本法』『博物館法』に含まれる趣旨をほぼ尊重した内容であるともいえよう。

近時、文化財保護に公開・利用という理念が加わったことからも、一層敏感に反応した結果ではないだろうか。

産業資産に恵まれていないわが国にとって、観光産業は博物館に対して一縷の希望かもしれない。しかしその希望が過度な公開へ拍車がかかり、最終的に様々な歴史遺産の消滅につながることのないように願いたいと考えるのは、筆者を含めて一部の関係者にとどまらないと思う。

〈参考文献〉

大野城市　2012『(仮称) 大野城心のふるさと館基本構想』
大野城市　2014『(仮称) 大野城心のふるさと館基本計画』
小田原市教育委員会　2017『小田原市博物館基本構想』
小田原市博物館構想策定委員会　2016『博物館基本構想 (答申)』
柏崎市教育委員会　2016『柏崎市立博物館リニューアル基本構想』
公益財団法人日本博物館協会　2015「平成26年度開館博物館施設一覧」『博物館研究』50-5
公益財団法人日本博物館協会　2016「平成27年度開館博物館施設一覧」『博物館研究』51-5
公益財団法人日本博物館協会　2017「平成28年度開館博物館施設一覧」2『博物館研究』52-5
神戸市立博物館・神戸市立博物館リニューアル検討委員会　2016『神戸市立博物館リニューアル基本計画』
西都原古墳群保存整備指導委員会・西都原資料館再編整備検討委員会　1999『西都原資料館再編整備基本構想及び基本計画』
多賀茂治　2008「新しい博物館像をめざして」『ヒストリア』121、大阪歴

史学会
中津市教育委員会　2014『新中津市立歴史博物館基本構想・基本計画』
東　憲章　2004「宮崎県立西都原考古博物館の新たな試み」『日本ミュージアム・マネージメント学会会報』33、日本ミュージアム・マネージメント学会
東　憲章　2015「西都原の100年　考古博の10年　そして、次の時代へ」『博物館研究』50-6、公益財団法人日本博物館協会
兵庫県教育委員会　2003『兵庫県立考古博物館（仮称）基本構想』
兵庫県教育委員会　2004a『兵庫県立考古博物館（仮称）基本計画』
兵庫県教育委員会　2004b『兵庫県立考古博物館（仮称）基本計画（概要版）』
兵庫県立考古博物館　2017『平成29（2017）年度要覧』
北郷泰道　2005「宮崎県立西都原考古博物館における屋内展示と屋外展示」『遺跡学研究』2、日本遺跡学会
文部科学省　2017『平成27年度社会教育統計（社会教育調査報告書）』
＊以上、これらの参考文献のほか、各機関のホームページなどを適宜参照させていただいた。

第2章 観光行政と博物館

第Ⅰ節 観光行政・文化行政と博物館

栗原祐司

1. 観光行政と文化行政

まず初めにお断りをしておかなければならないのは、観光行政及び文化行政は、今まさに大きな変革期を迎えており、本書が出版されるや否や情報が古くなってしまう可能性も否定できないことである。それくらい2020年の東京オリンピック・パラリンピック競技大会の開催に向けて、我が国の文化行政は大きく揺れ動いている。そしてそれは、官邸からのトップダウンによる政治判断が大きく影響していると言っていいが、一方で、森友・加計学園問題に代表されるように、必ずしもプラスの面ばかりではないことも、多くの国民は気づき始めている。昨今の文化行政の見直しの功罪は、後世にその評価を委ねなければならないが、文化行政が観光行政に引きずられているという批判もあることは、現時点で指摘しておく必要があろう。それは、博物館行政に関しても同様である。そこで本稿では、まず我が国の観光行政の動向について概観することとしたい。

我が国の観光行政・政策は、戦前、鉄道省においてスタートし、戦後、運輸省に「交通運輸政策」として引き継がれた。1949年（昭和24）に運輸省大臣官房に観光部を設置し、1955年には観光局が設置された。しかし、1968年に佐藤栄作首相による各省庁一律一局削減による組織改正が行われ、再び観光局から大臣官房観光部に「格下げ」となる。一方、文部省では、文化局と文化財保護委員会を統合し、文化庁を創設した。2018年、文化庁は創設50周年を迎え、「文化省」設置に向けた機運は高まりつつある。

さて、運輸省では、1984年に、いわゆるタテ割り組織から横割り組織への組織改編が行われ、国際運輸・観光局を設置し、観光部は同局に移管された。しかし、1991年に国際運輸・観光局は廃止となり、観光部は運輸政策局に移管された。そして2001年の中央省庁再編に伴う国土交通省発足に伴い、運輸省の運輸政策局と建設省の建設経済局が統合し、筆頭局として総合政策局が設置され、観光部は同局付となる。2004年には国土交通省全体でハード・ソフト両面にわたる観光関係施策をより一体的、横断的に推進する体制を作るために、省内に観光立国推進本部や大臣官房総合観光政策審議官（局長級）が設置され、観光部は廃止された。そして2006年に「観光基本法」の全部を改正する「観光立国推進基本法」が成立し、観光が21世紀における日本の重要な政策の柱として、初めて明確に位置づけられた。同法は翌2007年に施行され、同法に基づき策定された「観光立国推進基本計画」が閣議決定された。そしてついに、2008年に観光庁が設置され、「観光立国の実現に向けて、魅力ある観光地の形成、国際観光の振興その他の観光に関する事務を行うことを任務とする」（国土交通省設置法第43条）こととされた。

ちなみに、「観光立国推進基本法」では、以下のような規定があることに留意する必要がある（下線筆者）。

（観光資源の活用による地域の特性を生かした魅力ある観光地の形成）

第13条　国は、観光資源の活用による地域の特性を生かした魅力ある観光地の形成を図るため、史跡、名勝、天然記念物等の文化財、歴史的風土、優れた自然の風景地、良好な景観、温泉その他文化、産業等に関する観光資源の保護、育成及び開発に必要な施策を講ずるものとする。

（観光の振興に寄与する人材の育成）

第16条　国は、観光の振興に寄与する人材の育成を図るため、観光地及び観光産業の国際競争力の強化に資する高等教育の充実、観光事業に従事する者の知識及び能力の向上、地域の固有の文化、歴史等に関する知識の普及の促進等に必要な施策を講ずるものとする。

「観光立国推進基本計画」は、2007年6月、2012年3月、2017年3月の3回にわたって策定・閣議決定されているが、第一次計画では、「国民的財産である文化財（有形文化財、無形文化財、民俗文化財、記念物、文化的景観、伝統的建造物群）は我が国の歴史、文化等の正しい理解のために欠くことのできないものであると同時に、将来の文化の向上発展の基礎をなすものであり、重要な観光資源ともなるものである。このため、こうした文化財について国と地方公共団体、所有者、国民が一体となって保存修理や整備等に取り組むことにより、文化財を災害や衰退の危機等から保護して次世代に継承していくとともに、積極的な公開・活用を行っていく」というような一般的な文言しか見られないが、第二次計画では「文化観光とは、日本の歴史、伝統といった文化的な要素に対する知的欲求を満たすことを目的とする観光である。観光立国の実現のためには、観光による交流を単に一回限りの異文化、風習との出会いにとどめることなく、より深い相互理解につなげていくことが重要である。このため、国においては、文化財や歴史的風土に関する観光資源を活用した観光交流への取組を促進する」と、やや具体的に文化財を観光資源として活用する趣旨の文言がみられるようになる。そして、第三次計画では、「文化財は、我が国の歴史や文化の正しい理解のために欠かせないものであるとともに、将来の文化の向上・発展を期す上で基礎となるものである。また、我が国の「たから」である文化財は、観光振興に欠かせない資源である。このため、文化財を、災害や衰退の危機から保護し確実に次世代に継承する」と、より一層積極的な表現となり、「文化財の観光資源としての開花」、「文化財の観光資源としての魅力向上」、「文化財を活用した観光の充実」という文言が踊るようになる。美術館・博物館についても、「資料の収集・保管・展示や調査研究等の機能の向上を支援するとともに、観光旅行者やビジネスパーソン等に夜の魅力ある過ごし方を提供する観点から、夜間開館を推進する。また、観光拠点として魅力ある美術館・博物館づくりを進めるため、参加・体験型教育型プログラムをはじめとする質の高い催しの充実や適切な多言語対応・通信環境の整備等を通して、国内外の訪問者が言語・年齢・障害の有無に関係なく芸術鑑賞・創造活動ができる環境の構築に取り組む」と、かなり具体的な施策にまで踏み込んでいる。文化芸術基本法に基づく「文化芸術推進基本計画（第1期）」（2018年3月6日閣議決定）には、美術館・博物館に関して「外国人旅行者が展示物の本質的な価値をより深く理解できるよう、解説の多言語化対応の推進・改善を促す」、「我が国の美術振興の中心的拠点として、国民の感性を育み、新しい芸術創造活動を推進するため、独立行政法人国立美術館の機能の充実を図る。特に、多言語化、開館時間の延長等の充実を図るなど、地域活性化・観光振興につながる取組を促進する」、「我が国の優れた文化財を海外に向けて広く紹介するため、海外の美術館・博物館と国内の文化財所有者、管理団体、美術館・博物館と協力し、海外において日本の美術品に係る展覧会の開催や、研究員、学芸員等の交流によるネットワークの構築により、日本文化の歴史的・芸術的・学術的な魅力発信、我が国の学芸員等の国際的な発信力向上を推進する」というような記述がある。観光振興に関しては、改正前の文化芸術振興基本法に基づく「文化芸術の振興に関する基本的な方針（第3次）」（2011年2月8日閣議決定）においても「美術館、博物館、図書館等が、優れた文化芸術の保存・継承、創造、交流、発信の拠点のみならず、地域の生涯学習活動、国際交流活動、ボランテア活動や観光等の拠点としても積極的に活用され、地域住民の文化芸術活動の場やコミュニケーション、感性教育、地域ブランドづくりの場としてその機能・役割を十分に発揮できるよう、次の施策を講ずる。」との記述があったが、より観光の視点が重視されるようになっている。

こうした観光立国に向けた動きは、2013年に東京オリンピック・パラリンピック競技大会の開催が決まり、2016年に文化庁の京都移転が決定すると、折からの訪日外国人旅行者の増加ともあいまって、ますます加速化していったように思われる。2013年11月に文化庁及び観光庁の包括的連携協定が、2016年3月にはスポーツ庁、文化庁及び観光庁の包括的連携協定が締結され、政府において文化財を「観光資源」として扱う傾向が顕著なものとなっていくのである。2015年から安倍首相を議長とする「明日の日本を支える観光ビジョン構想会議」が開催され、翌年3月にまとめられた「明日の日本を支える観光ビジョン」では、「「文化財」を、「保存優先」から観光客目線での「理解促進」、そして「活用」へ」と述べ、従来の「保存を優先とする支援」から「地域の文化財を一体的に活用する取組への支援」への転換を求める「文化財の観光資源としての開花」を謳うまでになり、2017年以降、政府の閣議決定文書の随所にこの表現が用いられるようになる。そして、ついにいわゆる骨太の方針「経済財政運営と改革の基本方針2017」(平成29年6月9日閣議決定）では、「稼ぐ文化への展開」という文言までもが閣議決定文書に盛り込まれるようになるのである。

「明日の日本を支える観光ビジョン構想会議」はじめ官邸で開催される様々な観光関係の会議の委員を務めているデービッド・アトキンソン氏は、その著書でたびたび「稼ぐ文化財」という表現を使っている。同氏は、観光戦略を成功させるためには、文化財の観光資源化を避けては通れず、文化財で収入を得ることは、観光のみならず、文化財を維持・修理する上でも必要だと主張している。結果的に同氏の主張は、後述する文化財保護行政の見直しにつながっているが、同氏の主張の多くは建造物がベースであり、美術工芸品についてそのまま適用すれば、劣化のスピードを早めかねず、後世に禍根を残す危険性を指摘する声も多い。また、我が国の文化予算が諸外国に比べて少ない中にあって、「文化財を活用して、保存継承に当てよ」という主張は、文化財行政には公費を充当せず、民間の自助努力に委ねると宣言するに等しいという意見もある。

博物館分野では、2013年11月に岐阜市で開催された第61回全国博物館大会において、観光が一つの分科会のテーマとなり、観光庁から博物館のユニークベニューとしての活用について説明があったのが、一つのターニング・ポイントであったように思う。それまで日本の博物館界では、外部資金獲得のための施設の有効利用は行われていたが、

「ユニークベニュー」や「MICE」という言葉はほとんど聞かれず、これ以降、ミュージアム・マネージメントの手法としての「ユニークベニュー」は市民権を得るようになった。また、象徴的なのが、本書でたびたび言及されている山本幸三・内閣府特命担当大臣（地方創生・規制改革）の発言である。同大臣は、2017年4月16日に大津市内で行った講演で、文化財の活用をめぐり「一番がんなのは学芸員。普通の観光マインドが全くない。この連中を一掃しないと」などと発言した。批判が相次いだため、翌17日には発言を撤回、謝罪したが、この発言は前述の政府による観光重視の動向と軌を一にしており、確信的な発言であったとも考えられる。

2. 文化財行政の見直し

2017年5月19日、文化庁は文化審議会に「これからの文化財の保存と活用の在り方について」諮問を行った。諮問文には、「文化財を保存し活用することは、心豊かな国民生活の実現に資することはもとより、個性あふれる地域づくりの礎ともなることから、近年は、地域振興、観光振興等を通じて地方創生や地域経済の活性化にも貢献することが期待されています。このような社会状況の中、文化財をいかにして確実に次世代に継承していくかについて、未来に先んじて必要な施策を講じることが求められており、これからの文化財行政の在り方について包括的な検討を行うことが必要と考えます。」（下線筆者）とある。政府は、文化庁の京都移転を機に文化政策推進機能の強化を目指しており、これまでの文化庁における文化振興策にとどまらず、まち・ひと・しごとや観光等、内閣官房や各府省等が行う文化関連施策を横断的に取り扱い統合強化した上で、経済拡大戦略のためのプランを策定するため、2017年3月1日に文化庁内に「文化経済戦略チーム」を設置した。同チームの職員は、文化庁の枠組みを越える相応の体制を整えるため内閣官房副長官補付となり、関係府省庁の職員が参集したチームとなっている。このチームが、文化審議会における検討に与えた影響は少なくないと考えられ、同年12月、答申と前後して文化と経済の好循環を実現する省庁横断の政策パッケージとして「文化経済戦略」を策定・公表したが、同答申や後述の文化庁の組織改正も、この戦略のコンセプトに沿って検討が行われたであろうことは想像に難くない。

ともあれ、まず法令事項ではない「国宝・重要文化財の公開に関する取扱要項」（1996年7月12日文化庁長官裁定）の見直しに向けた検討が、「これからの国宝・重要文化財（美術工芸品）等の保存と活用の在り方等に関するワーキンググループ」において行われ、2017年11月22日に報告がまとめられた。これを受けて、原則として国宝・重要文化財の公開回数は年間2回以内、公開日数は延べ60日以内（褪色や劣化の危険性が高いものは30日以内）、公開のための移動は年間2回以内、き損等の危険性が極めて高いものは移動を伴う公開を行わない、とされていた同要項が2018年1月29日に改訂され、公開のための移動回数及び期間は、き損や劣化の程度が著しいもの、材質が極めて脆弱、寸法が特に大きい、形状が複雑なものを除き、原則として

① 公開のための移動回数は年間2回以内、公開日数は延べ60日以内、
② ①以外のもので、特に個々の保存状態に問題がない、材質が、石、土、金属などで作られたものは年間公開日数は延べ150日以内
③ ①以外のもので、特に個々の保存状態に問題がなく、特別な事情があり、事前に文化庁と協議の上、次回の公開まで適切な期間を設ける措置を取った場合、年間公開日数は延べ100日まで
④ ①に比べて褪色や材質の劣化の危険性が高いものは年間公開日数は延べ30日以内

とされた。また、各材質ごとに照度と公開日数をきめ細かく定め、この要項によりがたい場合には、事前に文化庁に技術的指導・助言を求め、協議し対応を決定することとされた。

そして、2017年12月8日に文化審議会が「文化財の確実な継承に向けたこれからの時代にふさわしい保存と活用の在り方について」（第一次答申）を取りまとめ、これを踏まえ第196回通常国会に「文化財保護法及び地方教育行政の組織及び運営に関する法律の一部を改正する法律案」が提出され、2018年6月8日に公布された。この結果、2019年

4月1日から改正文化財保護法が施行され、同時に文化財保護に関する事務について、首長が担当することができるようになった。文化財保護法及び地方教育行政の組織及び運営に関する法律の改正の要点は、以下のとおりである。

① 地方公共団体や民間団体等の文化財の保存・活用に向けた役割分担の見える化を行い、文化財の保存や活用を総合的・計画的に推進するための枠組みを制度上位置づけた。具体的には、都道府県による文化財保存活用大綱の策定について定めるとともに、市町村が作成する文化財保存活用地域計画の認定制度を設けた。

② 文化財の保存・活用に係る諸手続きの弾力化を通じ、地域で守るべき文化財の掘り起こしを促進。具体的には、所有者等が作成する保存活用計画の認定制度を設けるとともに、文化財保存活用支援団体の指定制度を設けた。また、管理責任者を選任できる要件を拡大した。

③ 所有者に代わり文化財の保存・活用に当たることのできる人材の活用拡大。具体的には、文化財保護指導委員を市町村にも置くことができることとした。

④ 所有者が安定的に文化財を保存・活用できるよう、美術館等への寄託・公開を条件に美術工芸品の相続税の納税を猶予。

⑤ まちづくりなどとも連携して効果的な文化財行政を推進するため、自治体における文化財の事務の所管を首長部局へ移管可能に。具体的には、地方公共団体における文化財保護に関する事務を、条例の定めるところにより、当該地方公共団体の長が管理・執行できることとした。また、この場合、地方文化財保護審議会を必ず置くこととした。

法改正に伴う関係政省令の整備や、文化財保存活用大綱及び文化財保存活用地域計画並びに重要文化財保存活用計画等に関する指針はこれからになるが、国会での附帯決議でも「文化財に係る施策を推進するに当たっては、保存と活用の均衡がとれたものとなるよう、十分に留意すること」(2018年5月18日衆議院文部科学委員会・5月31日参議院文教科学委員会いずれも同文）と指摘されている通り、活用偏重とならない施策が求められよう。なお、同法案には、もう一つ重要な附帯決議がつけられている。同じく衆・参同文だが、「文化財保護の推進は我が国の観光基盤の拡充等に資することに鑑み、国際観光旅客税法（平成三十年法律第十六号）により創設される「国際観光旅客税」について、文化財を保存しつつ活用する取組の財源としても活用できるよう検討を行うなど、文化財保護の財源の更なる拡充に努めること。」というものである。国際観光旅客税法は、2018年4月18日に公布されており、原則として、船舶又は航空会社（特別徴収義務者）が、チケット代金に上乗せする等の方法で、日本から出国する旅客（国際観光旅客等）から徴収（出国1回につき1,000円）し、これを国に納付する制度である（特別徴収制度という）。施行日は2019年1月7日となっており、同日以降に日本から出国する者は「国際観光旅客税」の対象となる。附帯決議では、この税金を文化財保護の財源とすることを求めており、これが実現すれば貴重な財源となることは間違いない。

さて、第196回通常国会には、もう一本、「文部科学省設置法の一部を改正する法律案」が提出され、2018年6月15日に公布された。これを受けた政省令を含めた改正の結果、同年10月1日から文化庁の組織が改変され、2021年に予定されている文化庁の京都移転を見据え、文化行政の一層の推進に向けた機能強化を図ることとされた。具体的には、従来の文化部・文化財部の2部制を廃止し、柔軟かつ機動的な取組みを推進するとともに、本省業務の移管によって芸術に関する教育や博物館行政の一元化を図ることとされた。また、大学との連携を生かした文化政策の調査研究や、国内外への日本文化の発信、食文化等の生活文化振興や新たな文化創造、各省と連携した文化GDP拡大を担う体制整備を行うこととしている。文化財保護行政に関しては、適切な保護と観光・産業と連携した文化芸術資源の活用を推進するため、これまで伝統文化課、美術学芸課、記念物課、参事官（建造物担当）と分野別であったものが、文化財第一課、文化財第二課、文化資源活用課に再編され、法制度に関しては東京に残る企画調整課が担うこととなった。当面は試行錯誤が続くと思われるが、文化財保護行政が停滞することがあってはならないだろう。

なお、既に公益社団法人日本芸能実演家団体協議会はじめ17団体で構成される文化芸術推進フォーラムが「五輪の年には文化省」を唱え、文化省創設キャンペーンを行っており、官房長官や文化芸術振興議員連盟等に要望書を提出するなどのロビー活動も展開している。文化芸術推進フォーラムは、2002年1月に、前年の文化芸術振興基本法成立を支援した舞台芸術、音楽、映画等、文化芸術に関わる芸術関係団体が集い、「文化芸術振興基本法推進フォーラム」として発足したもので、2003年4月より現在の名称に変更した。文化芸術が社会において果たしうる役割を十二分に発揮していくことを目指し、同法の理念の浸透、啓発、政策提言などの活動を行っており、文化芸術基本法の制定にも一翼を担ったが、残念ながら同フォーラムに日本博物館協会や全国美術館会議等は構成団体となっていない。これまで博物館に関する議員連盟が組織されたことはなく、こうした博物館関係者の政治活動に対する消極性が、博物館法制度の形骸化につながっており、常に受け身の対応に追われる一因ではないかとも考えられる。文化庁が京都に移転した後に文化省が創設された場合、再び東京に戻るのかどうかは、多くの識者が疑問を呈しているところだが、おそらく一部の機能は京都に残すことになるのであろう。筆者は、アジア諸国をはじめとする諸外国の動向を踏まえれば、韓国（文化体育観光部）やベトナム（文化スポーツ観光省）、マレーシア（観光文化省）等のように、スポーツ庁や観光庁と統合する可能性が高いのではないかと考えている。

このほか、観光振興関連では、外国人観光客にとって「重要文化財」という表現は、価値が伝わりにくいという指摘があることから、地域振興の観点から国宝を「特別国宝」、重要文化財を「国宝」とすることで、その価値をより分かりやすく伝えていこうという提案が行われており、既に「「あなたの街にも国宝を」議員連盟」が設立されている。これによって文化財保護制度や予算の充実が図られるのであれば結構な話だが、単に名称を改めるだけであれば、英訳を改めればすむ話ではないだろうか。

3. 文化財活用センターの設置

2016年以降、官邸からの意向を受けて、国立博物館・美術館の多言語化や夜間開館が加速度的に進んでいる。多言語化は、従来から各館とも英語対応は進めており、東京国立博物館の東洋館等で一部中国語や韓国語表記も行っていたが、今後、原則としてすべての常設展（平常展）及び特別展において、展示解説パネル及び音声ガイド等を日本語・英語・中国語（簡体字）・韓国語に多言語化することとされたのである。これを受けて独立行政法人国立文化財機構では、新たに中国語及び韓国語への翻訳等に対応するために、2017年7月から4国立博物館に10人（中国語、韓国語それぞれ5人）のアソシエイト・フェローを採用・配置した。採用条件は、「中国語または韓国語を第一言語とする者または同等の語学力を有すること」、「日本語での読み、書き、会話が支障なく行えること」、「大学において日本美術史・東洋、または考古など日本の文化または歴史に関係する分野を専攻したことが望ましい」であった。ただし、これは比較的余裕のある国立博物館だからこそできることであり、地方博物館等においては、まずは人材と予算の手当、事業の優先順位が検討されなければ前向きな展開は難しいであろう。このことは、夜間開館についても同様であり、環境保護の視点からは二酸化炭素排出量やスタッフの労務管理等も考慮に入れる必要がある。

さらに、2018年7月1日には、独立行政法人国立文化財機構に「文化財活用センター」が設置された。同センターは、文化財の保存と活用の両立に留意しつつ、民間企業等と連携して文化財の新たな活用方法を開発するとともに、国内外の博物館・美術館等に関する支援を強化することにより、多くの人々が日本の貴重な文化財に触れる機会を提供することを目的としており、2018年度予算において新規に8億円が計上された。

現状では、指定されている国宝・重要文化財のうち、展覧会等で公開されるのは約1.5%（2015年度：154件）に過ぎず、国立博物館の地方への貸与件数は2017年度1,544件、国立博物館の地方からの相談件数は2017年度483件と、地方や海外、あるいは民間企業等からの展示協力依頼や文化財の貸与などの依頼や活用にあたっての相談に応えきれておらず、新しいニーズに対して迅速・適切な対応が十分できていないという課題がある。このため、文化財活用のためのセンター機能を強化し、国内外の人々が文化財に触れる機会を拡大しようとするものである。もちろん、これまで十分な対応ができていなかったのは、そのための十分な人員が確保できていなかったことも大きいため、新たに外部人材活用も含めた専門職を採用するための予算も含まれている。

文化財活用センターが今後取り組むべき事業としては、以下のとおりである。

(1) 文化財に親しむためのコンテンツの開発とモデル事業の推進

- 先端的な技術によるレプリカやICTやVR、AR、8K映像などの技術を使った、先端的コンテンツの開発。
- 地方創生に寄与する事業の促進。
- これまで文化財に触れる機会の少なかった人びとに向けたコンテンツの開発。
- 企業や各種団体との連携による文化財活用事業のプロデュース。

(2) 国立博物館の収蔵品の貸与促進とそれに関わる助言

- 収蔵品の貸与促進事業の実施と国内の博物館・美術館からの文化財貸与に関わる相談窓口の開設。

(3) 文化財のデジタル資源化の推進と国内外への情報発信

- 国立博物館の収蔵品のデジタル・アーカイブ（「ColBase」「e国宝」）の充実。
- 国立４館および文化財研究所の所蔵する文化財に関わる情報とコンテンツを集約したハブ機能の構築。

(4) 文化財の保存等に関する相談・助言・支援

- 国内外の博物館・美術館からの文化財の保存環境に係る相談窓口の開設と助言。

4. 博物館行政の見直し

前述のとおり、2018年10月から博物館行政は文化庁に一元化され、現在文部科学省生涯学習政策局社会教育課が所管している国立科学博物館も文化庁の所管となる。1951年の博物館法制定以来、社会教育行政の一環として運営されてきた博物館行政が、文化行政の下で行われるようになったわけである。もっとも、これによって博物館に社会教育施設としての機能がなくなるわけではなく、国会における質疑でも、林芳正文部科学大臣が「この法案によりまして博物館に関する業務は文化庁に一元化されることになるわけですが、社会教育として位置づけられている博物館の役割とか業務には変更はないわけでございます。また、博物館行政は一義的には文化庁が担当することになるわけですが、社会教育行政を所管する生涯学習政策局と密接に連携協力しながら、博物館の社会教育施設としての機能確保を図ってまいりたい」と答弁している（2018年5月23日　衆・文部科学委員会）。もとより、博物館を社会教育施設と規定している教育基本法や、博物館を社会教育のための機関と規定している社会教育法が改正されていないのだから、当たり前の話ではある。

そして、前述のとおり、2018年に創設50周年を迎えた文化庁は、2021年度中の京都移転を見据え、大きな組織改編が行われる。既に2017年6月に改正された文化芸術基本法に基づく第1期の「文化芸術推進基本計画」が2018年3月に閣議決定されており、新・文化庁は既に動き出している。新たな文化行政の下で、博物館法は今後どうなるのであろうか。

2017年12月26日に「平成29年の地方からの提案等に関する対応方針」が閣議決定され、「公立博物館については、まちづくり行政、観光行政等の他の行政分野との一体的な取組をより一層推進するため、地方公共団体の判断で条例により地方公共団体の長が所管することを可能とすることについて検討し、平成30年中に結論を得る。その結果に基づいて必要な措置を講ずる。」とされた。これを受けて文部科学省は、2018年3月2日に中央教育審議会に「人口減少時代の新しい地域づくりに向けた社会教育の振興方策について」諮問を行い、中央教育審議会生涯学習分科会に「公立社会教育施設の所管の在り方に関するワーキンググループ」を設置し、検討を行った。

実は、生涯学習分科会には、高田浩二・海の中道海洋生態科学館長（当時）を最後に、2013年2月以降5年以上にわたって博物館関係者が委員になっていない。このことからしても、国の社会教育行政において博物館が軽視されていたと考えられるし、これを許容した博物館業界もまた迂闊だったと言わざるを得ないであろう。ともあれ、本ワーキンググループで議論するために博物館関係者がいないわけにはいかないため、法政大学の金山喜昭教授を委員とし、検討を行った。2018年5月末の論点整理では、博物館に求められる役割について、「近年の訪日外国人旅行者数の増加等により、博物館は新たに経済活性化に資する資源としての観点からも期待が高まっている。その際、博物館は単なる観光資源ではなく、旅行者に日本や地域について理解を深めてもらい、親近感を醸成してもらう場や、旅行者と住民とが交流する場であるという視点が重要である。また、住民が自らの地域について学び、誇りを持つこと（シビックプライド）が重要であるとの指摘もあり、その点においても博物館は重要な役割を果たすと考えられる。なお、各博物館の目的や性格に照らした場合、経済活性化に資する事業を展開することが難しい博物館があることにも十分に留意する必要がある。」と述べている。そして、所管に関しては、「社会教育に関する事務については今後とも教育委員会が所管することを基本とすべきであるが、公立社会教育施設の所管については、当該地方の実情等を踏まえ、地方公共団体の長が所管することが当該地方にとってより効果的と判断される場合には、地方公共団体の判断により地方公共団体の長が公立社会教育施設を所管することができることとする特例を設けることについて、（中略）政治的中立性の確保に関する制度的担保が行われることを条件に、可とすべきと考える」としている。さらに、「平成31年秋にはICOM（国際博物館会議）京都大会2019が開催される予定となるなど、博物館の振興に向けての機運は高まってきている。平成29年の日本博物館協会「博物館登録制度の在り方に関する調査研究」報告書においても「ICOM京都大会の開催こそ、国際的視野に立って我が国の博物館制度を見直す絶好のチャンス」との指摘もあることから、今後、専門家や関係機関とも十分に意思疎通を図りつつ、現場の状況を十分に把握した上で、博物館の一層の振興に向けて、より専門的な検討が行われることを期待したい。」との記述があることも重要である。文化財保護行政同様に、博物館に関する事務について首長が担当することができるようになれば、いよいよ長年の課題であった登録博物館制度の見直しが現実のものとなる。折しも、2018年2月に大阪市において、地方独立行政法人設立に必要な定款と評価委員会条例が可決・成立し、ついに2019年4月には博物館法が想定していなかった地方独立行政法人立の博物館も誕生する。さらに、ICOMでは、MDPP（Committee for Museum Definition, Prospects and Potentials）という常置委員会において、ICOM規約に定めるMuseumの定義の見直しに向けた検討を行っており、世界各地でラウンドテーブルを実施し、意見の集約を行っている。2019年9月に開催されるICOM定義が京都大会では、Museumの定義が改正されることが見込まれており、いよいよ博物館法改正に向け、機は熟したといえよう。博物館関係者の英知を結集し、より望ましい博物館法制度の構築に向けた検討が求められる。

第2節　国立博物館が果たす観光の役割

井上洋一

はじめに

海外から年間約8,000万人の観光客が訪れるフランス。そしてその代表的な観光スポットとして知られるルーヴル美術館には年間約800万人が訪れるという。全8部門からなるルーヴル美術館のコレクションには、《モナ・リザ》、《サモトラケのニケ》、《ミロのヴィーナス》といった、世界中から賞賛を受け続ける傑作も含まれている。世界各地からこうした作品を観るために人びとが押し寄せる。ルーヴル美術館は今日、世界で最も入場者の多い美術館となっているが、イギリスの大英博物館やアメリカのメトロポリタン美術館といった世界に名だたる博物館・美術館の入場者数（表1）を見ても博物館・美術館が観光に果たす役割は計り知れないことがよくわかる。本稿では、近年、政府が強く推し進める「観光先進国」構想を踏まえ、特に日本の国立博物館が果たす観光の役割について述べることとする。

1.　国が目指す観光先進国

観光立国推進基本法（2006年12月成立）には「観光は、国際平和と国民生活の安定を象徴するものであって、その持続的な発展は、恒久の平和と国際社会の相互理解の増進を念願し、健康で文化的な生活を享受しようとする我らの理想とするところである。また、観光は、地域経済の活性化、雇用の機会の増大等国民経済のあらゆる領域にわたりその発展に寄与するとともに、健康の増進、潤いのある豊かな生活環境の創造等を通じて国民生活の安定向上に貢献するものであることに加え、国際相互理解を増進するものである。」と規定されている。

この法律に基づき、観光庁は、観光は、我が国の力強い経済を取り戻

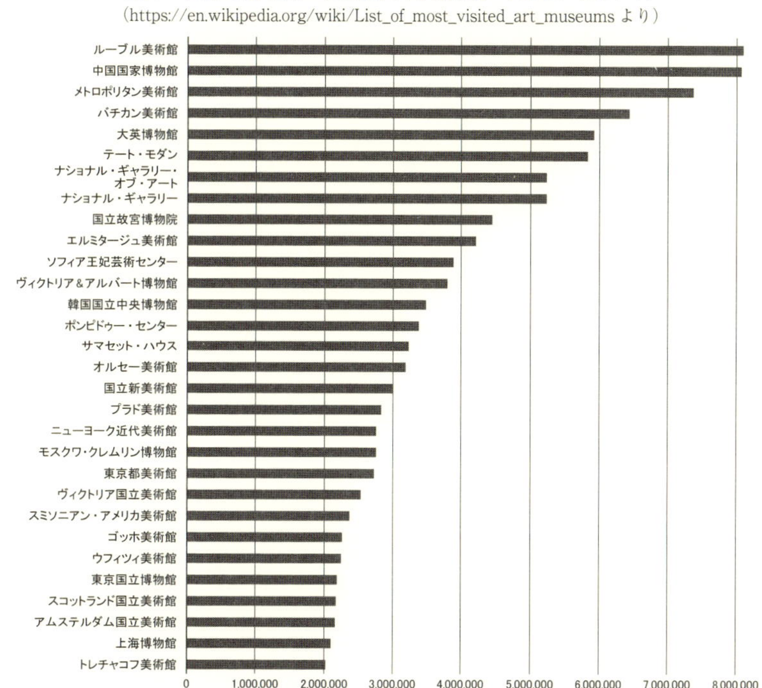

表1　世界の博物館・美術館の入場者数　TOP30（2017年）
（https://en.wikipedia.org/wiki/List_of_most_visited_art_museums より）

＊以下のデータをもとに作成。This article lists the most visited art museums in the world, as listed by Art Newspaper Review Visitor Figures Survey (April 2018) and the Museum Index of the Themed Entertainment Association (TEA) and engineering firm (AECOM)

すための極めて重要な成長分野としたうえで、経済波及効果の大きい観光は、急速に成長するアジアをはじめとする世界の観光需要を取り込むことにより、地域活性化、雇用機会の増大などの効果を期待できる。さらに、世界中の人々が日本の魅力を発見し、伝播することによる諸外国との相互理解の増進も同時に期待できるとしている。また、訪日観光の振興と同時に、国内旅行振興も重要であり、そのため、地域が一丸となって個性あふれる観光地域を作り上げ、その魅力を自ら積極的に発信していくことで、広く観光客を呼び込み、地域の経済を潤し、ひいては住民にとって誇りと愛着の持てる、活気にあふれた地域社会を築いていくことが観光立国には不可欠であるとも指摘している。

この理念は『明日の日本を支える観光ビジョン―世界が訪れたくな

る日本―』（明日の日本を支える観光ビジョン構想会議　2016年3月）においてより具体化される。この冒頭に「「観光先進国」に向けて」と題し、「我が国は、自然・文化・気候・食という観光振興に必要な4つの条件を兼ね備えた、世界でも数少ない国の一つであり、これらの豊富な観光資源を真に開花させることにより、裾野の広い観光を一億総活躍の場とすることが可能である。観光はまさに「地域創生」への切り札、GDP600兆円達成への成長戦略の柱。国を挙げて、観光を我が国の基幹産業へと成長させ、「観光先進国」という新たな挑戦に踏み切る覚悟が必要である。」とこれからの日本経済における観光の重要性を指摘し、以下のような新たな数値目標を掲げた。

○訪日外国人旅行者数：2020年4,000万人・2030年6,000万人

○訪日外国人旅行消費額：2020年8兆円・2030年15兆円

○地方部（三大都市圏以外）での外国人延べ宿泊者数：2020年7,000万人泊・2030年1億3,000万人泊

○外国人リピーター数：2020年2,400万人・2030年3,600万人

○日本人国内旅行消費額：2020年21兆円・2030年22兆円

そして、この目標を達成するために、以下の必要性を指摘する。

① 我が国の豊富で多様な観光資源を、誇りを持って磨き上げ、その価値を日本人にも外国人にもわかりやすく伝えていく。

② 観光の力で、地域に雇用を生み出し、人を育て、国際競争力のある生産性の高い観光産業へと変革していく。

③ 税関・出入国管理・検疫や宿泊施設、通信・交通・決済等といった受入環境整備を早急に進める。

④ 高齢者や障がい者等を含めた、すべての旅行者が「旅の喜び」を実感できるような社会を築いていく。

これらを踏まえ、『明日の日本を支える観光ビジョン』においては「観光は、真に我が国の成長戦略と地方創生の大きな柱である」との認識の下、以下に示すような「観光先進国」への「3つの視点」と「10の改革」を挙げ、「観光先進国」の実現に向け、政府一丸、官民を挙げて、常に先手を打って攻めていく方針を打ち出した。

視点1　観光資源の魅力を極め、地方創生の礎に

・「魅力ある公共施設」をひろく国民、そして世界に開放

・「文化財」を「保存優先」から観光客目線での「理解促進」、そして「活用」へ

・「国立公園」を、世界水準の「ナショナル・パーク」へ

・おもな観光地で「景観計画」をつくり、美しい街並みへ

視点2　観光産業を革新し、国際競争を高め、我が国の基幹産業に

・古い規制を見直し、生産性を大切にする観光産業へ

・あたらしい市場を開拓し、長期滞在と消費拡大を同時に実現

・疲弊した温泉街や地方都市を、未来発想の経営で再生・活性化

視点3　すべての旅行者が、ストレスなく快適に観光を満喫できる環境に

・ソフトインフラを飛躍的に改善し、世界一快適な滞在を実現

・「地方創生回廊」を完備し、全国どこへでも快適な旅行を実現

・「働きかた」と「休みかた」を改革し、躍動感あふれる社会を実現

この中で、特に博物館・美術館に関係するのは、視点1の「観光資源の魅力を極め、地方創生の礎に」である。ここではまず「文化財の観光資源としての開花」を掲げ、従来の「保存を優先とする支援」から「地域の文化財を一体的に活用する取組への支援」に転換（優先支援枠の設定など）すべきだと指摘。また「文化財活用・理解促進戦略プログラム2020」を策定し、文化財単体ではなく地域の文化財を一体とした面的整備や分かりやすい多言語解説など、以下の取組を2020年までに1,000事業程度実施し、日本遺産をはじめ、文化財を中核とする観光拠点を全国200拠点程度整備することを打ち出している。

①支援制度の見直し

・地方自治体等の文化財活用事業の支援に際し、観光客数などを指標に追加

・地域の文化財を一体的に整備・支援

・適切な修理周期による修理・整備

・観光資源としての価値を高める美装化への支援

・修理現場の公開（修理観光）や、修理の機会をとらえた解説整備への支援

② 観光コンテンツとしての質向上

・わかりやすい解説の充実・多言語化

・宿泊施設やユニークベニュー（歴史的建造物や公的空間等、イベント等を開催する際に特別感や地域特性を演出できる会場）等への観光活用の促進

・学芸員や文化財保護担当者等に対する文化財を活用した観光振興に関する講座の新設、質の高い Heritage Manager（良質な管理を伴う文化財の持続的活用を行える人材）等の養成と配置

・全国の文化財や文化芸術活動を発信するポータルサイトの構築

・美術館や博物館における参加・体験型教育プログラム等への支援、ニーズを踏まえた開館時間の延長

・文化プログラムをはじめとする文化芸術活動との連携等

③ 文化庁について、地方創生や文化財の活用など、文化行政上の新たな政策ニーズ等への対応を含め、機能強化を図りつつ、数年の内に全面的に京都に移転

・地域の文化資源を活用した観光振興・地域創生の拡充に向けた対応の強化

・我が国の文化の国際発信力の向上

この他、「訪日旅行の活性化」や「観光教育の充実」なども挙げられているが、いずれも博物館がその受け皿として今後関わっていかなければならい問題である。

2. いま、国立博物館・美術館に求められているもの

政府は以上のような「観光ビジョン」を打ち出し、文化財を観光資源ととらえ、積極的な文化財の活用を博物館・美術館に求めてきている。そして、特に４館の国立博物館が所属する独立行政法人国立文化財機構に対しては、2017 年（平成 29）２月８日の文化審議会の「文化財の確実な継承に向けたこれからの時代にふさわしい保存と活用の在り方について（第一次答申）」に盛り込まれた「文化財の保存と活用は、互いに効果

を及ぼしあい、文化財の継承につながるべきもので、単純な二項対立ではない」という基本的な理念のもと、「文化財の公開・活用にかかるセンター的機能の整備」を行うよう、以下のような指針を示した。

「文化財の保存と活用を両立させるために、文化財所有者・管理団体、美術館・博物館などの関係機関等からの相談を一元的に受ける国の窓口・センターが不可欠である。特に、学芸員や保存科学等の専門家が全国的に十分に配置されていない状況においては、文化財の活用にあたり必要不可欠である文化財の取扱いや保存修理等の知識、技能、文化財の保存科学等について、専門職員が、一元的に相談できる機能があることが期待される。また、まとまって観ることのない国宝・重要文化財について、鑑賞機会の少ない地域や海外での展覧促進、地域の企画に対する助言や共同実施、文化財のアーカイブ化等を通じて、国内外の人々が我が国の文化財に接する機会を拡大するような役割・機能を果たすことが期待される。このため、海外の例も参考に、調査研究及び展示等の企画、保存・修理、財務、作品履歴等に関する専門的な見地から機動的に相談に対応できる機能の整備について検討する必要がある。」

これを受け、独立行政法人国立文化財機構では2018年7月、文化財活用センターを立ち上げ、現在、以下のような具体的な事業の取り組みを行っている。

・文化財に親しむためのコンテンツの開発とモデル事業の推進
・国立博物館の収蔵品の貸与促進とそれに関わる助言
・文化財のデジタル資源化の推進と国内外への情報発信
・文化財の保存等に関する相談・助言・支援

さらに、政府からは博物館・美術館における観覧者の満足度を向上させるとともに観光拠点化を推進するため、参加・体験型教育プログラムの充実や障がい者を対象とした鑑賞支援を推進するとともに、ニーズを踏まえた開館時間の延長を更に促進（国立美術館・博物館は一部を除き、7月～9月は毎週金土21時まで開館するとともに、上野にある東京国立博物館、国立西洋美術館、国立科学博物館の国立館はゴールデンウィーク中も21時まで開館）すること。また、ミュージアムツアー等のプログラムの企画・実施の推進や、国の文化財公開・活用に係るセンター機能の整備により、国内外の人びとが文化財にふれる機会を拡大することが求められている。

これまでも国立博物館・美術館は、国民共有の財産である極めて価値の高い文化財や美術品を計画的・体系的に収集・保管し、国民に広く鑑賞機会を提供し、この保存や修復等のため、高度で専門的な調査研究も実施してきている。また、我が国の博物館・美術館全体のセンターとして地方の博物館・美術館に対する指導的な役割を果たすとともに、ネットワーク形成の中核的機能を果たしてきている。さらに、国際化の進展する今日、国立博物館・美術館は、我が国の文化面での「顔」としての役割を果たしており、これまでの実績に基づいた国際的な信頼の下に、文化財や美術品を介した国際交流の拠点となっている。しかし、政府からは2020年を目処に、表記の「観光ビジョン」を基軸に国立博物館・美術館のもつ潜在的能力のさらなる発揮が期待されているのである。

3. 観光資源としての文化財

文化財はその地に根ざし、そこに暮らす人びとのさまざまな記憶を蓄えて存在している。それゆえ、文化財を観ることによって、その地域とそこに根付いた歴史と文化が理解できる。だからこそ、文化財を後世に遺す必要があるのである。その地域の歴史と文化を伝える歴史的建造物などは、まさに観光資源の代表格である。しかし、博物館・美術館のコレクションもまた優れた観光資源になっていることは、冒頭に挙げたルーヴル美術館の名品の数々が、これを如実に物語っていると言えよう。

ルーヴル美術館に世界から多くの人びとが訪れるのは、ルーヴル宮殿そのものや今はすっかり「ルーヴルの顔」となった観のあるガラスのピラミッドといった建築を観る目的もあろうが、やはりルーヴル美術館がもつ世界的な美術品の数々を観るためだろう。これらが美術館の価値を生み、観光資源となっていくのである。

このように博物館・美術館の価値が何より文化財の存在によって保証されていることは、世界の著名な博物館の例をみても明らかである。しかし、文化財を学術的・芸術的に理解し、適切に保管し、効果的に展示する専門職がいなければ、その文化財は死蔵されているも同然である。博物館には文化財を生かすための専門家、すなわち学芸員が必要である。この点は観光資源を守る意味でも極めて重要である。

言うまでもなく、文化財は人を介して伝えられていく。しかし、そのためにはその価値を多くの人びとに知ってもらわなければならない。市民にその価値が認識されないのであれば、それは決して後世へ伝わることはない。その価値の認識と継承こそが成熟社会には必要不可欠となる。市民にとって、その価値を認識する場、それが博物館である。学芸員はその場をつくる創造者であり、新たな資料の価値を見出す創出者でもある。それ故、学芸員はその文化財の価値を来館者に知らしめる使命を負っているのである。博物館に関わる立場としては、このことを再度確認する必要があろう。

博物館にはさまざまな文化財が保管・展示されている。中でも東京・奈良・京都・九州の国立博物館には2017年3月31日現在で、国宝132件、重要文化財983件を含む127,453件に及ぶ文化財が所蔵されている。各博物館では、国宝・重要文化財をはじめとする古美術品や考古資料等の文化財に接し、美や感動を味わってもらうため、それぞれの館の特色を十分に活かした平常展・特別展を開催している。また、海外の博物館・美術館とも協力・連携して、相互に文化を紹介する展覧会を開催している。さらに、常に来館者のニーズ、最新の学術動向などを踏まえ、かつ国際文化交流にも配慮しながら質の高い展示、魅力ある展覧会を開催することにより、日本及びアジア諸地域の歴史・伝統文化についての理解が深められるよう、国内外への情報発信にも努めている。また、来館者に親しまれる施設を目指し、夜間開館の拡充、施設の多言語化、バリアフリー化、各種案内の充実など、より良い観覧環境の整備と来館者の声を聴きながら管理運営の見直し改善を行うなど、常に来館者の立場に立った展覧事業に努めている。こうした努力が実り、東京国立博物館では、2017年度の来館者は、平常展は年間100万人を超え、特別展を合わせると250万人を突破した。東京国立博物館の約10年前の平常展の来館者数は約31万人であった。その当時、とても無理だと言われた

「平常展来館者100万人計画」を立て、さまざまな取り組みを行ってきた結果がようやく数字となってあらわれてきたと言える。この来館者の増加に関しては、特に若年層とともにインバウンドの伸びが考えられるが、日本及びアジア諸地域の文化財を通して、その歴史と文化をわかりやすく解説し、それを多言語で発信することにより文化財が結果として魅力的な観光資源となり、多くの来館者が博物館を訪れるようになったと考えられる。

4. 国立博物館が果たす観光の役割

国立博物館が果たす観光の役割とは、博物館自体が多くの人々にとって魅力ある観光資源となることである。そのためにはまず自館の優れたコレクションの学術的かつ芸術的な価値を広く国内外に発信しなければならない。その基本はコレクションのデジタルデータの充実にある。一般にそのコレクションの存在と価値を知らなければ、人は博物館に来ることはない。まずはその存在と価値をさまざまな手法で伝える。そして「どうしてもあの作品が観たい」と思わせるような巧みな広報戦略も練る必要がある。まさに「日本の顔を作る」である。しかし、その顔に泥を塗るような展示であってはならない。優れた展示環境のもと、魅力ある展示空間を演出し、来館者に「観に来てよかった」「また来たい」と思ってもらえるような展示にしなければならない。これが口コミやインターネット等で拡散されることで、人びとが集まる。その結果として博物館周辺の商業施設が活気づき、経済効果も見込まれる。これが自館のコレクションを活用した平常展での展開であるが、博物館では一次資料と呼ばれる実物資料だけが活用されるわけではない。二次資料と呼ばれる映像やCG画像、VR画像さらには制作工程を示す実験資料やレプリカ等の活用も望まれる。ものによっては模型、図表、写真などが来館者の学びのよき補助役となるだろう。一次資料という主役は、二次資料という脇役によって引き立てられ、人びとの注目を浴びるのである。それが国内外からのリピーターを増やすきっかけともなってきている。

こうした平常展とは別に、国立博物館で開催される特別展も観光に大きく貢献している。国内外から集められた質の高い作品は、多くの人びとを博物館に呼び寄せ、平常展を上回る経済効果をもたらしている。そして大切なのが、ここに集結された作品が来館者に新たな知と美と心の充足感をもたらし、来館者の博物館への再来も促してくれていることである。

一方、国立博物館は地方の博物館・美術館に対しても観光の支援を行う必要がある。この支援には直接的なものと間接的なものが考えられる。例えば前者では国立博物館の所蔵品の地方貸与促進事業などがこれにあたる。その文化財を育んだ地域に里帰りさせ、地元の博物館で特別展を開催する。これを地方振興の重要な施策の一つである観光に結び付けて行く。また後者ではその文化財の価値を地域住民と共有するための専門的知識の提供や共同研究などが考えられる。さらに海外の博物館・美術館ならびに研究者との間を取り持ち、その交流の手助けをすることも重要であろう。こうした活動を通し、国立博物館と地方博物館・美術館の間で構築されたネットワークが新たな観光資源を生む可能性がある。

博物館と観光の関係を考える場合、経済的な視点とは別に、博物館がもつ根源的な役割も忘れてはならない。学芸員によってもたらされた学術的・芸術的なさまざまな情報をもとに展示された作品を鑑賞することによって来館者はそこから多くを学び、豊かな感性を育む。それが結果として成熟社会に生きる人びとの生涯学習支援へとつながっていくのである。逆に、来館者にとって展示によってもたらされる作品の価値と豊かな心の獲得は、精神的豊かさや生活の質の向上を重視する平和で自由な成熟社会を根底で支える哲学を創造するための重要な営みとも言える。博物館は単に物質的な観光資源を抱える施設ではなく、こうした人間の心を豊かにする精神的な観光資源でもあるのである。そして国立博物館は、このことを十分に体験できる場であると考える。

我々は観光が単なる楽しみの枠を超え、「潤いのある豊かな生活環境の創造等を通じて国民生活の安定向上に貢献するものであることに加え、国際相互理解を増進するものである」という観光立国推進基本法の重要な指摘を正しく受け止める必要がある。そして、この点を十分に理解することで国立博物館が果たす新たな観光の役割が見えてくるに違いない。

おわりに

観光は「楽しみ」を目的とする旅行でもある。この楽しみを感じることができる場があれば人は自ずとそこに向かう。博物館はそのような場でありたい。

2015年にユネスコの総会で採択された『ミュージアムとコレクションの保存活用、その多様性と社会における役割に関する勧告』（ICOM日本委員会訳）には、「イントロダクション」で「ミュージアムは経済的な発展、とりわけ文化産業や創造産業、また観光を通じた発展をも支援する」こと。「加盟各国に、ミュージアムとコレクションの保護と振興の重要性を喚起し、遺産の保存と保護、文化の多様性の保護と振興、科学的知識の伝達、教育政策、生涯学習と社会の団結、また創造産業や観光経済を通して、ミュージアムとコレクションが持続可能な発展のパートナーであることを確認する」ことが指摘されている。さらに「経済およびクオリティ・オブ・ライフとミュージアムの関係」では「加盟各国は、ミュージアムが社会において経済的な役割を演じうることや、収入を生む活動に貢献しうることを認識すべきである。加えて、ミュージアムは、観光経済に関係して、所在地周辺の地域社会や地方のクオリティ・オブ・ライフに貢献するような生産的な事業を行っている。より一般的には、ミュージアムはさらに、社会的弱者の社会的包摂を増進することもできる」と指摘する。こうしたユネスコの勧告を見ても、世界の博物館がそうであるように、今後、日本の国立博物館が果たす観光の役割はさらに重要なものになってくるだろう。博物館と観光を単なる経済的効果を目的に結び付けるのではなく、博物館と観光が有機的に結び付くことで、人びとの心豊かな暮らしの実現を図る。こうした文化形成に向けて官民が協働することこそが、「観光先進国」のあるべき姿なのではなかろうか。

〈参考文献〉

2006『観光立国推進基本法』

明日の日本を支える観光ビジョン構想会議　2016『明日の日本を支える観光ビジョン―世界が訪れたくなる日本―』

阿部正喜　2016「博物館と観光」『観光資源としての博物館』芙蓉書房出版

和泉大樹　2016「地域の振興と博物館」『観光資源としての博物館』芙蓉書房出版

観光庁　2017『観光白書』

独立行政法人国立文化財機構　2017『平成29年度　独立行政法人国立文化財機構 概要』

文化審議会　2017『文化財の確実な継承に向けたこれからの時代にふさわしい保存と活用の在り方について（第一次答申）』

文化庁　2017『これからの国宝・重要文化財（美術工芸品）等の保存と活用の在り方等に関するワーキンググループ報告』

文化庁　2018『文化芸術推進基本計画―文化芸術の「多様な価値」を活かして、未来をつくる―』

第3節　観光施策としての日本遺産にみる博物館の位置づけ

桝渕規彰

1. 国の施策にみる日本遺産の位置づけ

(1) 日本遺産とは

日本遺産は、文化庁が2015（平成27）年度にスタートさせた新たな取組であり、2020年の東京オリンピック・パラリンピック開催を好機として、多数の外国人観光客を日本全国の観光地に誘致することを目的とする国家戦略の一つである。文化庁は、2020年までに全国各地で100件の日本遺産を認定し、来日する外国人等に日本の魅力を積極的にアピールすることを狙い、2017年度までに41都道府県で54件（2015年度18件、2016年度19件、2017年度17件）を認定した。

日本遺産は、地域に点在しその歴史や文化、伝統を伝える有形・無形の文化財を、当該地域の歴史的、文化的魅力を物語るストーリーでつないでパッケージ化したうえで、地域が主体となってそれら文化財群を一体的・面的に整備・活用し、当該地域の魅力を国内外へ積極的かつ戦略的、効果的に発信することで、観光振興の促進と地域の活性化を図ろうとするものである。

認定されるストーリーは、単一の市町村でストーリーが完結する地域型と、複数の市町村に跨る或いは都道府県を跨いでストーリーが展開されるシリアル型の2パターンがある。これまでの認定は、地域型が54件中18件、シリアル型が36件となっており、「四国遍路～回遊型巡礼路と独自の巡礼文化～」（2015年度、愛媛・高知・徳島・香川）、「鎮守府横須賀・呉・佐世保・舞鶴～日本近代化の躍動を体感できるまち～」（2016年度、神奈川・京都・広島・長崎）、「きっと恋する六古窯―日本生まれ日本育ちのやきもの産地―」（2017年度、岡山・福井・愛知・滋賀・兵庫）などのように、都道府県域内はもとより、より広域の地域連携の下にストーリーを構築する事例が多い。こうした傾向は、単一の自治体にとどまらず、広域に展開する文化財などをツールとして、観光振興及び地域活性化に活用しようとする地域の意欲の現れであり、日本遺産にとどまらず、今後の地方創生の方向性を示唆するものといえよう。

ストーリーについてみると、各タイトルにもその傾向が伺われるところではあるが、ともすれば地域の歴史や文化を紹介・解説しがちであった傾向を排し、目にする或いは読む者の興味・関心を惹きつける斬新さ、奇抜なまでの表現が多用されている。「かかあ天下―ぐんまの絹物語―」(2015年度、群馬)、「「なんだ、これは」信濃川流域の火焔型土器と雪国の文化」(2016年度、新潟)、「忍びの里　伊賀・甲賀―リアル忍者を求めて―」(2017年度、滋賀・三重)などはそうした事例である。

筆者が関わった「いざ、鎌倉～歴史と文化が描くモザイク画のまちへ～」でも、鎌倉の歴史を語る従来の殻を打ち破り、新たな歴史観を提示することを試みている。従来の鎌倉の歴史観は、頼朝以来の古都や神社、仏閣の歴史、文化などの中世中心の語り口が主流であったが、日本遺産では近世以降、特に近代の別荘文化、鎌倉文士にスポットを当て、新たな魅力の発掘に努めたところに特徴がある。

こうした斬新さ及び奇抜さは、「地域の際立った歴史的特長、特色を示すものであるとともに我が国の魅力を十分に伝えるもの」、「ストーリーの国内外への戦略的・効果的な発信」といった文化庁が示す認定審査基準を受けて求められているものと解される。一目で興味を惹くキャッチコピー的なストーリーが、果たして当該地域の真の魅力を引き出しているのか、それは偏に各自治体の魅力発信に係る取組の展開にかかっていると思量する。

文化庁は地域に対して、日本遺産に係る魅力発信による自立的な活性化を促すとして、そのための技術的、経済的支援を実施している。特に、認定後3年間は補助率100%の補助金を交付し、①ホームページの多言語化、映像資料の作成などの情報発信等、②展覧会、シンポジウム、イベント開催などの普及啓発、③未指定文化財などの調査研究、④ガイダンス機能強化、トイレ、ベンチ等の周辺環境整備などの公開活用のための整備の４分野にわたる日本遺産魅力発信事業を進めている。このソフトメニュー中心の事業は、パッケージ化された地域の文化財群を、地域資源及び観光資源として有効に機能させ、その魅力を最大限に引き出して活用するための仕掛けと見做すことができ、この意味合いにおいて、日本遺産は文化財をツールとした観光施策、すなわち観光立国を目指す国家的プロジェクトの一翼に位置づけられるのである。

(2) 文化財及び博物館を取り巻く環境の変化

日本遺産事業が開始されたことには、近年の文化財行政及び博物館行政を取り巻く周辺環境の変化が大いに関わっている。

文化財保護の目的は、文化財保護法（昭和25年5月30日法律第214号）第１条に、「文化財を保存し、且つ、その活用を図り、もって国民の文化的向上に資するとともに、世界文化の進歩に貢献すること」とある。このように、文化財保護は保存と活用を両輪として、文化財を適切に保存管理することによって良好な状態で将来に継承するとともに、積極的な公開活用を行うことで、現在を生きる我々の文化活動の糧としていくことを目的とするものである。これは博物館資料においてもまったく同様であり、資料保管の意義は、資料を良好な保存状態で将来に継承し、調査研究及び展示他の教育普及活動等の活用に供することにあるわけである。以上のことから、保存と活用は適度なバランスを持って行われるべきものであるが、ともすると従来は文化財及び博物館資料（以下、「文化財等」という）については、その劣化防止の観点から、保存重視の傾向が強かったことは否めない事実である。ところが、近年ではこうしたこれまでの文化財行政及び博物館行政のスタンスが、活用の促進へと大きく舵を切る施策展開が目立つようになってきているのである。こうした変化は、両行政分野に関わる諸制度の改良、或いは新制度の創出という形で、顕著に進展の動きをみせている。

こうした流れ、動きの背景にあるのは、少子高齢化社会の進行、首都圏一極集中による都市部と地方との格差拡大、失われた20年間の経済低成長等々日本社会が直面する諸問題であり、それらへの対応策として実施、推進されている諸施策がこうした変化をもたらしていると言えよう。

文化財行政及び博物館行政の変化は、2000年代からその萌芽が見られ、2010年以降に国策として位置づけられたクールジャパン戦略を主たる要因とすると見做すことができる。これは、低成長時代にあっても経済成長、発展を目指すことを目的とし、我が国の伝統文化及び現代文化の魅力を積極的に発信し、様々な分野での海外展開及びインバウンドの振興を図っていくというものであり、政府主導のもと多くの関連諸施策が企画立案され、諸事業が推進されている。それらの一つとして、2015年１月にはクールジャパン戦略推進会議が設置され、日本の文化や伝統を観光等の産業として国際展開するため、政府と民間が連携して推進方策や発信力強化に係る様々な取組が企画・立案され、官民連携の下に推進されているのである。

この日本文化、伝統を観光産業の中核に据えるプロセスにおいて、我が国の歴史、文化、伝統を物語る証人たる文化財等を積極的に活用し、それらが有する価値や魅力を最大限に引き出し、効果的に発信していくことが前提となるのである。したがって、この施策展開こそが文化財及び博物館行政におけるスタンスの変化、すなわち保存重視から活用重視への転換に、直接的な影響を与えているのである。

(3) 文化財行政及び博物館行政における新たな展開

前述の文化財行政及び博物館行政のスタンスの変化により、近年では新たな施策展開が多く認められるが、それらの中から日本遺産以外のいくつかの事例を取り上げて変化を具体的に検証する。

2008年に制定された地域における歴史的風致の維持及び向上に関する法律（平成20年法律第40号）、いわゆる歴史まちづくり法は、各地方に存在する城下町等の歴史的都市について、これまでは古都における歴史的風土の保存に関する特別措置法（昭和41年法律第１号）、いわゆる古都保存法の対象とはならず、文化財保護法に基づく文化財指定等の個別規制による点的な保護策しかとることができなかったものを、新たに歴史的風致の概念を導入し、その維持向上を図るための各種事業を展開することで、歴史的都市全体の保全を図ろうとする制度である。

歴史的風致とは、歴史まちづくり法第１条に「地域におけるその固有の歴史及び伝統を反映した人々の活動とその活動が行われる歴史上価値の高い建造物及びその周辺の市街地とが一体となって形成してきた良好な市街地の環境」と定義されるが、ここでいう「人々の活動」は伝統行事、風俗習慣、生業に及ぶ無形文化財、無形民俗文化財及び文化財保存技術に、「歴史上価値の高い建造物」は神社仏閣、城郭、古民家他の建造物等の有形文化財や史跡名勝天然記念物に、「良好な市街地の環境」は場合によっては伝統的建造物群や文化的景観に該当する。文化財保護法ではこれらを指定等による個別の保護措置を講じてきたわけであるが、歴史まちづくり法ではこの３つの要素を兼ね備えた地域を面的に捉え、その歴史的風致の維持向上を図ろうとするのである。

制度としては、当該地域の自治体が策定する歴史的風致維持向上計画を、国土交通大臣、農林水産大臣、文部科学大臣が認定し、各省庁所管の補助金の交付等を通じて、当該計画に搭載された歴史的風致の維持向上に寄与する事業を進めようとするもので、この制度設計からは、従来の規制法による保護から、事業法による活用の促進を図りながら面的な保全を目指す方向への転換を見て取ることができるのである。

2017（平成29）年６月９日に閣議決定された未来投資戦略（成長戦略）に位置づけられている地域の美術館・歴史博物館クラスター形成事業は、「美術館、歴史博物館を核とした文化クラスター創出に向けた地域文化資源の面的、一体的整備」によって、地域の文化財の魅力発信、地域の文化財を活用した多用な活動の充実、美術館、博物館の情報発信機能の強化を図り、観光振興及びインバウンドを推進しようとする文化庁の補助制度である。ここで言う文化クラスターとは地域の歴史を物語る有形・無形の文化財や地域の食文化、伝統工芸及び伝統行事などの有機的な結びつきであり、それを美術館・歴史博物館を中核に据え、大学他の研究機関及び教育機関、文化施設、観光関連施設・団体等と地方公共団体とが密接に連携することで形成しようとするものと解釈される。これは、文化財他の地域資産を博物館のもとに有機的に結びつけるということで、その狙いとするところは、地域に点在する文化財等を博物館を紐帯とする地域連携のもとに積極的に活用することと見て取ることができるのである。

これら以外でも、文化庁は2018年までの間に、文化財等の活用を加速するための施策として、重要文化財の公開に係る手続きの簡略化や制限の緩和などの制度改革等を行ってきたところではあるが、さらに文化財保護法の改正についても議論が進められている。この法改正は、これまで述べてきた文化財及び博物館を取り巻く環境の変化の流れを受け、国の文化財審議会での議論の中間報告（2017年8月）を受けて検討されているものである。その趣旨は、文化財を活かした地域振興の推進が目的で、自治体、文化財所有者、関係団体などが共同して策定する地域の文化財を観光振興や賑わい作りに係る基本計画を文化庁が認定し、補助金交付や税制優遇などで国が支援を行おうとするものである。また、重要文化財等の指定を受けた歴史的建造物や史跡等について、より柔軟且つ容易な活用を促進するため、歴史的建造物の宿泊所や結婚式場等の観光営業施設への改装、史跡での解説案内板他の便益施設設置に係る現状変更許可権限を、文化庁長官から自治体首長へと委譲することも検討されている。これら文化財保護法改正の伏線は、日本遺産事業、観光拠点形成重点支援事業及び文化財多言語解説整備事業といった事業により、一部、文化庁の補助メニュー化に認められるが、法改正によって、文化財等の観光振興、地域振興への活用を、さらに強力に推進しようとするものと考えられる。なお、文化財行政は地方教育行政の組織及び運営に関する法律（昭和31年法律第162号）第21条第14項の規定により、教育委員会が管理・執行する事務とされているが、これを予算編成権及び執行権を有する首長に権限委譲し、文化財等の観光・地域振興施策へのより積極的な活用を可能とする法改正も企図されている。

以上、文化財行政及び博物館行政を取り巻く環境の変化を概観してきたが、我が国の観光振興策及び地域振興策の推進を支える強力なツールとして文化財等がクローズアップされ、その有効活用に向けた諸施策が展開される中、その一施策として日本遺産も位置づけられるのである。

2. 日本遺産における博物館の意義、位置づけ

(1) 日本遺産とエコミュージアム

日本遺産と博物館の関係を考察するとき、想起されるのはエコミュージアムである。エコミュージアムは、エコロジー（生態学）とミュージアム（博物館）とを合体させた造語でるが、これは1960年代後半にG.H.リヴィエールが提唱した新たな博物館の概念である。第9回国際博物館会議（1971年）で発表され、その後、世界各地で地域に応じた展開をとげているが、我が国においても1990年代半ばに新井重三によって紹介され、山形県朝日町や岩手県三陸町などをはじめとして、各地で数多くの取組が進められている。

エコミュージアムの概念は、ある一定の地域において、行政と住民が一体となって、地域の自然や歴史及び文化といった社会的環境について知的に探求し、それらの物証たる自然遺産及び文化遺産を持続可能な方法により現地で保存・育成し、展示を通してその地域の発展に寄与しようとするものである。この考えに従って、エコミュージアムは、当該地域に点在する自然遺産及び文化遺産を展示対象の「衛星（サテライト）」として現地保存し、衛星群のガイダンス的役割を担う「拠点施設（コア）」を設け、それら全てを「発見の小径（ディスカバリートレイル）で結びつけて構築されるネットワーク、すなわち地域全体を博物館と捉えるものである。そして、現地保存と展示、情報発信等の運営は、地域を構成する自治体、住民及び関係団体等が一体的に行うことで、地域全体の活性化、振興を図ろうとするのである。

ここで重要なのは、地域全体を博物館と捉えるにしても、ガイダンス的役割を果たすべきコアであり、そこに求められるのは単なる観光案内ではなく、学術的根拠に基づく地域資産群に関する情報発信である。そこで、調査研究機能と教育普及機能を併せ持つ博物館施設、すなわち地域博物館が、エコミュージアムにおけるコアの機能を担い、十分にその役割を果たしていくべきものと期待が寄せられるのである。

このように、日本遺産とエコミュージアムは、その構造的特徴及び目指すところ、目的が非常に類似しているといえる。両者は一定の地域

を対象とし、日本遺産は地域に点在する文化財群をストーリーによってパッケージ化し、エコミュージアムはコアとサテライトをディスカバリートレイルで結合することにより一体化する。ディスカバリートレイルは物理的な道であるばかりではなく、コアとサテライト、或いはサテライト相互を有機的に結ぶ付けるため、発見や気付きを促すいわばストーリー性も求められる。つまり、ストーリーとディスカバリートレイルは、両者とも地域資産群を面的、一体的に捉え、それらをまとめて保存管理、調査研究し、それら施策の総合的成果として、積極的な情報発信、魅力発信につなげていこうとする点で共通するのである。

また、日本遺産の目指すべきところは、文化財群を活用した当該地域の魅力の戦略的かつ効果的発信によって、観光振興及び地域活性化を図るところにある。エコミュージアムも資産群の有機的な結びつきによる地域全体の博物館化を図り、そこからの積極的な情報発信により地域振興を図ろうとする。しかも両者はその運営の主体は、行政、住民、関係団体等の地域の構成員である。こうしたことからも、両者が共通性を有することは明らかであり、エコミュージアムの概念を応用する形で日本遺産の制度設計がなされたのではないかとも考えられるのである。

(2) 博物館の日本遺産への貢献

前項では日本遺産とエコミュージアムの類似性に着目し、地域における博物館の重要性を指摘したが、小稿のまとめとして、日本遺産と博物館の関係を考察する。

日本遺産は、地域に点在する有形・無形の構成文化財をストーリーで繋ぐことを基本とするが、博物館自体はその建築が歴史的建造物でない限りは構成文化財となることはない。しかしながら、博物館が資料によって地域の歴史、文化、自然等に関する教育を行う機関である以上、博物館は当該地域における情報発信拠点として、自ずと重要な位置づけがなされなければならない。すなわち、日本遺産のストーリー及びそれによってネットワーク化された文化財群を、学術的な調査研究成果を駆使して積極的に紹介することで、地域の魅力発信を効果的に行うことが可能なのは博物館である。この意味合いにおいては構成文化財にならずとも、エコミュージアムのコアと同様、博物館は日本遺産にとっては重要な役割を果たすべき機関と位置づけられるのである。

日本遺産のストーリーは斬新さが求められるが、それは学術的な裏づけがあって初めて採用されるべきものであり、綿密な調査研究の積み重ねがあってこそである。このことは構成文化財の魅力発信についても同様であり、構成文化財個々について蓄積された調査研究成果が、総体としての文化財群の魅力の裏づけとなるのである。換言すれば、綿密な調査研究成果に基づかないストーリーは成立せず、それによってパッケージ化しようとする文化財群も本来の魅力を具現化することはできないのである。地域資源について、資料収集、保管、調査研究及び教育普及の機能を果たすのは博物館である。こうした博物館機能が連関しその機能を果たすとき、日本遺産のストーリー及び構成文化財の学術的裏づけがなされ、総合的な情報として発信される地域の魅力は、その輝きを確かなものとすることができると考える。ゆえに、日本遺産他にみられる文化財等他の地域資源を活用した観光振興、地域振興には、当該地域の博物館のあり方がその成否の鍵を握っているといっても過言ではない。

こうした意味合いでの文化財、博物館の役割は、前述のクールジャパン戦略に認められる大きな変化が進行する限り、今後も益々その重要性が高まるものと思われる。具体的には、文化財施策及び博物館施策と観光施策のマッチングが進められ、観光目的の誘客装置として、文化財の活用が様々な手法で行われるようになるということである。これは、従来は活用面で有効なツールをあまり持ち得なかった我々文化財、博物館サイドにとっては、観光サイドのツールを利用し、従来はなかった活用法が開拓されるなど利点も多く、大いにこの追い風を利用して発展を期すべきと考える。このことは、クールジャパン戦略に連動して叫ばれる観光立国の論調でも強調されているのである。

しかしながら、あくまでも能動的に風を捉えていかなければ、我々の本来あるべき姿を見失いかねず、文化財等が観光の具としてのみの扱いに貶められかねない。観光施策との連携を利するにしても、全ての機能に優先する調査研究機能を着実に発揮していくこと、それを担う学芸員の存在こそ追い風に乗る条件であることを付記してまとめとしたい。

〈参考文献〉

新井重三　1995『実践 エコミュージアム入門―21世紀のまちおこし―』牧野出版
デービット・アトキンソン　2015『新・観光立国論』 東洋経済新報社
西村幸夫　2018『文化・観光論ノート―歴史まちづくり・景観整備―』鹿島出版会
日本遺産いざ鎌倉協議会　2017『日本遺産「いざ、鎌倉」～歴史と文化が描くモザイク画のまちへ～』
日本遺産プロジェクト　2016・17『日本遺産　時をつなぐ歴史旅』１・２　東京法令出版
文化庁　2017『日本遺産』

第3章 地域博物館と観光博物館

第Ⅰ節 伊豆半島における観光型博物館の歴史と現状

中島金太郎

はじめに

博物館と観光を論じるうえで、静岡県における観光型博物館の展開は看過できない事例と言える。静岡県における観光型博物館は、昭和戦前期にその濫觴があり、なかでも早くから観光地として開かれていた伊豆地域では、観光型博物館が多く存在するといった特徴がみられる。本節では、伊豆地域における観光と博物館発展の歴史を概観し、歴史的な傾向と現状把握を目的とするものである。

1. 伊豆半島の観光と博物館施設の誕生

伊豆半島は、北に富士山を有し、中央部は韮山や修善寺、天城などの歴史・文学の分野で著名であり、沿岸部には熱海や伊東などの温泉地や、伊豆白浜・富戸・大瀬崎など海水浴・マリンレジャーで有名な地域が存在し、当該地域そのものが大きな観光地として認識されている。実際、『平成27年度静岡県における観光の流動実態と満足度調査報告書』によると、伊豆地域に訪問する人々の85.3%が観光目的であることが記載されており[1)]、概ね全国的に見ても伊豆地域は観光地、観光が主産業との認識であることがわかる。

(1) 戦前期の伊豆観光と博物館施設

伊豆地域は、近代以降観光とともに発展してきた歴史を有している。伊豆半島では、近世以前より熱海の温泉が広く知られており、江戸期に入ると大名だけでなく様々な身分の人々がこぞってこの地を訪れた。特に徳川家は、この地の温泉を気に入り、「御汲湯」と称して江戸まで温泉を運ばせた記録も存在している。伊豆の観光地化は、まず熱海から始まったのである。近代の熱海は、政治家や軍人などが訪れる別荘地・保養地として活用され、上流階級が静かに休暇を過ごす地へと変化した。しかし、1920年（大正9）頃の熱海の状況を示した『熱海と五十名家』では、熱海は温泉地として名が売れているものの、来訪者を楽しませるための施設がほとんど無いことを複数の執筆者が嘆いており、特に野田惣八は、鉄道の開通による観光客増加を見越した観光施設の必要性を説いている（野田 1920：139-146）。

その後、1925年の国府津～熱海間を走る熱海線の開通、1934年（昭和9）の丹那トンネル開通による東海道本線の熱海駅停車、1938年の伊東線（熱海駅～伊東駅間）開通が相次いで実現し、関東圏は勿論、関西圏からもアクセスが容易となったことで、多くの人々の訪問が可能な観光地へ転換していったのである。昭和10年代の熱海市内には、観光客の増加に対応して様々な娯楽施設が企画され、1937年の熱海宝塚劇場開設をはじめ、ダンスホールや玉突き場（ビリヤード場）など様々な観光施設が誕生したことが見て取れる（熱海市史編纂委員会編 1968：160-181）。

この観光施設整備の一環として、熱海地域には複数の博物館施設が設置された。熱海市に初めて設立された施設は、1934年頃開館の熱海水族館である。しかし同施設は、1935年に開催された復興記念横浜大博覧会に使用するため、僅かな期間のみの運営で廃止されており（鈴木克 2003：15）、恒常的な博物館設置ではなかった。続いて、1938年に熱海鰐園が開園した。同園については、筆者が別稿を著しているので詳細は割愛するが、鰐園の名称の通りワニの飼育・展示を行うと同時に、他の動物飼育や熱帯産植物の栽培育成を行っていたとされる（中島 2017：195-202）。熱海市内には、昭和10年代以降ダンスホール等が建設されたことは先に述べたとおりであるが、その殆どはお酒とともに楽しむ“夜の観光施設”であり、昼間開いている施設はカフェが数件あるだけなど限定的であった。当該施設は、熱海の昼間の観光名所として計画されたとみられ、戦前期を中心に活躍したコメディアン古川ロッパの日記には、「熱海養鰐園を見物」したとあるように（古川 1987：658）、熱海鰐園は熱海を訪れた観光客が気軽に観覧できる施設だったと看取される。

図1　下田武山閣
（『伊豆下田了仙寺史蹟説明』より転載）

一方、伊豆半島以北の地域は、江戸期から東海道の宿場として、三島・沼津・富士といった地域が発展していたが、あくまで第一次・第二次産業が主体で、観光産業は殆ど顧みられることは無かった。一方、戦前期の田方平野から天城に至る北伊豆～中伊豆地域では、1888年（明治31）に豆相鉄道（現、伊豆箱根鉄道）が営業運転を開始し、また1924年には三島駅～修善寺駅間が全線開通したことで、外部からのアクセスが容易となった（森 2012）。これに伴い、首都圏近郊でありながらも静謐で豊かな自然環境と温泉を有する当該地域が着目され、都会の喧騒を嫌った文人等が伊豆長岡・修善寺・天城などを好んで訪れたのであった。

伊豆半島沿岸部は、急峻な山地と僅かに開けた湾で構成される漁村が殆どで、交通網もさほど発達しておらず、温泉が湧出する以外に大した観光資源も存在しなかったところから、鉄道が敷設された熱海・伊東地域と、幕末に開港された下田以外に観光客が訪れることは少なかった。当該地域の観光地化が始まったのは、戦後になってからである。

下田地域での観光型博物館の濫觴は、1930年5月に了仙寺境内に開館した武山閣である。武山閣（図1）は、下田郵便局長であった鈴木吉兵衛の収集品を収蔵展示した私設博物館である。大正5・6年頃から仏像の収集を開始し、1921年頃より自宅内に資料を展示するも手狭となり、邸内の石造倉庫を改装し陳列館としたとされている。そして、1930年には了仙寺境内に土地を得て、2階建てコンクリート造の「下田開港記念館」を建設するとしている。同館は、昭和前期の絵葉書に「開國記念武山閣」として確認することができ、瀟洒な洋館造りの博物館であったことがわかる。収蔵資料は、アジア域に跨る仏像コレクションを主とし、地元南伊豆の考古資料、開国関連資料、性崇拝に関する資料を収集していた。同館は、戦時中に閉館し、資料のすべてを沼津に移動している。戦時中、武山閣付近は爆撃を受けたため、建物は破壊されているが、沼津への移管により資料の焼失は免れたとされている。

雑誌『黒船』に寄稿された「下田武山閣」や『伊東・伊豆・下田今昔写真帖 保存版』によると、下田の名所・観光地として定着していた旨が記載されており（海野 1930：47-48、加藤 2006：96）、また了仙寺のリーフレットにも「境内に建設せる開國記念武山閣」として、同寺の史跡の一として紹介しており[2)]、武山閣は昭和期の下田の名物観光地として認識されていたと見受けられる。

(2) 戦後の伊豆観光と博物館施設の展開

戦後には、1961年（昭和36）の伊豆急行開通（伊東～下田間）を皮切りに、鉄道網の拡充が行われた。そもそも熱海～下田間の鉄道は、戦前期より国鉄によって計画されていたものの、財政上の理由で1938年に熱海～伊東間の伊東線が開通した段階で計画が停止されていた。戦後、当該地域に目を付けた東急電鉄は、1953年に伊豆地域の観光産業振興と東南伊豆地域の開発を目的としたプロジェクトを始動し、1956年に伊東～下田間の鉄道敷設免許を申請、鉄道を中心とした交通網の確立を目論んだのである（森 1997）。鉄道網の拡充に伴い、東京発の複数種の準急が伊豆半島の諸駅に停車するようになった。1964年には、東海道新幹線が開通し、県内では熱海・静岡・浜松の3駅が開業したことで、静岡県東部・伊豆地域は東京をはじめとして様々な地域からのアクセスが良好になったのである。

一方で、昭和40年代以降のモータリゼーションの発展に伴い、1962年の伊豆スカイライン開通や、1969年の東名高速道路全面開通などによって、東部・伊豆地域も道路整備が進展した。これらの交通網の整備に伴い、県内・県外からのアクセスが飛躍的に向上したことが、当該地域の観光地化に直截に影響したものと思われる。

これらの影響を受け、観光客が来静中に訪れるための娯楽・観光地として数多くの施設が企図された。その一つに博物館施設が位置づけられたのであり、植物園、動物園に関しては特に観光要素が色濃く出ているとみられる。両施設は、昭和30年代頃より増加をはじめ、昭和40～60年代に最も多く設置された。伊豆半島に設けられた観光型の動植物園は、南国の雰囲気を漂わせる熱帯動植物園が多く設置された。伊豆半島の東海岸は、ヤシやソテツなどが街路樹として植樹され、また昭和30年代に新婚旅行のメッカであった熱海は、海岸線がハワイに似ているとのことから“東洋のハワイ”とも呼ばれるなど、首都圏近辺の“南国”的なイメージを持つ観光地として印象付けられていた。熱帯植物園は、本物の南国地域に繁茂している植物を栽培・展示することで、観光客に南国の疑似体験をさせることを目的に多数設けられたと考えられる。伊豆地域は、冬でも温暖な気候を呈し、伊豆白浜など遊泳可能な海水浴場を豊富に有していたことなども相まって、ハワイなどの南国リゾートと共通の要素を持つ存在と認識されたのである。

戦後日本では、高度経済成長が進むと同時に庶民の旅行が一般的になっていく傾向にあったものの、1964年まで海外渡航が制限されていたこと、また渡航費用が非常に高額だったことも影響し、長らく海外旅行自体が“憧れ”の存在であった。中でもハワイは、歌謡曲や映画・テレビなどによって“南国の楽園”として伝えられており、当時の日本人が最も憧れた観光地であったといっても過言ではない。海外渡航が困難な時代に、少しでも南国の雰囲気を味わうため、首都圏近郊で環境が比較的類似した伊豆半島に白羽の矢が立ったのであろう。そして、伊豆への観光客が、滞在中に訪問する観光地として、南国をイメージさせる施設が設けられたのである。中でも植物園は、栽培する温室の熱気や室内に面的に繁茂した熱帯植物を空間的に感じることができたことから、臨場感のある南国体験ができる施設として珍重されたのである。これは、伊豆地域に設けられた23の植物園のうち、実に16もの植物園が熱帯・亜熱帯の植物栽培を実践していたことからも裏付けられよう。

また、熱帯の動植物園設置の背景として、伊豆半島全域から湧出する豊富な温泉資源が深く影響している。伊豆半島は、半島域に数多くの火山を有しており、その影響により半島全域で温泉が湧出する。この温泉資源は、近代以前は主に入浴に用いられてきたが、戦前～戦後にかけて温泉の作物栽培への利用が開始されてきた。そして、この技術を援用して、高温地域である熱帯・亜熱帯の植物栽培を実現させたのである。一方で温泉熱は、動物飼育にも活用された。伊豆半島では、特にワニやカピバラなどの飼育に導入され、高温地域の生物の飼育と繁殖に寄与している。豊富に得られる温泉水は、温室や飼育プールなどを温めるのに使用され、高温地域に生息する動物の飼育環境を整えるために効果的だったのである。このように、特定の動植物の飼育に温泉が効果的であったことが、伊豆半島に熱帯・亜熱帯をテーマとした動植物園が林立した要因の一つである。

1969年の東名高速道路の全線開通に伴い、自家用車による来静が容易になると、郊外型の大型動物園が増加する傾向にある。静岡県東部地域の裾野市に所在する富士サファリパークのように自家用車で園内を巡ることのできるサファリ形式の動物園の誕生や、伊豆アンディランド、伊豆バイオパークのように公共交通機関でのアクセスが難しい施設が発生し、とりもなおさず自家用車による観光を見据えた動物園が広がりを見せるのである。当該形式の動物園は、ファミリー層の来園を意識したとみられ、通常の動物展示のほかに“ふれあい動物園”などのより動物を身近に感じさせる展示が増加し、またレストラン、土産物屋など動物園内の付帯施設の発達を促進したといえる。郊外型の動物園は、昭和40年代より日本全国で増加する傾向にあり（石田 2010：90-93）、その中でも多数の開園数を誇ることから、これらの動物園は時代に即応した先見性を有していたのである。

(3) 伊豆高原の美術館集中

交通網の拡充に伴って外部からのアクセスが向上すると、ビジターを当て込んだ観光開発が開始され、観光地での雨天時や子供を対象とした娯楽のために、各地に博物館・美術館・動物園・植物園・水族館などが建設された。伊豆急行株式会社による伊豆高原の別荘地化や、三島・御殿場・裾野や伊豆半島の山間部を中心としたゴルフ場開発、熱海や伊東、沼津など伊豆北部沿岸のマリーナ開発など、所謂リゾート開発の基本的なスタイルをもって開発が進められた[3)]。当該時期の観光型博物館は、その開発の流れに呼応し、観光地での娯楽のために各地に建設されたと推定される。

伊豆半島の中でも特に伊豆高原の美術館群は、1975年開館の池田20世紀美術館を皮切りに平成初頭より爆発的な増加をみせ、閉館したものを含めて43館もの美術館が設立された。当該地域での美術館集中の経緯は、古本泰之が「観光地域における「芸術活動」の観光資源化としての美術館集積」において詳細に分析しているため（古本 2014：71-76）本稿では割愛する。

当該地域に設営された美術館は、バブル期にもてはやされた西洋絵画や、西洋由来の資料（ガラスや時計、ドール類など）を展示テーマとする傾向にある。これらの展示は、バブル期の欧州志向を反映し、普段の生活と離れた旅行・観光に際して非日常感を演出する装置として機能したと考えられる。伊豆高原の観光資源たる美術館群は、知的な体験を目的とする観光資源である。当該地域は、元々が別荘地として開発されたこともあり、その雰囲気に合致した観光資源として、美術館が用いられたとも考えられる。これらの美術館の対象は、とりもなおさず成人層であり、遊園地や動物園・水族館、ショッピングモールなどとは異なり、ハイクラスで落ち着いた印象の創出を意図していたと思われる。別荘のある観光地にて、西洋由来の諸物品を中心とした美術館を観覧することは、あたかも西洋諸国へ旅行しているかのような疑似体験をさせる非日常性の提供であり、このような意図のもとに諸美術館の展示が企画されたとも考えられる。

一方で、当該美術館の展示は、リゾート・観光地を訪れる青年層をも意識したとも考えられる。小樽市や長崎市など著名な観光地の土産物にガラス細工やオルゴールなどが多いことからもわかる通り、ガラス細工などの展示は非常に集客効果が高い。また青年層は、リゾート・観光地に「芸術」を求めるのではなく、「観光の対象としての「おもしろさ」「きれいさ」「かわいらしさ」を求めている」との意見も存在する（並木2001：28-39）。観光地の美術館は、資料の持つ綺麗な外観や優れた音色など感性に訴えかけるモノを収集・展示し、その集客能力を活用した娯楽的な目的で運営されている施設群であると換言できよう。

しかし、集中が進むにつれて、似通った展示内容を持つ美術館が増加し、展示に供する資料の質や展示技法などが館同士で対比されることで、自然と淘汰されていったのである。筆者別稿にも示した通り、同地域ではこれまでに1/3もの美術館が閉館している（中島2017：170〈表5-1〉）。2016年（平成28）までに閉館した美術館は、やはり東部・伊豆地域に集中していることが、県内全域の美術館の推移からも確認できる（中島2017：155-183）。そして、これらの美術館が閉館する一方で、新たな観光資源として博物館や美術館が企画・建設される傾向が生まれ、潰れては建ちを繰り返しているのが当該地域の観光型博物館の現状なのである。

2. 伊豆半島における観光型博物館の現状

伊豆半島における観光型博物館の展開は、開発やそれに伴う観光業の盛衰に多大な影響を受けるものでもあった。『平成27年度静岡県観光交流の動向』によると、伊豆半島の観光客数は、1988年（昭和63）に年間73,441,000人を記録したもののその後減少を続け、2011年には年間36,667,000人とピーク時の約半分に落ち込んだ[4)]。これは、平成初期に崩壊したバブル経済や、2008年に起きた世界金融危機（所謂リーマンショック）などの経済低迷に伴い、旅行への支出が減少したこと、2011年の東日本大震災とそれに連なる静岡県東部地震の影響から旅行控えや旅行先としての本県への不信などが影響した結果であると推察される。また、経済不況のあおりを受けて開発の低迷や観光事業者の倒産などが起き、第3次産業を重要な産業としていた伊豆地域には大きな打撃となったのである。

本地域の観光型博物館は、昭和40年代から平成初期にかけて比較的多く設立されてきたものの、伊豆高原の美術館群のように平成20年代にかけて経営が成り立たず閉館する例が多数見受けられた。他の観光施設においても、平成10年代以降になって閉館・閉園した施設は枚挙に暇がない。閉館した施設は、観光客を呼ぶために奇抜な動物の飼育や、日本の環境下では生育しづらい熱帯植物の栽培などランニングコストが多くかかる施設が多数あり、観光客の減少に伴って施設を維持できなくなるといった経営不振を原因とした閉館例が最も多かった。また、個人コレクションを展観させる博物館では、コレクターの事業不振に伴って館に回す資金が滞り、結果的に閉館せざるを得なくなるなど、観光型博物館の運営は経済・景気の変動に大きな影響を受けたのである。

さらに、観光形態の変化も博物館の運営に影響があったと考えられる。かつての伊豆地域は、首都圏近郊の温泉地という立地から、バスを借り切って訪れ、温泉に浸かると同時に周辺の植物園などの観光施設を巡る周遊観光が一般的であった。しかし、野方宏によると、「日本経済の長期的停滞や少子高齢化と共に進行する人口減少社会への突入といったこれまでにはない社会・経済的な構造変化を背景に、観光の形態・ニーズは大きく変化した」とし、バブル経済崩壊後には、団体旅行に代表されるマス・ツーリズムから「個客」のニーズに応えるニュー・ツーリズムへと観光客のニーズが移ったとしている（野方 2016：133-153）。事実、『平成27年度静岡県における観光の流動実態と満足度調査報告書』によると、伊豆地域を訪れた84.9％が個人旅行客とのデータが示されている[5)]。個人旅行が中心となると、旅行者が望む各々のプランで旅行を楽しむことから、観光地側は旅行者を呼び込むための努力をしなければならない。しかし伊豆地域では、その努力を怠り、廃業した旅館や施設の建物だけが残る寂れた街となっている箇所が複数存在している。博物館施設も陳腐化したものの一種であり、当該地域は一時期観光型博物館が急速に開館したが、テーマ設定や博物館に関する意識・知識のない運営であったことから、10年を経ずに閉館した館が多数存在する。また、現在継続運営されている館園であっても、多くの問題が存在することは言うまでもない。

まとめ

当該地域の観光型博物館の発展史を集約すると、①首都圏からのアクセスの向上、②風光明媚な自然と著名な温泉、そして③観光開発における娯楽提供の三つが、発展のファクターと読み取ることができよう。しかし、当該地域の観光型博物館は、観光地である伊豆の地域性を活かしたものは殆ど存在せず、観光利用のための娯楽施設として見られていた感が多分にある。

一方、近年の伊豆観光は、2015年度に年間44,494,000人の観光客数を記録し、2011年度以降毎年200万人程の増加傾向がみられる。また、楽天トラベルが行った「年間人気温泉地ランキング」では、2017年度まで3年連続で熱海温泉が1位になるなど、“観光地 伊豆”が改めて見直されてきていると看取される。これは、アベノミクスなどに伴う緩やかな景気回復によって余暇の過ごし方として旅行が再び脚光を浴びていること、東駿河湾環状道路、圏央道、伊豆縦貫道等の開通により、より首都圏からのアクセスが向上したこと、余暇が土日および平成10年以降の法律改正に伴う月曜祝日を含めた3連休に限られがちな我が国において、近距離旅行が志向されていること、さらには経営破綻した高度経済成長期やバブル期のホテル・リゾートマンション等をリノベーションするなどして、現代的な観光地への換骨奪胎を企てる例が増加したことなどをその理由として考えることができる。

今後、当該地域の観光型博物館に望まれることは、上記したような館園を見直し、建物などのハード面での改善だけでなく、ソフト面の改善を含めリニューアルすることである。ハード面の改善は、施設の建て替えや新規機材の投入など、資料の保存・生育環境維持と資金の問題があり、現実的に不可能である場合が多い。支出を抑えつつ改善を図るためには、環境管理の徹底や広報の工夫、フラワー・ツーリズムやグリーン・ツーリズム、ヒストリカル・ツーリズムといった新たな観光の視点を取り入れた経営法の模索や博物館連携などが有効であると考えられる。いずれにせよ、伊豆半島の観光志向の上昇を背景に、伊豆半島の観光型博物館も様々な面で変化を必要としているのである。

註

1）静岡県文化・観光部観光交流局観光政策課　2017『平成 27 年度静岡県における観光の流動実態と満足度調査報告書』p.31
2）法順山了仙寺リーフレット「伊豆下田了仙寺史蹟説明」より
3）鈴木茂・小淵港編『リゾートの総合的研究』によると、「日本型リゾート」の特徴としてその画一性を挙げている。同書では、海洋型リゾート構想では、ゴルフ場・リゾートマンション（ホテル）・マリーナ、山岳型リゾート構想ではゴルフ場・リゾートマンション（ホテル）・スキー場の３点セットが基本的に構想されるとしている。ゴルフ場は、不動産開発による資産価値の拡大と投資資金の早期回収が可能で、ホテルは会員制リゾートマンションやコンドミニアムを建設する事により、地価や会員権の高騰などの資産価値の増大やその販売による譲渡所得の獲得を目的に開発されたとしている。（鈴木茂・小淵港編 1991『リゾートの総合的研究―国民の「休養権」と公的責任―』晃洋書房 p.4）
4）静岡県文化・観光部観光交流局観光政策課　2016『平成 27 年度静岡県観光交流の動向』p.5
5）註１と同じ p.23

〈参考文献〉

熱海市史編纂委員会編　1968「第三章　温泉観光都市への展開」『熱海市史』下巻
石田　戢　2010『日本の動物園』東京大学出版会
海野珊瑚　1930「下田武山閣」『黒船』7-5　黒船社
加藤清志　2006「了仙寺裏手にあった武山閣」『伊東・伊豆・下田今昔写真帖保存版』郷土出版社
鈴木克美　2003「静岡県における水族館の歴史と将来的展望」『東海大学博物館研究告 海・人・自然』5　東海大学社会教育センター
中島金太郎　2017『地域博物館史の研究』雄山閣
並木誠士　2001「地方における美術館・博物館」『変貌する美術館 現代美術館学Ⅱ』昭和堂
野方　宏　2016「伊豆地域の観光の現状と可能性」『静岡大学経済研究』15-4
野田惣八　1920「住民としての望み」『熱海と五十名家』精和堂
古川ロッパ著、滝　大作監修　1987『古川ロッパ昭和日記・戦前篇』晶文社
古本泰之　2014「観光地域における「芸術活動」の観光資源化としての美術館集積―静岡県伊豆高原地域・長野県安曇の地域を事例として―」『日本国際観光学会論文集』21
森　信勝　1997『静岡県鉄道興亡史』静岡新聞社
森　信勝　2012『静岡県鉄道軌道史』静岡新聞社

第2節　歴史観光都市鎌倉と博物館

高橋真作

はじめに

源頼朝が幕府を開き、日本で初めて本格的な武家政権が置かれた鎌倉は、鶴岡（つるがおか）八幡宮や鎌倉大仏をはじめとする中世以来の伝統を引き継ぐ社寺や、発掘調査の成果に基づく史跡、近代に建てられた別荘建築など、時代の流れを反映した貴重な歴史的遺産・文化的遺産が数多く残る国内有数の歴史都市として知られている。

また、夏の海水浴や梅雨の紫陽花、新春の初詣など、四季に応じた観光資源を備え、ほかにもまち中を走る江ノ電や、古民家カフェ、飲食店が建ち並ぶ小町通り、自然豊かな尾根伝いのハイキングといった多彩なコンテンツも充実している。東京や横浜から至近にあるアクセスのしやすさがそれに加わり、日帰りで行ける気軽な観光地としても人気を集めている。

毎年数多くのガイドブックが刊行され、日本国内のみならず、海外からの旅行者も多く訪れる。新旧の歴史と文化、そして人々の営みと自然とが交わり合い、それらが渾然一体となって、年間延べ約2,000万人もの観光客を誘っているのである。

本稿では、このような歴史観光都市としての鎌倉において、博物館がどのような歩みを辿ってきたのかを概観したいと思うが、ここで筆者の経歴を先に述べておけば、2005年（平成17）度から11年間にわたって鎌倉国宝館の学芸員として奉職し、その後、新博物館の整備事業への参画のため、2016年度に鎌倉市役所本庁舎の歴史まちづくり推進担当へと人事異動、翌年の2017年5月に「鎌倉歴史文化交流館」が開館し、現在同館で学芸業務全般と管理運営業務を担っている。

ここでは、上記のような筆者の経験に基づき、鎌倉で最も早くに創立された博物館である鎌倉国宝館と、同じく最も近年に開館した鎌倉歴史文化交流館を中心に、鎌倉市域における博物館の歴史と現状、また今後の課題と展望について述べていきたい。

1. 鎌倉の歴史と観光地化への歩み

はじめに、鎌倉の都市としての発展と、観光地化が進んでいった経緯について概観しておこう。

鎌倉は、古東海道沿いの交通の要衝に位置し、奈良時代には地方の行政機関である郡衙が置かれるなど、相模国周辺における中心地であった。むろん、鎌倉が中世都市として飛躍的に発展するのは、源頼朝による幕府創設を契機とする。1180年（治承4）、平氏打倒の兵を挙げた源頼朝は、東国の武士たちを従えて先祖所縁の鎌倉に入り、大倉の地に幕府を開いた。頼朝は、御所の造営、鶴岡八幡宮や永福寺の建立、段葛（若宮大路）の整備などを行い、現代にもつながる都市鎌倉の礎を築いた。その後政治の実権は北条氏に移り、さらなる都市整備が進められるが、13世紀後半には禅宗が勃興し、さらに中国との交易が活発化することで、国際色豊かな文化も育まれていった。

しかし、蒙古襲来を契機に北条氏への反発が強まっていき、1333年（元弘3）、鎌倉幕府は滅亡を迎える。歴史の教科書ではここまでの記述で終わってしまうため、室町期に至っても隆盛を維持していたことは一般にはあまり知られていない。鎌倉には、室町幕府が東国を支配するための鎌倉府が設置され、主である鎌倉公方のもと、まちは再び活気を取り戻していった。しかし次第に室町幕府との対立を深め、1455年（康正元）、公方は古河へと居を移すことになる。主を失った鎌倉は、これ以降、政治的求心力を急速に失っていくこととなった。

後北条氏（小田原北条氏）による支配を経て江戸時代になると、鎌倉は幕府直轄地として命脈を保つものの、やがて静かな農漁村となっていった。「人すまざればよるはけだもの丶すみかとなる」「仏殿の本尊もやぶれくづれて」江戸時代の僧・沢庵は、1633年（寛永10）に鎌倉を訪れ、寺院の荒廃した様子を記している（『鎌倉順礼記』）。このようにかつての繁栄の面影を失った鎌倉であったが、次第に参詣や遊山の地として注目され始める。とくに徳川光圀が編集を命じ、1685年（貞享2）に刊行された『新編鎌倉志』は、後に多く刊行される鎌倉案内書にも大きな影響を与えた。また幕府の支援や民衆からの寄附をもとに、社寺の復興も進められた。近世の鎌倉は、往時のような政治都市としての機能こそ失っていたものの、現在の古都鎌倉の姿が形づくられ始めた時代でもあった。

明治初期に巻き起こった神仏分離・廃仏毀釈の嵐は鎌倉にも大きな打撃を与えたが、しかしその後、鎌倉が保養地として推奨されるようになると、海沿いには皇族や政治家らの別荘が多く建てられるようになった。そして1889年（明治22）に横須賀線が開通したことにより、その傾向にさらに拍車がかかる。保養に適した別荘地として近代都市の形成が進み、一躍観光地として脚光を浴びるようになった。また、古都の風情を慕い多くの文学者が移住して文壇を形成し、活発な文芸活動が展開された。

近代的な文化都市として発展していくなか、1923年（大正12）に発生した関東大震災（大正関東地震）は、鎌倉全域にも甚大な被害を与えた。文化財の損壊も甚だしく、これを契機に文化財保護の機運が高まっていった。歴史的風土を保存するため1966年（昭和41）に制定された「古都保存法」（古都における歴史的風土の保存に関する特別措置法）も、「御谷（おやつ）騒動」[1)]と呼ばれる鎌倉の市民運動を契機としている。こうした市民意識は現在も継承され、歴史と自然が調和する景観を保つ努力が続けられている。

さて、このように中世から現在に至る鎌倉の歴史を通覧してきたが、各時代によって、まちの性格がさまざまに変遷する様子が見て取れるだろう。中世都市としての隆盛から村落への零落、参詣地としての注目から観光地への発展という、浮き沈みの激しい歩みを刻んでいる。古い歴史の上に新たな歴史が次々と積み重ねられ、あたかもレイヤー状の歴史構造を有しているかのごとくである。このような各時代の歴史的・文化的遺産を保存し、また郷土学習の教材として活用し、さらに次世代へ

図1　鎌倉国宝館　外観

と継承するうえで、博物館の役割はきわめて大きいといえる。そこで次章では、鎌倉における博物館の黎明ともいうべき鎌倉国宝館の設立経緯について見ていくことにしよう。

2. 鎌倉国宝館の創立

鎌倉国宝館は、1928年（昭和3）4月3日に開館し、鎌倉市直営で運営される博物館施設である（図1）。規模は大きくはないものの、全国の博物館のなかでも老舗館として知られ、2018年には開館90周年を迎えた。ちなみに館名の「国宝」は1897年制定の古社寺保存法に基づく名称であり（国宝保存法制定は1929年）、これをもってしても、長い歴史と伝統を誇る館であることが理解されよう。

その設立の契機は、1923年の関東大震災に遡る。この震災では、鎌倉でも多くの歴史ある社寺が倒壊し、仏像や宝物類の被害も甚大であった。市内に別荘や居所をもつ政財界人らのなかでは、かねてから「宝物館」設立が切望されてきたが、そうした機運にこの震災が重なり、「鎌倉同人会」をはじめとする多くの市民から多額の寄附が寄せられて開館に至ったものである（浪川 2016）。その理念は現在も受け継がれ、近隣の社寺から多数の文化財の寄託を受け、それを保管・展示している。自館のコレクションよりも寄託資料が収蔵品の大部分を占める「寄託館」であり、こうした点も、歴史ある社寺が近隣に林立する地域博物館特有の事情といえる。

その後 1950 年に現在の文化財保護法が制定されると、これまで国宝として取り扱われてきた資料の多くは重要文化財（旧国宝）となったが、館名はそのまま継承している。翌 1951 年には全国でも数少ない勧告・承認出品館となり、博物館法制定の翌 1952 年には登録博物館となった。1983 年に新館（収蔵庫・事務室等）が竣工し、1991 年 3 月に本館（展示場）が全面改修、1996 年には公開承認施設となっている。なお、2000 年には本館が国の登録有形文化財（建造物）に登録されている。2007 年には新館収蔵庫の空調設備の大規模修繕を行い、翌年には同じく新館収蔵庫に免震装置を設置、2009 年には本館彫刻展示場にも免震装置を設置し、現在も免震装置を随時追加するなど、収蔵資料の安全な保管に努めている。このように同館は、設立当初の理念からしても、博物館機能のうち、「保存」に力点が置かれた館といえる。

むろん、国宝 7 件 45 点、重要文化財 91 件 888 点（2017 年度時点）を含む、1,000 件 5,000 点を超える収蔵資料は、中世の歴史・美術を語るうえで欠くことのできないものばかりであり、学芸員による調査研究のもと、年間数回の展覧会によってそれらを順次公開し、さらに収蔵品以外の地域資料の掘り起こしも行っている。筆者が担当した展覧会を例に取れば、2009 年度の「大本山光明寺と浄土教美術」、2011 年度の「鎌倉×密教」、2013 年度の「北条時頼とその時代」などが挙げられるが、近隣の社寺と連携しながら、初公開作品や新発見資料などの探索に努めてきた。展覧会のテーマにしても、これまで取り上げられる機会の少なかった鎌倉のさまざまな歴史・文化の側面に光を当てることができたと自負している。

さて、同館の展示場の大きな特徴は、空間の半分が露出展示を基本とする彫刻展示場となっている点である（図 2）。中世寺院建築の手法を用

図２　鎌倉国宝館　彫刻展示場

いた内部空間には、各社寺から寄託を受けた仏像や大型の工芸類、石造物等が配置され、開館当初からの展示スタイルをほぼ踏襲している。ガラスケース越しでは味わえない、仏像の生の迫力を体感できることが最たる特質といえるだろう。一見古臭くは見えるものの、近年の仏像ブームの後押しもあって、若い世代の来館者も増えてきている。

また、柔らかい暖色系のライティングや、欄干を設けた展示台に仏像を配置することで、あたかも仏堂内でお参りするような気分を醸成する仕組みとなっている。「文化財」や「美術品」としてではなく、あくまでも信仰の対象＝「仏様」として拝観してもらうための配慮であり、寺院をはじめとする寄託者からは好評を得ている。

このように寄託資料が大部分を占める館を運営するにあたり、社寺をはじめとする寄託者との信頼関係はきわめて重要である。所属する学芸員は、例えば臨済宗大本山の建長寺・円覚寺の「宝物風入れ」（曝涼）などの寺内行事を手伝うこともあれば、寄託先に年に１度は挨拶に出向いて文化財に関する相談を受けたり、時には一緒にお酒を酌み交わしたりと、日々のコミュニケーションに努めている。

一方、観光という観点から同館を見たとき、中世以来鎌倉の中心地であり現在も鎌倉観光の訪問先ランキングでトップを占める鶴岡八幡宮の境内に立地していることは恵まれた環境といえる。同宮との借地契約に基づく設立以来変わらぬ立地であるが、中世鎌倉の歴史・文化を展示で跡付ける意味においても、これ以上調和した場所はない。公立館という性格から、観覧料収入については私立館に比べシビアではないかもしれないが、入館者数の確保という点では大変な恩恵に預かっている。遠足や修学旅行などの学校行事で同宮を訪れる小・中学生も主要な入館者層として想定され、こうした点も歴史観光都市に所在する博物館施設ならではの特徴といえるだろう。

ただし、さすがに開館後90年を迎えるとなると、施設の老朽化も著しく、また収蔵スペースの不足やバリアフリーの確保といった、さまざまな課題が生じている。あるいは立地や収蔵品の豪華さに比べて事業展開が地味との意見もあり、それらをより積極的に観光資源として活用するよう打診があったり、指定管理者への移行についても議論がなされてきた。しかしながら、上記のような同館の設立の経緯と館の使命からすれば、現状ではやはり直営施設として運営を行っていくことが望ましいであろう。仮に指定管理者へと移行した場合、次のような事態が想定されるからである。

例えば、契約期間などの問題で指定管理者が入れ替わるなどして寄託者との間で齟齬が生じた場合、これまで預けていた宝物類を引き上げる意向を示す所蔵者が出てくる可能性がある。しかしそれらを保存管理するには、空調や防犯に関する設備投資や、日々の温湿度管理等の維持費が当然のごとく発生し、単体の社寺でそれを賄うことは困難である。よって、信頼の置ける市外の他の博物館施設への寄託替えが行われる可能性が生じ、鎌倉の文化財が鎌倉市内に無くなる状況さえ想定されるのである。

観光都市の博物館とはいいつつも、やはり根底にあるのは地域博物館の要素であり、地域のアイデンティティに関わる歴史資料を現地に保存することは、公立館として果たさねばならない使命と認識する。文化財の観光資源としての活用については、あくまでも保存を第一義としたうえで議論が行われる必要があるだろう。

以上、鎌倉における博物館の劈頭を飾る鎌倉国宝館の設立経緯と現況について述べてきたが、続いて、近年開館した鎌倉歴史文化交流館について見ていくことにしよう。

3. 鎌倉歴史文化交流館の開館

鎌倉歴史文化交流館は、2017年5月15日に開館した博物館施設である（図3）。鎌倉国宝館と同様、鎌倉市の直営施設である。同館との住み分けの意味からも、これまで鎌倉に無かった博物館施設をつくることを前提に、原始・古代から近現代に至る鎌倉の歴史を紹介する「通史展示」と、まとまった公開の機会のなかった出土品を紹介する「考古展示」を展示の主要コンセプトとしている。

建物（ハコ）は新たに建設したものではなく、もともと個人住宅として使用されていた既存建築の寄贈を受け、それを活用したものである。そして同館の大きな特徴は、この建築自体が大きな文化的意義を有するという点にある。

同館の建物は、もとは個人住宅「Kamakura House」として、2004年に竣工したもので、イギリスの著名な建築家ノーマン・フォスター氏が代表を務めるフォスター＋（アンド）パートナーズによって設計された。フォスター氏は、香港上海銀行本店やフランスのミヨー橋、北京首都国際空港、ドイツ連邦議会新議事堂（ライヒスターク）などの先進的な建築でその名が知られ、常に世界の建築界を牽引してきた。現在も、フロリダ・ノートン美術館やアップル社新社屋をはじめ、世界中で大規模建築や都市計画を手掛けている。

この建物は、鎌倉幕府御家人・安達氏所縁の「無量寺谷（むりょうじがやつ）」と呼ばれる谷戸に立地し、そのような中世以来の土地の来歴をふまえながら、日本人の価値観に合わせた「自然と人工との調和」に意を注いだ建築空間となっている。一部に光ファイバーが組み込まれた人造大理石や、廃テレビ管を利用したガラスブロックなど、こだわり抜かれた特殊な資材も

図３　鎌倉歴史文化交流館　外観

随所に使用されている。ビル建築の多いフォスター設計のなかでは珍しい住宅建築であり、こうした記念的建築物を博物館として保存活用すること自体に意義があるといえる。今後21世紀の建築遺産として、鎌倉の新たな文化資源となっていくものと予想されることから、博物館として整備するにあたっては、当初の意匠や邸内環境をなるべく保存するかたちで改修工事が進められた。

館内は、そうした住宅時代の空間を活かしながら、本館の「1：通史展示室」「2：中世展示室」「3：近世・近現代展示室」と、別館の「4：考古展示室」で構成されている。出土品を中心とする実物資料に加え、ジオラマプロジェクションマッピングなどの最新の映像展示により、原始・古代から中近世、近現代に至る鎌倉の歴史と文化を紹介している。広い石畳の庭園や高台からの海の眺望も見どころのひとつである。

このような建物の性格から、展示施設としての使い勝手の面では、幾分問題がないわけではない。例えば「2：中世展示室」（図４）は、もとはリビングだった部屋であり、奥壁は床から天井までガラス面になっている。太陽光・紫外線が多分に注ぎ込むことから、改修工事の際には

図4　鎌倉歴史文化交流館　中世展示室

カーテン等を取り付ける案も出された。しかし、当初より外庭の眺望との調和が目指された建築空間であることをふまえると、これを閉ざすことはやはり勿体ない。そこでその両立を図る案として、五輪塔や板碑といった石造物、また鎌倉の地下から出土した陶磁器類など、紫外線の影響を受けにくい資料を選定することとなった。さまざまな議論がなされたなかで、結果として考古展示に結びついたといえる。

このように、既存建築との調整を念頭に置きながら展示プランを構築していったわけだが、じつは寄贈を受ける段階でのプランとは、整備の計画がまったく異なっている。旧所有者からこの土地と建物の寄贈の打診を受けた頃、鎌倉ではちょうど「武家の古都・鎌倉」をコンセプトとする世界遺産登録へ向けての活動を推進しており、当初はこの建物を世界遺産のガイダンスセンターとして整備する予定であった。しかしながら、2013年に世界遺産の諮問機関である国際記念物遺跡会議（ICOMOS）より「不記載」という勧告を受けたことから、急遽予定が変更されることとなり、翌2014年3月に「（仮称）鎌倉歴史文化交流センター整備基本計画」[2]が策定され、この計画のもとに整備が進められていったのである。

「鎌倉歴史文化交流館」という風変わりな館名も、こうした行政的な流れをふまえて付けられたものである。

整備の過程ではさまざまな問題が残されていたが、その最たるものは、この場所が都市計画法上、市街化区域の「第一種低層住居専用地域」という強い制限のかかった土地区分であったことである。この建物を博物館として活用するにあたっては、建築基準法第48条の規定に基づく用途変更許可が必要であり、「良好な住居の環境を害するおそれがないと認め、又は公益上やむを得ないと認めて許可した場合」に限られる。そして変更にあたっては、「利害関係を有する者の出頭を求めて公開による意見の聴取を行い、かつ、建築審査会の同意を得なければならない」ことから、十数回にわたって住民説明会が開催されたのだった。

しかし、鎌倉駅の東口エリアに比べて人通りの少ない西口エリアにあり、また閑静な住宅街に立地していることから、観光客が周囲に押し寄せることについて懸念が示されることとなり、決着がつかないまま、最終的には日曜・祝日を休館日とする異例の判断が下された。午前10時から午後4時までという短い開館時間も、同様の措置である。観光客と地域住民との軋轢は、観光都市各地で見られる現象かもしれないが、鎌倉ではそれが博物館運営の根幹をも左右する結果となっているのである。この点は、他の観光地とは異なる鎌倉の特殊性といえるかもしれない。

さて、以上のような経緯をふまえつつ、それでも何とか無事にオープンを迎えたわけだが、開館直後の状況は、率直に言って理想的な展示とは程遠いものであった。入館者数も伸び悩むなか、開館から2ヶ月を経過した7月中旬に至って、当初の常設展示プランを急遽変更し、企画展を実施する計画を立てた。それが同年10月19日から12月9日にかけて開催した企画展「甦る永福寺」である。準備期間はわずか3ヶ月足らずであった。

本展は、史跡永福寺跡の大規模整備が終了したことを記念して開催したもので、源頼朝が建てた大寺院でありながらも室町期に廃絶して

図5　企画展「甦る永福寺」展示風景

しまった同寺について、長年にわたる発掘調査の成果をふまえながら、検出された出土品や関連資料を一堂に展観する展示を試みた。とくに実際に永福寺跡から出土した鎌倉時代の瓦を組み上げた立体的・復元的な展示（図5）や、鎌倉市との官学連携によって実現した湘南工科大学製作の「VR（ヴァーチャル・リアリティ）永福寺」などが話題となり、1日500人以上の入館者数を得る機会も得た。毎週土曜日に開催した展示解説（ギャラリートーク）では、最終日近くには80名以上の聴講者が集まり、急遽2班に分けて対応するなど、主催者にとっては嬉しい悲鳴にも似た状況となった。

さらに、こうした状況のなかで、周辺住民の意識に少しずつ変化が見られたことも特筆される。永福寺展における展示の工夫や盛況ぶりについて高く評価をいただき、このような取組みを継続してもらいたいとの意見を多く頂戴することとなったのである。結局のところ、人が多く集まることが問題なのではなく、逆に多くの人を魅了するような展示やイベントを実施し、地域の誇りとなるような館運営を行うことこそが重要であると再認識することとなった。永福寺展は、今後の館の運営を左右する岐路となった展覧会といえ、ひとつの展覧会が地域の問題を氷解させていった例として挙げておきたい。

むすびにかえて―鎌倉における博物館の課題と展望

以上雑駁ではあるが、本稿では、鎌倉における観光地化への歩みと博物館の整備について、最初期の鎌倉国宝館の事例と、最近年の鎌倉歴史文化交流館の事例を中心に概観してきた。両館は機構改革により、2018年度からは、「文化財施設課」（鎌倉市教育委員会文化財部）のなかに包摂され、統合的な管理運営体制が敷かれることとなった。これにより、収蔵資料や展示内容の住み分けを行いながらも、より一体的な事業展開が進められていくことになるだろう。

むろん、いうまでもなく鎌倉に所在する博物館は上記の2館だけではない。本稿では触れ得なかったが、鎌倉国宝館と同じく鶴岡八幡宮境内には、1951年に日本で初めての公立近代美術館として開館した神奈川県立近代美術館（鎌倉館）が近年まで所在し、長年にわたって全国の近代美術館の規範となってきた。また、1985年に開館した鎌倉文学館は、旧前田侯爵家別邸を活用しながら鎌倉ゆかりの文学者の紹介に努め、近年ではバラ園が人気を博すなど、展示・建物・庭園を三位一体のコンテンツとして活用している。

ほかにも、指定管理者館として運営される鎌倉市鏑木清方記念美術館や、同じく鎌倉市川喜多映画記念館、事業団体の運営による鎌倉彫資料館、寺院運営による長谷寺の観音ミュージアムや東慶寺の松岡宝蔵があり、さらに2019年春には、神奈川県立近代美術館鎌倉館本館を保存・改修し、鶴岡八幡宮が運営母体となる「鎌倉文華館　鶴岡ミュージアム」も開館を控えている。決して広いとはいえない地域にこれだけの博物館施設が林立していることも、厚い歴史と豊かな文化が蓄積している所以といえる。

冒頭でも述べたように、鎌倉には年間延べ約2,000万人に及ぶ観光客が訪れるが、人口17万人という都市の規模でこの人数を支えるのは自ずと限界がある。また平地部の少ない土地構造による混雑や、狭い道路事情によって生じる慢性的な交通渋滞、ゴミのポイ捨てなど、地域住民と観光客との温度差は決して小さくない。郊外の駐車場に車を停めて公共交通機関の利用を促す「パークアンドライド」や、一部の道路を有料とする「ロードプライシング」、江ノ電への住民優先乗車の社会実験等、行政当局もさまざまな手法によって混雑解消を目指しているが、なかなか一朝一夕にいかないのが現状である。

また、財界人や知識人・文化人が多く居住するというまちの特性も、さまざまな文化政策や文化財行政に大きく作用する場合がある。多くの市民団体がそれぞれに文化活動を行いながら、多種多様な意見が提出され、それらがてんでバラバラな方角を示す状況が繰り返されている。「船頭多くして船山に登る」の格言が思い起こされるが、鎌倉の歴史・文化の継承と発展を目指す方向性は一致しているはずである。

このような「ボタンの掛け違い」ともいうべき状況を解消するには、各団体や文化施設を有機的に結び付け、統合的・団結的に方向を定めていく仕組みが必要となるだろう。エコミュージアム的な発想に基づくそれらの結合や、文化庁の主導する「文化クラスター構想」[3]などを活用し、より弾力的かつ強固な連携が求められる。市の直営施設である鎌倉国宝館と鎌倉歴史文化交流館の両館は、これらの「核」=「台風の目」として機能する可能性を秘めている。そこに所属する学芸員の役割は、地域全体の発展のうえでも、今後もより重要となってくるに違いない。

註

1）1964年、鶴岡八幡宮裏山の「御谷」に宅地造成計画が持ち上がったのをきっかけに、作家の大佛次郎をはじめとする住民団体が、これに反対する大規模な市民運動を展開し、計画が食い止められた騒動。これを契機に「古都保存法」が制定され、日本で最初のナショナルトラスト運動と評されている。

2）「鎌倉市／（仮称）鎌倉歴史文化交流センター整備基本計画について」（https://www.city.kamakura.kanagawa.jp/sekaiisan/kouryucenter.html）更新日：2014年3月20日。

3）「文化庁／地域の美術館・歴史博物館クラスター形成支援事業」（http://www.bunka.go.jp/seisaku/bijutsukan_hakubutsukan/shien/cluster_keisei/）。

〈参考文献〉

鎌倉国宝館　1969『鎌倉国宝館四十年略史』
鎌倉歴史文化交流館　2018『鎌倉歴史文化交流館ハンドブック』
浪川幹夫　2016「近代鎌倉の文化遺産保護と宝物館設立事情」『國學院大學博物館學紀要』40

第3節　ふるさと納税の活用
―静岡県小山町の事例を中心に―

金子節郎

はじめに

小山（おやま）町は静岡県の北東端に位置し、北西に山梨県、東に神奈川県と接している。

富士山の山頂から「金太郎」が遊んだと伝わる金時山までが町域であり、富士・丹沢と箱根足柄山地を水源とする渓流を集めた鮎沢川（酒匂川の静岡県側の呼称）が町の中央を流れ、相模湾へ注いでいる。

町を囲む山々の稜線が駿河・相模・甲斐との国境であり、古来より交通の要衝として栄えてきた。竹之下地区や須走地区は、矢倉沢往還の駿河側の玄関口であることから宿場町として発展してきた歴史が残る。

そして現在もJR御殿場線（旧東海道線）だけでなく、東名高速道路、国道246号、同138号、さらに現在建設中の新東名高速道路など交通の

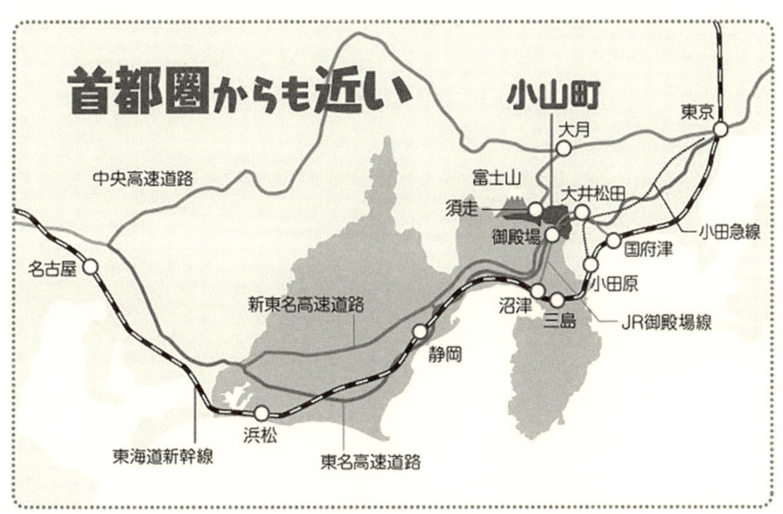

図1　小山町の位置（小山町ホームページから引用）

図2　小山町域と富士山

大動脈が走っている。

この交通網を利用し、多くの観光客が来町している。特に2013年（平成25）に世界文化遺産に登録された「富士山」のほか、1976年（昭和51）から2008年にかけて4回開催された「F1日本グランプリ」の会場である「富士スピードウェイ」や「日本さくら名所100選」に選定されている「冨士霊園」などがあり、毎年400万人を超える観光交流客数を維持している。

一方で小山町は、2040年までに若年女性が半減する「消滅可能性都市」に位置付けられていることから、人口減少に歯止めをかける地方創生への積極的な取組が求められている。そこで、込山正秀小山町長は、町長就任2期目の2016年3月に、2016年～2019年までを期間とした「第4次小山町総合計画後期基本計画」を策定し、「富士をのぞむ活気あふれる交流のまち　おやま」の実現を町民一体となって目指している。

この基本計画において、「いきいきとしたまち」の実現に際し、地域文化の振興を掲げ、「地域の歴史や文化を伝承していくとともに、若者をはじめとしたすべての町民が地域に対する誇りや愛着を持てるまちを目指していく」としている。

そこで本稿では、このような小山町において「ふるさと納税」を活用した文化財保護と活用の事例について紹介する。

1．小山町の概要

1912年（大正元）に「六合村」と「菅沼村」が合併し、小山町が成立した。以降、1955年（昭和30）足柄村を編入、1956年北郷村と須走村を編入、1957年北郷村の古沢地区が小山町から分離し、現在の小山町として成立した。なお、小山町には4地区（小山・足柄・北郷・須走）5小学校区（成美・明倫・足柄・北郷・須走）が存在する。

2012年には町制施行100周年を迎えた。

①現在の小山町

1960年の第9回国勢調査によれば、当時の人口は25,944人であったが、以降微減が続き、現在に至っている。

表1　小山町の基本情報

項目	内　容	備　考
人口	18,912人 （小山地区）6,646人 （足柄地区）1,995人 （北郷地区）5,725人 （須走地区）4,546人	2018年3月1日現在 年齢階層別人口比率 15歳未満：12.3% 15～65未満：61.5% 65歳以上：26.2%
世帯数	7,592世帯 （小山地区）2,534世帯 （足柄地区）689世帯 （北郷地区）1,947世帯 （須走地区）2,422世帯	2018年3月1日現在
面積	135.74㎢ （耕地）5.78㎢ （宅地）5.70㎢ （森林）91.46㎢ （その他）32.8㎢	富士山頂及び山梨県境において境界未確定部分あり
隣接自治体	（静岡県） 御殿場市・富士宮市 （神奈川県） 南足柄市・箱根町・山北町 （山梨県） 富士吉田市・山中湖村	
財政規模等	一般会計予算　124億8千万円 （内、教育費　約11億円） 財政力指数　0.927	2018年度予算 2014～2016度の平均
園・学校数	幼稚園：3園　保育園：2園 こども園：2園（私立1園） 小学校：5校　中学校：3校 高等学校：1校（県立1校）	
特産品	水かけ菜・わさび	
町の主な施設	・生涯学習センター ・健康福祉会館 ・あしがら温泉 ・道の駅「ふじおやま」 ・道の駅「すばしり」	生涯学習センター内施設 ・総合文化会館 ・総合体育館 ・多目的広場 ・図書館・道場・球場等

②小山町の歴史

小山町はフィリピン海プレートの北東部に位置し、そのプレートの先端が数十万年前に本州に衝突し、現在も「神縄断層（かんなわ）」として伊豆半島と本州が接合した衝突現場を確認することができる。

以下、小山町の歴史について概略する。

【旧石器～縄文】

富士山噴出物の堆積が厚すぎることから現在まで、旧石器時代の遺物は発見されていない。町内最古の資料は、「沼子遺跡」から出土した縄文時代早期前半の楕円押型文土器である。

【古墳～平安】

富士山噴火の影響を大きく受けている小山町では、当期が富士山の火山活動が活発であったことから、町内において古墳の発見はない。

竹之下地区に位置する「上横山遺跡」は大宝律令期の遺跡であり、「横走」の駅や関との関連が指摘されている。また、上横山遺跡に隣接する「横山遺跡」では大規模な集落や建物跡のほか、土器や金属器等が大量に出土しているため、当地が古代の交通の要衝であったことを裏付ける遺跡となっている。

【鎌倉～南北朝】

足柄峠や籠坂峠を多くの人々が往来し、竹之下の宿場には源頼朝や日蓮などが宿泊したことが伝えられている。特に「竹之下の合戦」における伝説地や墓跡などが現在も残っている。

【室町～安土桃山】

大森氏一族の支配となり、町内では、乗光寺、正福寺、勝福寺などが創建された。1495年（明応4）、大森氏は北条早雲により滅亡し、その後小山町を含む駿東地方の支配者となった葛山氏は、武田、今川、北条に挟まれながらも支配を続けた。しかし、1569年（永禄12）頃を境に今川方から武田方への転身を図った葛山氏が滅び、小山町は武田と北条の接点として両者の鍔迫り合いが演じられた。1590年（天正18）には、秀吉の小田原攻めにより後北条氏が滅亡。現在も小田原北条氏の出城であった「足柄城跡」の遺構が良い状態で保護されている。

【江戸】

大久保忠佐領、幕府領、小田原藩領などの管轄下にあったが、1707年（宝永4）の「宝永噴火」により、翌、1708年には全村幕府領となり、伊奈半左衛門忠順の支配となった。1783年（天明3）以降、一部を除き、小田原藩領、荻野山中藩領となった。

【近現代】

1889年（明治22）の東海道線（現在のJR御殿場線）の開通と1986年の富士紡績㈱の進出・操業により、寒村であった菅沼村と六合村は大きく発展し、1912年、小山町が成立。

その後、足柄村、北郷村、須走村を編入し、1957年に現在の小山町が成立した。

表2　近代以降の主な出来事

元号	西暦	記　事
明治22年	1889	東海道線開通
明治29年	1896	富士紡績株式会社操業
明治39年	1906	森村橋開通（現国登録有形文化財）
明治40年	1907	鮎沢橋開通
大正元年	1912	小山町町制施行
大正12年	1923	午前11時58分、関東大震災 震度6の揺れで県下最大の被害
大正15年	1926	豊門会館が落成。和田豊治氏遺徳碑を建立
昭和9年	1934	東海道本線が丹那トンネル開通により熱海経由となり、 沼津駅～国府津駅間は御殿場線となる
昭和29年	1954	陸上自衛隊富士学校設立
昭和30年	1955	足柄村と合併
昭和31年	1956	北郷村、須走村と合併
昭和32年	1957	古沢区域が御殿場市に編入
昭和40年	1965	富士霊園開園・富士スピードウェイ開場
昭和43年	1968	小山町文化財保護条例を制定
昭和44年	1969	東名高速道路が開通
平成17年	2005	豊門会館和館・洋館・豊門公園西洋館、森村橋などが、 国登録有形文化財に登録。
平成24年	2012	町制施行100年

③指定・登録文化財

世界文化遺産「富士山」の構成資産である「冨士浅間神社」や「須走口登山道」を含む「国指定史跡富士山」のほか、県指定文化財５件、町指定文化財 18 件が指定されている。

国登録有形文化財では、主に富士紡績㈱関連の建造物が登録されている。

表３　小山町の国登録有形文化財

	名　称	登録年月日	建築年代	所在地	特　徴
1	豊門会館（和館）	2005.11.10	（建設）1909（移築）1925	藤曲 144-8	1909 年（明治 42）建築した和田豊治宅を 1925 年（大正 14）に現在地へ移築。木造２階建て、瓦葺、入母屋破風。 木造２階建て、瓦葺き、入母屋造。洋館部分は木造平屋建て、スレート葺き、寄棟造。 建設は清水組。 1924 年３月に死去した和田豊治社長の遺志によって、東京向島の邸宅を遺族より寄贈され、1925 年に落成した。小山の小高い丘の上に建てられた豊門会館は間近に富士の霊峰を仰ぎ、周囲に迫る山々を築山のごとくめぐらし、居ながらにして勝域をなしている。
2	豊門会館（洋館）	2005.11.10	（建設）1909（移築）1925	藤曲 144-8	和館と隣接し、その南側に位置する。平屋建て、スレート葺き、寄棟造。
3	豊門公園西洋館	2005.11.10	1925～1930	藤曲 142-7	旧豊門青年学校。 木造２階建て、塔屋あり。塔屋部分は３階建て、スレート葺き、寄棟造。 瀟洒な印象を現在も留めているのは、それだけ建物の意匠が優れていることを示す。 富士紡績の学校として使用されていたが、後に富士紡績の寮となっている。その時に大規模な改築を受けている。
4	豊門公園正門	2005.11.10	1925	藤曲 144-8	鉄筋コンクリート造、モルタル洗い出し仕上げ黒色の色づかいと、幾何学的なデザインはアールデコ様式の特色で、大正時代に相応しい存在である。
5	豊門公園噴水泉	2005.11.10	1925～1930	藤曲 142-7	豊門公園正門と同じく洗い出し仕上げで、幅 42cm おきに帯状のラインを入れてデザインを引き締めている。
6	豊門公園和田君遺悳碑	2005.11.10	1925	藤曲 144-8	高さ 3m の花崗岩製。碑文に、「大正十四年十二月、静岡縣駿東郡小山町民建之」とあり、1924 年に逝去した和田豊治の小山町に貢献した功績を称えて、小山町民によって豊門公園内に 1925 年に建設された。デザインは近代彫塑の父と呼ばれる朝倉文夫（1883～1964）で、当時の財政界の錚々たる人々による制作である。
7	森　村　橋	2005.11.10	1906	小山 133-6	鋼単純下路式曲弦製プラットトラス橋（ピン結合）。重量 98 トン、長さ 40.915m、幅員 8.149m。 設計は秋元繁松、施工は東京石川島造船所。ピントラス構造を採用し、斜材と下弦材はアイバー、トラス部材はリベット集成材構造。
8	村松家住宅主屋	2008. 7. 8	1937	須走 31	木造平屋建て、面積 123㎡。屋根は切妻造で土間と食堂、和室が接続。建築は清水組。

2.「ふるさと納税」導入までの経緯

小山町には、指定・登録を含め33件の文化財が存在する。その中でも富士紡績㈱から譲り受けた「豊門会館」や「森村橋」などの国登録有形文化財の老朽化が著しく、修繕や改修工事の必要性が生じてきた。これまで、国、県、町の指定文化財については補助金を活用し、文化財の修繕や周知・活用に努めてきたものの、国登録有形文化財については、活用できる補助金が非常に少なく、文化財保護に係る事業については後回しにせざるを得なかった。

小山町は2015年（平成27）度に「ふるさと納税」の導入の是非を検討しており、導入されるのであればその一部を文化財保護に充てる仕組みを構築することで、国登録有形文化財の修復が可能となる。

そして、2015年６月町議会において「ふるさと納税」の導入が議決されたことから、文化財を所管する教育委員会生涯学習課では、「小山町文化財保護基金条例」を同年９月町議会に上程し、本条例が議決されたことにより国登録有形文化財をはじめとする文化財保護に対する財源が蓄えられることとなった。

①文化財の保護・活用のための補助金・助成金

国指定・県指定・町指定の文化財には、その修復・活用に充てるための補助金制度が充実しており、官民問わず多数存在する。しかし、国登録文化財及び未指定の文化財に対しては補助対象事業や金額の上限等に制限がある。

例えば「登録有形文化財建造物修理事業費国庫補助要項」によれば、「登録有形文化財建造物の保存・活用の模範となるものでこれらの登録有形文化財建造物の保存修理に係る設計監理事業」と定められており、文化財本体の修理事業は対象外となっている。

②要綱制定

ふるさと納税の推進を図るとともに、町内産業の活性化に寄与することを目的に、平成27年８月31日告示第32号により「小山町ふるさと納税推進事業実施要綱」を制定した。要綱には、寄附者からの1回当たりのふるさと納税の額の区分に応じ、寄附者にお礼品を贈呈することを定めるとともに、お礼品の贈呈は、町内協力企業がお礼品を寄附者に送付することとしている。そのため、町内企業の活性化の一助となっている。

3.「ふるさと納税」の活用

①ふるさと納税の仕組み

一般的に日本国内の地方自治体（都道府県、市町村および特別区）に寄附した場合、確定申告を行うことでその寄附金額の一部が所得税及び住民税から控除されるが、「ふるさと納税（ふるさと寄附金）」では、自己負担額の2,000円を除いた全額が控除の対象となる。なお、「ふるさと納税」をした人の給与収入とその家族の構成パターンにより年間上限額は異なっている。

控除を受けるためには、原則としてふるさと納税を行った翌年の3月

表4　全国市町村年度別ふるさと納税受入額

（単位：億円）

順位	行政名	2016年度	2015年度	2014年度
1	宮崎県都城市	73.33	42.31	5.00
2	長野県伊那市	72.05	25.83	0.18
3	静岡県焼津市	51.21	38.26	2.85
4	宮崎県都農町	50.09	7.03	0.04
5	佐賀県上峰市	45.73	31.3	0
6	熊本県熊本市	36.86	0.43	0.02
7	山形県米沢市	35.31	19.58	0.45
8	大阪府泉佐野市	34.84	11.51	4.68
9	山形県天童市	33.58	32.28	7.81
10	北海道根室市	33.07	12.9	0.03
	（略）			
14	静岡県藤枝市	26.49	1.9	0.25
	（略）			
23	**静岡県小山町**	**18.28**	**8.45**	**0**
	（略）			
47	静岡県西伊豆町	11.25	10.09	3.78

15日までに住所地等の管轄の税務署へ確定申告を行う必要があるが、2015年4月1日からは確定申告が不要となる「ふるさと納税ワンストップ特例制度」が始まったことによりさらに寄附行為の利便性が向上した。

小山町へふるさと納税を行う際は、下記の4つのメニューから寄附の使い道を選択できる。

1　便利で快適ないきいきとしたまちづくりのために

2　生きる力を育む教育の充実

3　登録有形文化財等の保全・活用のために

4　指定なし

1は福祉や医療、インフラ整備等に、2は主に学校施設の整備、施設拡充のために、3は豊門会館や森村橋などの登録有形文化財の保護、活用のために使用される。

小山町における2017年度の寄附件数は約8.4万件、金額は約27億3,700万円である。その内、「3　登録有形文化財等の保全・活用のために」を選択したことによる金額は、2017年度においては約3億4千万円となり、小山町文化財保護基金をとおして後述する「小山町殖産興業遺産活性化プロジェクト」に充てられている。

表5　小山町の年度別実績

	件数	金額	期間
2015年度	31,213	845,787,294	2015.9.1～2016.3.31
2016年度	62,281	1,828,293,144	2016.4.1～2017.3.31
2017年度	84,861	2,736,953,146	2017.4.1～2018.3.31

表6　2017年度の寄附の使い道件数等

寄附使い道区分	件数	金額	割合(%)
①便利で快適ないきいきとしたまちづくりのために	18,795	617,994,104	22.1%
②生きる力を育む教育の充実	12,063	346,865,001	14.2%
③登録有形文化財等の保全・活用	11,504	345,898,061	13.6%
④指定しない	42,499	1,426,195,980	50.1%
合　計	84,861	2,736,953,146	100.0%

小山町からの返礼品は、約320品目から選定することができ、高糖度トマトや餅、米などの地元の特産品、ゴルフ場の利用券、布団乾燥機等の電気製品などが並ぶが、やはり人気は飲食チェーン等で使用できる「商品

表7　小山町の主な返礼品一覧

No	商品名
1	サーティワンアイスクリーム商品券
2	リンガーハットグループ共通商品券
3	ふとん乾燥機・IHコンロ鍋・炊飯器等の家電製品
4	シモンズのドクターハードピロー等の寝具用品
5	最高級オリーブオイルセット
6	青汁セット
7	アメーラトマト
8	金太郎トマト
9	発芽玄米
10	ゴルフ場プレー利用券
11	ソーセージ・ベーコン詰合せ
12	B.V.D.製の下着セット
13	朝つきたて杵つき餅
14	おやま地域振興券
15	道の駅ふじおやま商品券
16	開運　おせち
17	峰の雪（もち米）
18	あしがら温泉特別優待券
19	アメーラルビンズ・ピュレ詰め合わせ
20	静岡メロン・金太郎トマト・ハム、ソーセージ等のセット
21	水素水 ふじおやまの恵み
22	すそのポーク蜂蜜煮
23	小山町産こしひかり
24	御門屋の揚げまんじゅう米菓詰め合わせ
25	自分だけのダンボールハウス
26	豊門公園ベンチメッセージプレート
27	冨士霊園施設利用券
28	古宿ファームのコシヒカリ＆自家製味噌セット
29	小山のわさび屋定番3品
30	刺し身用金太郎マス（三枚おろし真空パック）
31	小山町産そば焼酎と日本一のクラウンメロンセット
32	ヘリコプター貸切！富士山遊覧　小山町限定プレミアムコース（東京発着）
33	陸上自衛隊富士山麓の精鋭グッズ
34	避難セット用品
35	金太郎サブレ詰め合わせ
36	富士山燻の香りチーズセット
37	本金富士山フォトフレーム

券」である。2017 年度においては、この商品券は上位 10 位までの内、9 位までを占め、全体寄附件数の約 8 割、金額では約 65% を占める。

表 8　2017 年度の小山町の返礼品件数上位 20 選

順位	商品名	事業者名	件数	金額
1	サーティワンアイスクリーム商品券 8 枚	B-R サーティワンアイスクリーム株式会社	32,125	321,250,000
2	リンガーハットグループ共通商品券 8 枚	株式会社リンガーハット	12,533	125,330,000
3	サーティワンアイスクリーム商品券 16 枚	B-R サーティワンアイスクリーム株式会社	9,704	194,080,000
4	サーティワンアイスクリーム商品券 24 枚	B-R サーティワンアイスクリーム株式会社	5,717	171,510,000
5	リンガーハットグループ共通商品券 16 枚	株式会社リンガーハット	4,861	97,220,000
6	サーティワンアイスクリーム商品券 40 枚	B-R サーティワンアイスクリーム株式会社	4,073	203,650,000
7	サーティワンアイスクリーム商品券 80 枚	B-R サーティワンアイスクリーム株式会社	3,575	357,500,000
8	リンガーハットグループ共通商品券 24 枚	株式会社リンガーハット	3,099	92,970,000
9	リンガーハットグループ共通商品券 40 枚	株式会社リンガーハット	2,265	113,250,000
10	ダイヤモンドコートパン IH 用 12 点セット　IS-SE12	アイリスオーヤマ株式会社	1,127	33,810,000
11	ふとん乾燥機　カラリエ FK-C2-WP（パールホワイト）	アイリスオーヤマ株式会社	1,103	33,090,000
12	リンガーハットグループ共通商品券 80 枚	株式会社リンガーハット	1,030	103,000,000
13	リンガーハットグループ共通商品券 160 枚	株式会社リンガーハット	916	183,200,000
14	シモンズのドクターハードピロー（専用ﾋﾟﾛｰｹｰｽ付）	シモンズ株式会社	827	41,350,000
15	IH コンロ鍋セット　1400W IHKP-3324-B/R	アイリスオーヤマ株式会社	804	24,120,000
16	充電式ふとんクリーナー	アイリスオーヤマ株式会社	533	26,650,000
17	PM2.5 対応空気清浄機 PM2.5 ウォッチャー　25 畳用	アイリスオーヤマ株式会社	526	26,300,000
18	3WAY スティッククリーナー	アイリスオーヤマ株式会社	516	15,480,000
19	超軽量コードレススティッククリーナー	アイリスオーヤマ株式会社	495	24,750,000
20	全自動コーヒーメーカー IAC-A600	アイリスオーヤマ株式会社	343	3,430,000

図３　昭和初期の富士紡績㈱小山工場

図４　森村橋と富士紡績㈱小山工場

② 小山町での活用事例

◎小山町殖産興業遺産活性化プロジェクト

小山町では、町民のシビックプライドの醸成を図るとともに交流人口の拡大を目的に、富士紡績㈱関連施設における「小山町殖産興業遺産活性化プロジェクト」を進めている。

小山町は富士紡績㈱の操業により発展した歴史があることから、国登録有形文化財である豊門公園、豊門会館、西洋館、森村橋といった歴史的遺産を小山町における明治期の殖産興業の息吹を感じることのできる文化財として改修、復原、活用していくものである。

○森村橋修景・復原工事

「森村橋」とは、富士紡績㈱創立の発起人で大株主であった森村市左衛門に由来する。この森村市左衛門は６代目森村市左衛門として日本の陶磁器産業を代表する森村グループ（TOTO、ノリタケ、日本ガイシ等）を生んだ森村組の創始者である。操業間もなく倒産寸前まで追い込まれた富士紡績㈱は森村らの尽力により復活を遂げた。1906年（明治39）、小山工場前の鮎沢川に架かる木橋を鋼製橋に架け替えることとなり、森村の功労を讃えることを目的にこの橋に森村の名を冠した。建設は東京石川島造船所、設計は秋元繁松であり、鋼製プラットトラス橋として知られる。当時は東海道線小山駅（現在のJR御殿場線駿河小山駅）から工場内まで原材料や製品を輸送するための引き込み線（トロッコ）があり、森村橋にもレールが敷かれ、トロッコと自動車が通行していた。関東大震災において工場は甚大な被害を受けたものの、森村橋は落橋せ

図５　建設当時（1906年）の森村橋

図６　現在の森村橋

ずに残った。そして戦後、輸送がトロッコからトラックに代わった後は道路橋として利用された。その後、歩廊や手摺り等の装飾が取られ、塗装や補強が繰り返されて現在に至っている。

図７　森村橋復原完成パース

そしてこの森村橋を架橋当時の姿へ復原し、多くの町内外の人々が訪れる文化的空間の創出を目指している。そこで、2016年度において指名プロポーザル方式により、森村橋点検及び補修修景復原設計業務を委託した（契約金額16,632千円）。

この復原工事では、昭和40年代にトラック通行のために取り付けられた補強部材（下弦材及び斜材）を撤去するとともに、塗膜除去により塗装歴を把握し、建設当時の橋梁の塗装色の再現を行う。さらに、現状では撤去されている歩廊と高欄及び意匠を復元し、架橋当時と同じ橋とする。このような復原設計を基に、森村橋修景・復原工事を2017～2019年度にわたり、３億9,000万円をかけて施工している。

○豊門公園修景及び豊門会館等改修・復原事業

「豊門公園」は、小山町藤曲の小高い丘の上に位置する庭園であり、1926年に開園した。公園は、富士紡績㈱の工場や東海道線（現JR御殿場線）や小山町の町並みを一望できる地であり、敷地内には国登録有形文化財の豊門会館や西洋館等がある。豊門公園の建設には、豊門公園の置

図８　建設当時（1925年）の豊門会館

図９　現在の豊門会館

『　歴史を旅する　』
ー　歴史と文化が紡ぐ１シーンが　新たな価値を創造する　ー

図 10　豊門会館の完成パース

き石や樹木は小山町民が寄贈しており、当時の小山町民の富士紡績や豊門会館への肩入れの度合いが伺える。

そして、この「豊門」という名の由来については、富士紡績㈱の四大恩人の功績を永遠に記憶するために和田豊治の「豊」と、富士紡績㈱の三門と称せられた森村市左衛門、日比谷平左衛門、浜口吉右衛門の三翁の「門」をとったものである。

建物は、1924年に死去した和田豊治の遺志により、東京向島に清水組（現在の清水建設）が建設した邸宅延べ126坪が遺族よって富士紡績㈱へ寄贈・移築された。

この和田豊治とは、1896年の富士紡績㈱創業時から続いた経営不振の再建のため、1901年に専務取締役に抜擢された人物である。彼の就任後、見事に会社を立て直し、後に「第二世渋沢（栄一）」と謳われ、交友の広さ、面倒見の良さから「友を持つなら和田を持て」とまで言われるようになった人物である。そして1916年和田は社長に就任し、1925年9月の関東大震災で大被害を受けたことから陣頭に立って復興事業を進めるが、翌1926年3月に急逝してしまった。その後、彼の方針に従って復興が進められ、従業員の福利厚生施設として豊門会館が設立されたのである。

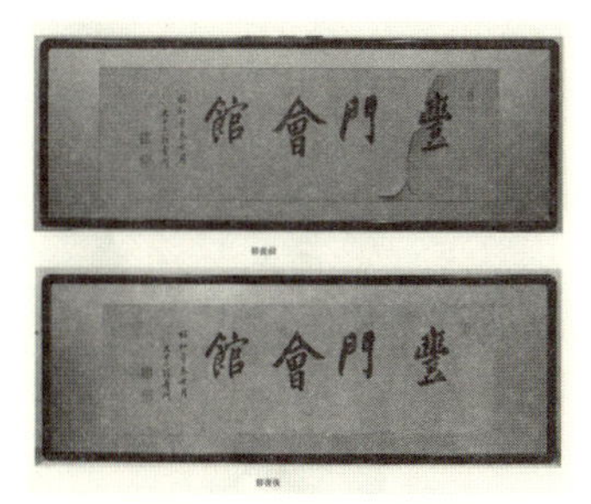

図11　復元した扁額

敷地内には、豊門会館と同時に国の登録有形文化財となった「西洋館（旧豊門青年学校）」や「正門」、「噴水泉」、朝倉文夫作の「和田君遺悳碑」があり、その他、大熊氏広作の日比谷平左衛門銅像等、小山町と富士紡績㈱の歴史を語る上でも重要な文化財が多数残っている。

なお、和田豊治は、1912年の菅沼村と六合村の合併に際し、富士紡績㈱の株100株を贈呈し、これが小山町の基本財産となり両村が財産を持ち寄らないで新制小山町の誕生となったことでも知られている。

このような歴史を有する豊門公園であるが、2017年度に修景事業を行い、2018～2019年度にかけて豊門会館と西洋館の改修・復原事業を実施していく。

公園の修景事業は、「歴史を旅する」を基本コンセプトとし、明治・大正期の趣を有する日本庭園と大正・昭和初期の趣を持つ西洋庭園を作庭し、それらを繋ぐかたちで小山の歴史を巡る回遊路として「小山街道」を設定するものである。

建造物は、歴史的価値の高い部分を維持したまま利活用し、展示ギャラリーやイベント、講座等に利用できるスペースの創出を計画している。

豊門公園の修景事業が約1.6億円、豊門会館・西洋館の改修工事が約5億円である。

○平成29年度富士紡績史料保存整理復元業務委託事業

豊門会館内に掲出している掛け軸や扁額などの傷みが激しいことから、復元を行った。河鍋暁斎画額『酒宴図』、勝海舟書の『六合山荘』、

表9　業務委託により修復した史料

	名　称
1	澁澤栄一扁額
2	和田豊治写真
3	日比谷平左衛門肖像写真額
4	川崎栄助肖像写真額
5	森村市左衛門書額　『長生』
6	日比谷平左衛門書　『識分知足』
7	徳富蘇峰書　『翼賛皇謨』
8	朝倉毎人書　『以和為貴』
9	倍正書　『至誠報國』
10	松軒書　『貫以一誠』
11	寒山　画軸拓本
12	句軸　『別天地つくりて侶と灯をかこむ』
13	花鳥図軸
14	矢田壽書軸
15	日比谷平左衛門蹟徳之碑拓影軸
16	吉嗣拝山耶馬渓秋景軸
17	和田君紀念碑　拓影軸
18	徳富蘇峰掲額
19	浜口吉右衛門から日比谷平左衛門に贈る漢詩
20	佐久間象山軸
21	森村市左衛門より和田豊治への書簡
22	小山より富岳を望むの図
23	河鍋暁斎作　『酒宴図』
24	吉田公均作　『花鳥図』
25	勝海舟書　『六合山荘』
26	森村橋等富士紡績関連施設図面

渋沢栄一書の『豊門会館』、徳富蘇峰書の扁額等があり、また併せてフジボウ愛媛小山工場から新たに発見された豊門公園や森村橋の図面を整理、復元した。

「小山町殖産興業遺産活性化プロジェクト」において、西洋館の2階に展示スペースを設けることとなったため、今回復元した扁額、掛軸等の文化財について小山町の歴史と富士紡績㈱の歴史が理解できるよう効果的に展示していくこととしている。

事業費は、4,907,412 円（税等込）であった。

③文化財保護に係る今後の活用案

小山町では、現在「ふるさと金太郎博士事業」として、町内の小中学生が町内の文化財を見学することで郷土愛を育むことに取り組んでいる。2017 年度から、その際に使用する「文化財マップ」を作成しており、これらもふるさと納税を活用し、充実を図っていきたい。

小山町須走地区は、1707 年（宝永４）の富士山宝永噴火で地区全体が火山灰で埋没してしまった。復興に際して、降砂の除去を行わず降砂の上に集落を建設したため、現在でも一部において埋没家屋が存在する可能性がある。そこで地中レーダー探査により現況を把握し、埋蔵文化財としての遺構等の確認と今後の災害対策に活用できるデータ集積を行うことができればと考えている。

その他、未指定文化財の調査や補助金対象外の文化財に係る整備にふるさと納税を活用して実施していく予定である。

おわりに

以上のように小山町では豊門公園を核とした古くて新しいまちづくりに取り組んでいる。豊門公園を町の回遊型拠点として位置付け、まち歩きルートの設定を行い、その後、サイン・看板類の一元化を図りながら小山町における殖産興業の息吹を感じるまちづくりの促進を計画している。さらに文化財を見ることや体感することだけでなく、映画やドラマ等のロケ地としての利用を推進していくことで、文化財に新たな価値が付随していく。文化財の歴史的価値だけでなく、新たな価値が創造されることで、交流人口の拡大が可能となる。このことが「第４次小山町総合計画後期基本計画」の「富士をのぞむ活気あふれる交流のまちおやま」の実現と町民のシビックプライドの醸成に繋がっていくのである。

この挑戦を着実に進めていくためには、財源の確保が不可欠であり、「ふるさと納税」をした寄附者が継続的に寄附を行いたくなる工夫が必要である。自分の寄附により、文化財の保護と活用が目に見えるかたちで把握でき、これをきっかけに小山町を訪れてファンになってもらい、そしてまた寄附をする、という好循環が生まれる。この循環こそ「ふるさと納税」による継続的な文化財の保護と活用、そして小山町の魅力度向上に寄与するものと考える。

〈参考文献〉

小山町史編さん専門委員会編　1990～96・98『小山町史』1～9　小山町

小山町　2018『森村橋物語』 小山町生涯学習課

小山町教育委員会　2017『小山町の教育』小山町教育委員会

喜田貞吉　1926『和田豊治傳』和田豊治傳編纂所

榑林一美　2015『豊門会館・富士紡関係資料集』小山町文化財保護審議会

澤田　謙・荻本清蔵　1947『富士紡績株式会社五十年史』富士紡績株式会社

静岡県経営管理部地域振興局市町行財政課　2017『市町しずおか　平成29年度版』公益財団法人静岡県市町村振興協会

筒井正夫　2016『巨大企業と地域社会』日本経済評論社

富士紡績株式会社社史編集委員会編　1997『富士紡績百年史』上・下、富士紡績株式会社

小山町ホームページ http://www.fuji-oyama.jp/

総務省ホームページ http://www.soumu.go.jp/

第４節　国際観光地京都に於ける博物館の取り組み

落合広倫

はじめに

2016年（平成28）に京都を訪れた観光客数は5,522万人で、前年度の5,684万人から若干減少しているものの、３年連続で5,500万人を超え、連日多くの観光客で賑わっている。京都の長い歴史を有する寺院や神社、そして古くから残る町並みに訪れる観光客数は、高度経済成長期に増加するものの、その後は伸び悩む時期もあった。それに対して京都市は観光振興を産業政策として捉え、1995年に文化観光局管轄の観光部を経済局に移動して、産業観光局を発足させたのである。1998年から観光を重要戦略産業に位置付けた京都市観光振興基本計画を５年ごとに策定し、観光振興の重要性を唱えてきた。寺院や神社などを含めた京都市内全体をキャンパスに見立てて、京都の伝統が体験できる「おこしやす大学」が開設され、また、観光庁との共同プロジェクトに取り組んだ結果、2008年には京都に訪れる観光客数は5,000万人を越えて現在に至っている。

京都市は、2003年に京都創生懇談会から「国家戦略としての京都創生の提言」を受けて、世界の宝、そして日本の財産である歴史都市京都の自然、都市景観、伝統文化を国を挙げて再生・活用することで、国が推進する歴史・風土に根ざした国土づくりや観光交流の拡大、文化芸術振興、国際社会への発信をしてきた。このような「国家戦略としての京都創生」の取り組みは、全国で推進されている歴史・文化を活かしたまちづくりを牽引し、国が目指す美しい国土づくりや観光立国日本に貢献してきたのである。

また、京都の新しい集客空間として京都の代表的文化エリアである「岡崎地域」と歴史的地域と企業が共存する「梅小路周辺地域」の活性化に向けた取組みも推進されている。博物館の事例は、再整備された京都市動物園や京都市美術館、新たに開館した京都水族館や京都鉄道博物館が挙げられ、それらは両地区の新観光名所となっている（白須2017：51～56）。

しかし、京都市が観光を推進する一方で中島晃は「京都市の観光政策は、目先の経済的利益に目を奪われ、京都の重要な観光資源である歴史的遺産と景観をくいつぶす以外のなにものでもなく、京都破壊に一層道を開くもの」として、京都破壊の危機を訴えている（中島2017：19～26）。それには50年、100年後を見据えた京都の景観づくりを目指し、歴史的景観の保全と再生の基本精神に立ち返ることの必要性と、進行する京都破壊の危機は大きな課題であることを論じている。

京都の観光行政については工藤泰子の「近代京都と都市観光」に詳しい。京都市が全国の自治体に先駆けて観光担当課を行政組織に置いた経緯と、1871年（明治4）西本願寺を会場として開催された京都博覧会開催に伴うイベント観光、1930年（昭和5）に恒常的な機関として観光課が設立された過程、その後「京都国際文化観光都市建設法」成立までを論究し、当該博覧会が近代的な観光のはじまりであったことを提示している。明治期に京都を訪れた外国人たちに京都の寺社は必ず見学地として選ばれ、外国人たちに大きな感動を与えてきたように、京都の寺社は観光としての大きな役割を果たしてきたのである。京都は日本の伝統文化を保存するある種の博物館的な存在であり、日本人にとっても京都は伝統の町で、失われた日本の美を代表する場所と論じている（工藤2010：2～5）。

1. 先人たちの観た京都

京都は平安朝以来、国の都であり文化的な権威としての機能を担う文化・教養の中心、雅な高級文化の発祥の地であった。鎖国下にあった江戸期に京都を訪れた外国人は少なく、その中でもシーボルトは1826年（文政9）、オランダ商館長の江戸参府に同行した際に知恩院、祇園社、清水寺、高台寺、豊国廟、三十三間堂等の寺院群を見学しているが、自由な観光旅行ではなかった。幕末期に京都を訪れたアルジャーノン・ミットフォードは日本を紹介する著書『Tales of Old Japan』を出版し、今でこそ京都は観光客に親しまれているが、外国人にとっては有名ではあるものの、目新しかったと回想している。京都訪問でミットフォードは知恩院を宿泊所としており、その待遇は満足するものであったようである。田中まりは「異なる文化的背景を持つ外来者との交流をするための余地、つまり「観光」化された空間もまだ存在していない」と述べているように、この時期の日本にはまだ、外国人をもてなす観光空間は誕生してなかったと言える。明治時代に入り、京都を訪れた外国人は外交官や学者などが多く、旅行者はまだ少ないが、アーネスト・サトウは京都旅行について、京都全域の名所や博物館事務所（現在の京都国立博物館の準備室とみられる）の調査など、観光のあらましを纏めている。エドワード・シルベスター・モースは京都の建築などの記述は残しているものの、観光の名所についての記述は極少ないのが特徴である。一方で観光客の視点から記述を残したのはピエール・ロチで、京都の観光地化を示唆するものであった。ロチが多くの寺を訪れ、旅の記念に仏具屋で金色の蓮を捜し、骨董屋で仏像を入手し、所謂観光土産としての買い物をしている点において、京都に観光が成立してきたことが読み取れるのである。明治40年代になると、京都には観光施設が現れ、鉄道の開通、外国人向け宿泊施設、食堂が増加して観光基盤は充実していった。しかし、京都の伝統を観光化する一方で、急激な近代化を図る日本に対して外国人観光客は失望していったのも事実である（田中2002：245）。

博物館の必要性については、岡倉天心が「博物館に就て」（岡倉1888）の中で、「京都ニ於テ博物館設置ノ學アリト実ニ京都ノ為メ京都人ノ為メ慶賀スヘキ美学ナルガ故喜悦シテ演述スル處ナリ博物館ノ要用ナルハ之ヲ三點ニ分チテ（甲）保存ノ点ト（乙）考究ノ点ト（丙）都府ノ盛観トナスヘシ」と述べ、京都に於ける博物館の必要性は保存と研究、そして京都の隆盛の為という三点を挙げて論を展開した。考究の点について、「外国人ガ京都ヲ慕フテ来ルハ決シテ山水ノ明媚ヲ賞スルニアラズ欧州ニハ快活愉快ナル壮観許多アルニ是ヲ捨テ盆山箱庭ニ齊シキ日本且京都ニ来ルモノナランヤ日本ヘ渡リ京都ヘ来ルハ専トシテ美術品ヲ観覧セントスルニアルナリ然ルニ之ヲ集合セシ博物館ノ設ケナク儘ニ寺院ニ就テ其一二ヲ見ルモ争ヲ満足スヘキヤ是京都人カ京都ヘ對シテ恥ズヘキ大ナルモノナラン」とし、外国人が京都を訪れる理由は、風光明媚な景色を見ることを目的とするものではなく、美術品を観覧することにある。したがって博物館がないことは京都として恥ずべきことであることを指摘したものであった。さらに、都府の盛観については「都府ノ盛観タルニ就テ一二辨スヘシ先都府ノ体裁トシテモ一ノ博物館ナカル可ラズ外国人ノ漫遊シテ京都府下ノ美術品を観ントスルニモ處々ノ社寺等ニ散在シ居リテハ之ヲ観ルニ不便ナルコト云フヘカラズ」として、当時京都を訪れる外国人は、博物館がないために一々寺院を見て回らなければならず、不便を強いられているとし、博物館に美術品を集めて観覧に供するべきであるとの提案は、観光客の立場に立脚した考えであり先駆的と言える。そして「京都ハ三府ノ一ニ位シ桓武天皇以来七百年ノ美術ヲ湊合スル土地ニシテ博物館ノ設ナキハ其土地ニシテ一大欠典タルヘシ」として、京都博物館を設置して桓武天皇以来の美術品を公衆に示し、将来に残す必要性を説いて博物館建設を強く訴えたのである。

2. 京都博覧会にみる観光の歴史

我が国近代文化の黎明期にあたる明治初年から、昭和の初頭に至るまでの60年に亘り、京都を中心とした国内産業の興隆、文化の向上に大きく寄与した事業の一つが京都博覧会である。1871年（明治4）以来60回に亘る年次博覧会の記録は『京都博覧協會史略（以下京博史）』に纏められている。「博覧会を通じて文化の向上、美術の振作、古典の復興、観光の宣伝、その他あらゆる方面に多彩なる歩みを伸ばして広義勧業の指導鞭撻となった」（京博史 p.5）とあり、観光都市として発展していくには京都博覧会の開設が必要であったため、それを企画したのが1871年であった。京都博覧会を通して京都を日本一の観光地として外国人にアピールしようとしていたことは「博覧会をして大成せしめなければ京都は救はれない、これによつてのみ新なる産業は開発振興せしめ得るのであるといふ固き信念のもとに、官民一致孜々として準備を進めたが、ここに最も不便を感じたのは京都が開港地でも開市場でもないといふことであつた。蓋し博覧会としての第二の指名は京都を日本随一の観光地として汎く外国人にも宣伝紹介することにあつた。」（京博史 p.16）から強く読みとれるのである。そして、1930 年（昭和 5）まで京都博覧協会は存続するが、博覧会を通した観光振興主体は民間から行政へ移行していくことになる。

博覧会の成功はもとより、京都が久し振りに活況を呈し、博覧会関係の官民は京都復興のシンボルとして市民から尊敬を集めたが、これを長く維持するには、欧米諸国の常設博物館に範を採る必要があるとして、博覧会の常設が請願され、京都府当局もこれに賛同、太政官の正院に申請して許可の指令を得るに至った。その会場は西本願寺の書院とし、博覧館と称して月 6 回 1 と 6 の付く日を以て陳列されることになった。第一回京都博覧会は、その趣旨たる利用校正開物成務はもちろん、観光都市としての宣伝にも多大の実効を収めた。そして、1877 年には京都博覧会は京都の一大名物として、文化の開発、産業の振興、観光の宣伝等により、京都の最も重要なる年中行事としての存在を示すに至ったのである。

また、「博覧会なる熟語は慶応元年時の外国奉行栗本鋤雲が、仏国政府より徳川幕府に対する巴里万国博覧会出品の勧誘を受け、初めてエキスポジションを此の訳語に創成したと称せられるが、本邦に於て実際の上に博覧会なる名称を以て開設したのは実に明治 4 年の京都博覧会を以て嚆矢とする」（京博史 p.7）と明言し、博覧会の名称が実際に使用されたのは 1877 年の東京に於ける第一回内国勧業博覧会であるとする記述や、1871 年に大学南校の物産局が東京九段坂上に開催した物産会が博覧会らしきものの濫觴で、実際の上に博覧会という名称を以てしたのは 1872 年に文部省博物館が主催して東京湯島聖堂に開会したのを以て嚆矢とされていることに対して、共に誤りであり、現実にこの名称を附した催し物は 1871 年の京都博覧会を以て嚆矢とすると記されている。

また、1872 年には外国人入京規則を発布し、外国人の入京を許可する一方で、規則に従うことを提示している。それと同時にポリス（警察官）を置き、入京外国人の保護政策を実施している。当時外国人は京都を知らず、京都市民も外国人とは無縁の時代であったため、万一の衝突を外務省も非常に憂慮していた為の方策であった。

1871～72年にかけて開催された京都博覧会は、寺院を以て会場に充てたが、当時の京都において数百名を受け入れることができる場所は寺院が最も適しており、それ故に博覧会場として選ばれたことも理解できる。しかし、それでも展示場は三カ所に分散され、観覧者にとっては不便極まりなかったことも事実である。その後1880年まで、博覧会場は京都皇宮御殿で開催されることになった。また、1871年に西本願寺書院において京都博覧会が初めて開設されたが、京都博覧協会は翌1872年に開催された博覧会を第一回目と記録している。この第一回京都博覧会は西本願寺、建仁寺、知恩院で開催された。「爾来明治、大正、昭和の三聖代に亘る六十年、毎年殆ど例外なくこれを開設して、各種の産業を初め、学術、技芸の振興、開発を鼓舞奨励すると共に、商品の需要を喚起して販路の拡張を図り、更に大衆に対してこれ等に関する知能を啓発する文化運動とし、一面地方に檄して甦生京都を紹介宣伝し、我国第一の観光都市としての揺ぎなき地位を知悉認識せしめたのである。」（京博史 p.336）

特筆すべきは、1873年の第二回京都博覧会で元会津藩士山本覚馬が発行した外国人向けのガイドブック（The Guide to Celebrated Places in Kiyoto & the Surrounding Places for the Foreign Visitors）（図１）である。これは京都最初の欧文活版印刷であり、ここにVisitorsという言葉が明記されている。高木博志は『近代京都研究』（以下近京研）「近代京都と桜の名所」の中で、京都博覧会が京都を中心とする国内産業興隆の一役を担い、観光の宣伝という使命を果たし得たと言えるもので、京都の社寺が拝観料をとって観光化する契機になったとしている。（近京研 p.159）

図１　1873年発行
京都最初の英文名所案内
（京博史 p.41 から転載）

明治初期に於ける京都近代化の取組み

の一つであった京都博覧会については、工藤泰子の「明治初期京都の博覧会と観光」及び「御大典記念事業にみる観光振興主体の変遷」に詳しい。1930年は京都市の観光政策の節目となり、「遷都千百年や御大典、寺院の大遠唐忌などのイベント観光行政から恒常的観光行政に転換すべく、全国の地方自治体に先駆けて行政組織の中に観光課を設置した」として御大典が京都市の観光行政の在り方を転換させたことを論じている（工藤 2008b）。

現在の京都御所は、多くの観光客が訪れる場所となっているが、明治期においても、もともとの開催場所であった寺院から御所に博覧会会場が変更となり、入場者も激増したとある。

京都博覧会が本邦産業興隆の一役を購い得たと共に、文化の向上、美術の振作、古典の布告、観光の宣伝とあらゆる方向に手を差し延べてその使命を安全に果たし得たのである。（京博史 p.350）「観光都市」の語は1934年の『京都市会会議録』に散見され、当時は常套句となっていたが、それ以前は「日本ノ公園」や「遊覧都市」が一般的であった。（近京研 p.237）

1930年、市役所に観光課が設置され、当初はどこにも属さない独立課であったが、1933年に庶務部観光課、1935年に産業部観光課に転じていくことになる。大正末期から昭和初期にかけて全国の観光機関が急増していくが、その多くが観光協会であり、地方自治体に「観光課」として組み込まれたのは京都市観光課（1930年）・日光町観光課（1931年）・熱海町観光課（1931年）・宇治町観光課・（1932年）・奈良市観光課（1933年）の５つの事例だけであった。

1941年になると、京都の産業部観光課は解体されて、教育部文化課に引き継がれるようになるが、戦時下においては観光事業に対して国民から、「観光」という語が敬遠され、「郷土課」「文化課」などの名称変更が成されていった。しかし、この名称変更こそが観光と郷土及び文化が並列の関係にあることの証と考えられる。観光とは郷土の発見であり、文化の継承なのである。次項では、京都市内の博物館の特徴と取り組みを紹介したい。

3. 京都市内の博物館の特徴

京都市内には国立博物館をはじめ、公立・私立合わせて数多くの博物館施設が存在する。まず、京都の博物館と切っても切り離せないものの一つに寺社との繋がりがある。

京都市内に所在する京都国立博物館は、1894年（明治27）に開館してから120年を迎え、我が国における歴史ある国立博物館の一つである。京都国立博物館では、京都にゆかりのある作品を中心に収集され、一般に公開を行っている。言うまでもなく、京都には数多くの寺社が存在することから、京都国立博物館も寺社との繋がりはとても深い。もともと、京都国立博物館の前身である帝国京都博物館は、廃仏稀釈によって危機的な状況に陥った寺院からの救済の要求を受けて、主に寺院の文化財を保護する目的で創設されたという経緯がある。現在も寄託品の多くは寺社からのもので、国宝や重要文化財を含む多岐に亘る分野の文化財が京都国立博物館に収蔵・保管されている。このような京都にゆかりのある寺社の貴重な文化財を調査・研究し、広く一般に公開出来ることが何よりの強みと言えるのである。鳥獣戯画で知られる高山寺の特別展などはその好事例である。外国人をはじめ多くの観光客は、京都を訪れるからには京都らしさを感じ、京都らしさを味わいたいというのが素直な気持ちであろう。したがって、京都にゆかりのある展示をすることは京都国立博物館の使命とも言えるのである。

また、京都市内の博物館が行っている活動の一つに、博物館間の連携がある。2009年（平成21）に発足した「京都ミュージアムズ・フォー」と呼ばれる博物館ネットワークで、京都国立博物館を含む京都国立近代美術館・京都市美術館・京都文化博物館の国立・公立系4館の連携で成り立っている。これらは期間限定ながら、スタンプラリーなどのイベントや、館同士における入館料の相互割引制度など、連携によって集客力を高めたり広報活動の協力を実践している。

さらに京都市内には、京都市内博物館施設連絡協議会、通称「京博連」と呼ばれる博物館ネットワークがある。1992年の創設当時は約100の団体が所属していたが、2018年現在は約200を越える博物館関連団体のネットワークとなっている。定期的な集会が行われ、京都市内の博物館における情報交換の場となっている。東日本大震災を契機として緊急時の文化財レスキューや、その後の保存処理に対する検討の必要性に注目が集められ、京都市内の寺社が有する唯一無二の文化財をどのように守っていくかが喫緊の課題である。現在、独立行政法人国立文化財機構は、文化財防災ネットワーク推進事業本部を立ち上げて、諸機関との連携を図っており、京都市内の連携や情報共有を図る上でも、「京博連」の存在は大きいものとなっている。

次に、国際観光都市としての京都市でとりわけ重要なのが、様々な国や地域からの来訪者に対応するための外国語対応である。その動きは公共交通機関や標識に留まらず、博物館施設においても同様である。

特に京都国立博物館では、平成29年度より多言語化対応に一層の取り組みを行っている。具体的には、英語に加え、中国語や韓国語に対応すべくネイティブの職員を雇用し、日々翻訳等の作業を進めている。博物館における多言語化対応で特徴的なものの一つに、作品を解説する役割を担う題箋（キャプション）がある。従来は、日本語と英語の併記であったが、現在は日本語を含めた4か国語の対応化が図られている。しかし、文化財の専門的な解説文の翻訳はかなり複雑なものであり、翻訳する言葉が増えれば、題箋のサイズを大きくするか、あるいは文字のサイズを小さくするかのいずれかの対応となる。しかし、サイズを大きくすることにより作品の観覧に影響を及ぼすことは言うまでもなく、また、文字を小さくすれば当然のことながら見づらくなることは否めない。

もう一つは、音声ガイドの多言語化対応である。これは音声であることから題箋と比較すれば課題は少ない。その反面、翻訳した文字資料を音声にするという作業が伴うために、題箋製作よりも時間を要する点が課題となる。いずれの場合においても、すべての作品を即時に多言語化対応することは難しく、少しずつ進めているのが現状である。国際観光都市である京都では、博物館施設を訪れた一人でも多くの来訪者が京都らしさに触れ、新たな発見と感動を得られるよう努めていくことが求められている。

4．京都の寺社博物館の取り組み

京都の寺社には宝物館や展示施設を併設する寺社も多く、広く一般に文化財を公開している。博物館施設同様、京都ゆかりの文化財に触れることで来訪者は知識と感動を得ることができる。

中でも、京都市東山区にある蓮華王院の三十三間堂は全国的に有名で建物自体も国宝に指定され、国宝の千手観音坐像をはじめ、重要文化財の千体千手観音立像は圧巻で見学者を魅了している。開門は朝の８時と早く、朝早くから観光客が訪れる。なお、三十三間堂には十分なスペースの駐車場（図２）が完備されており、大型バスでの乗り入れが可能である。それゆえ、外国人観光客や修学旅行生を乗せた大型観光バスが頻繁に出入りしている光景を目にすることが多い。京都は国際観光都市であるがゆえに、国内外問わず大型バスを利用した団体ツアーも多く、三十三間堂のように十分な駐車スペースと整理員が常駐している寺社が多いのも特徴と言える。また、多くの寺社が曜日を問わず参拝出来るのに合わせて、併設の宝物館等も年中無休であることが多く、一般的に博物館施設の多くが休館日となる月曜日でも見学することができる。

また、京都の寺社博物館が集客効果を狙った取り組みは、京都に桜や紅葉を目的に来訪する観光客をうまく取り込んでいることである。京都の寺社の多くが由緒ある庭園や敷地内に、無数の桜や紅葉といった季節を感じる樹木を植栽し、多くの観光客を誘致している。京都市東山区に

図２　三十三間堂駐車場

ある高台寺では見事な枝垂れ桜のライトアップが行われ、清水の舞台で有名な清水寺では紅葉に合わせたライトアップを毎年行っている。また、寺社を参拝に訪れた人は併設の宝物館等にも足を運ぶ確率が高く、一層の集客と収入をあげている。

さらに京都の寺社には、未指定文化財も含め、まだ把握されていない文化財も多く存在する。京都国立博物館では、そのような寺社に眠る文化財の悉皆調査を定期的に実施し、その成果を企画展等によって一般に公開している。まさに設立当初より、京都の寺社の文化財を保護する目的で創設された京都国立博物館との信頼関係が今も生きている証拠であろう。京都にある寺社の貴重な文化財を荒廃させることなく後世に残していくために、京都にある博物館と寺社の関係は今後も継続されなければならない。

5. 京都市内の主な寺社博物館一覧

	寺社名	施設名	住所	拝観料
	鞍馬寺	鞍馬山霊宝殿（鞍馬山博物館）	京都市左京区鞍馬本町 1074	200円
○	醍醐寺	醍醐寺霊宝館	京都市伏見区醍醐東大路町 22	800円
	東寺	東寺宝物館	京都市南区九条町 1	500円
	豊国神社	豊国神社宝物館	京都市東山区大和大路正面茶屋町 530	300円
	乃木神社	乃木神社宝物館	京都市伏見区桃山町板倉周防 32-2	100円
◎	平等院	平等院ミュージアム鳳翔館	宇治市宇治蓮華 116	600円
○	養源院	養源院	京都市東山区三十三間堂廻り町 656	500円
	安井金比羅宮	金比羅宮絵馬館	京都市東山区下弁天町 70	500円
	六波羅蜜寺	宝物館	京都府京都市東山区轆轤町	600円
	智積院	智積院宝物館	京都市東山区東大路通り七条下る東瓦町 964 番地	500円
	藤森神社	宝物殿	京都市伏見区深草鳥居崎町 609	志納金
	大将軍八神社	方徳殿（収蔵庫）	京都市上京区一条通御前通西入 3 丁目西町 55	500円
	宝積寺	閻魔堂	京都府乙訓郡大山崎町銭原 1	400円
	蓮華王院	三十三間堂	京都市東山区三十三間堂廻町 657	600円
	泉涌寺	宝物館　心照寺	京都市東山区泉涌寺山内町 27	500円

◎は公開承認施設
○は相当博物館施設

〈参考文献〉

岡倉天心　1888「博物館に就て」『日出新聞』
工藤泰子　2008a「明治初期京都の博覧会と観光」『京都光華女子大学研究紀要』46
工藤泰子　2008b「御大典記念事業にみる観光振興主体の変遷」『近代京都研究』思文閣出版
工藤泰子　2010「近代京都と都市観光─京都における観光行政の誕生と展開─（Abstract 要旨）」京都大学
白須　正　2017「観光都市・京都の新たな取組─魅力的な地域開発が新しい集客空間を生み出す─」『地域開発』12
田中まり　2002「京都における日本文化の発見」『北陸学院短期大学紀要』33
中島　晃　2017「京都観光のあり方を問う」『京都自治研究』10

第5節　国際観光地日光に展開された博物館の歴史

伊東俊祐

はじめに

日光(にっこう)をみずして結構(けっこう)というなかれ。この賛辞に知られる通り、日光は国内有数の国際観光地として知られる。2016年（平成28）には、国内外を含めて約1,140万人の観光客が訪れており、うち、外国人宿泊者数は約9万人である（日光市2017）。

現在の日光市は、2006年に日光市・今市市・足尾町・藤原町・栗山村の大合併によって成立し、総面積は1449.83㎢に及び、栃木県の約4分の1を占める。なかでも、UNESCO世界文化遺産「日光の社寺」やラムサール条約登録湿地「奥日光の湿原」をはじめとする日光国立公園、世界最長の並木道としてギネス世界記録に登録されている「日光街道杉並木」、足尾鉱毒事件をもたらした「足尾銅山跡」、鬼怒川温泉郷をはじめとする温泉街など、国内屈指の観光資源を有している。

本稿では、明治時代より国際観光地としての地位を確立した日光地域（旧日光町・旧日光市）の博物館の変遷を、歴史的に明らかにすることを目的として概観したい。なお、紙幅の関係上、戦後間もない頃までを対象とし、その他の博物館については本文末の表を参照されたい。

1. 神仏習合の聖地「日光山」から、国際観光地「日光」へ

(1) 神仏習合時代の「日光山」

日光（日光霊峰）は、有史以前よりアニミズム的な山岳信仰の霊場として崇拝の対象となっていたが、奈良時代末期に勝道(しょうどう)上人によって開山された。以来、平安時代を通して勝道上人とその弟子たち、伝承の域を得ないものの空海や円仁の来山によって社寺群が造営され、いわゆる宗教都市としての「日光山」は成立をみた。

中世には、第24世日光山別当弁覚によって日光三所権現信仰（日光修験道）が確立し、また「関東第一之霊区」として源氏及び鎌倉幕府や関東公方の庇護を受けるとともに（日光市1986a）、戦国時代には「関左之日枝山」として東国宗教における中世的権威を確立した（網野1982）。この頃には、「日光山往古社領六拾六郷」として伝えられる、下野国の約3分の1に及ぶ日光山領18万石を所有していた（日光市1986a）。

近世には、徳川家康の霊廟として東照宮が造営されると、第53世日光山座主天海による東照三所権現信仰の確立とともに徳川将軍家の祖先を祀る一大聖地としての近世的権威を確立したことにより、日光街道の整備とともに多くの人々の日光参詣を促し、幕末まで栄えた。

(2) 国際観光地「日光」への歩み

「日光山」の知名度は、前近代においてもその宗教権威の高さから全国的に知られていたが、1870年（明治3）の駐日英国公使ハリー・パークスを先駆けとする外国人の来晃（日光を訪れること。日光とかけて晃の字を用いている）は、駐日英国公使アーネスト・サトウや旅行家イザベラ・バードらによる旅行記やガイドブックなどの刊行も相まってその名は欧米諸国に知れ渡るに至った。また、1871年開業の「鈴木ホテル」を先駆けに、「金谷カッテージ・イン」（1873年開業、現在の日光金谷ホテル）や「日光ホテル」（1888年開業）などの観光型リゾート・ホテルが次々と開業し、また1890年には宇都宮―日光間の鉄道が開通するなど、観光インフラストラクチャーの整備は日光山が国際観光地としての道を歩む要因ともなっている。とりわけ、国内屈指の文化・自然資源の豊富さに加えて、奥日光の冷涼な気候といった環境要件は人気を博し、天皇や皇族・華族のみならず、「夏に外務省が日光山に移る」と形容されたほど多くの外交官や外国人の来晃をうけ、国際色豊かな高級避暑地としての地位を確立するに至った（日光市1979、飯野2016、栃木県2016）。

その一方で、1871年の新政府による神仏分離によって日光山の社寺群が東照宮・満願寺（後に輪王寺）・二荒山神社に分離・再編成されると、それによってもたらされた混乱は、1879年に社寺建築群の保存を目的として設立された「保晃会」に代表される文化財保護運動の展開を促し、加えて日光山の文化・自然資源の再評価が進むとともに観光客の増加も相まって観光資源としても活用が見出されていくようになった。このような動向は、やがては日本における国立公園構想の芽生えともなり、同年の「保晃会創立願」にみえる「帝国ノ大公園」を先駆けに、1911年に日光町長西山眞平が帝国議会に提出した「日光山ヲ大日本帝国公園ト為スノ請願」によっても具現化された。1931年（昭和6）に「国立公園法」が制定されると、1934年に「日光国立公園」として指定を受けている。

2. 日光山の宝物拝観と宝物館

(1) 二社一寺による宝物拝観

日光山によって実施された近代的な展示行為の走りは、1872年（明治5）に東京浅草寺を会場に実施された、中禅寺権現の秘仏波之利（はしり）大黒天の出開帳（満願寺宝物の拝観を含む）と考えられる。この出開帳は、前年に近世の輪王寺宮御殿であった壮麗な満願寺本坊が焼失したことから「寺門の困憊を救済せむ」ことを目的に、事実上の資金繰りのために実施されたものであった（彦坂1913）。東照宮では、1875年から宝物が公開されており、日光山内において実施された宝物拝観は、これが最初と考えられる。この宝物拝観はあくまでも氏子崇敬者を対象としてはいたものの、東京の日本橋と両国橋に広告札を掲示するなど（平泉ほか1926）参拝者の確保を目的として実施されていた。二荒山神社では、1885年頃には本社境内にて宝物が公開されており、また、外国人が宝物を見物していたことが記録されているなど（南方1885）、この頃には一種の観光資源として活用が見出されていた。

なお、二社一寺が宝物の公開に踏み込んだ背景には、「神仏分離以来、日光の権威頓に下り、信仰衰へ、参拝者年と共に減じたり」（平泉1926）という当時の窮状が存在していた。もっとも、近世日光山の経済的基盤であった日光神領の新政府による接収は山内を貧窮させ、さらに神仏分離の断行によって顕在化した三仏堂等の移転問題[1)]や宝物の散逸といった悪影響を及ぼしている。そのため、経済的事情を背景としたマーケティングによる宝物拝観が実施されるに至ったと考えられる。

こうして、日光山の前近代的権威の象徴としてベールに包まれていた宝物は、大衆の目に晒されることによって＜近代化＝見世物化＞へと移行していくこととなったが、やがては国際観光地を支える観光資源としての活用が見出されていった。例えば、1889年の東照宮「宝物展覧」(讀賣新聞社 1889) や、1890年「日光美術展覧会」(下野新聞社 1890、林 1890)、1893年の東照宮・輪王寺「宝物展覧会」(讀賣新聞社 1893) といった特別展覧会が開催されるなど、宝物公開の機運は高まりをみせていき、1894年前後には東照宮に「宝物陳列所」(朝日新聞社 1896)、輪王寺に「宝物拝覧所」(彦坂 1895) があったことが確認できる。

東照宮では、1885年頃には神楽殿に宝物を陳列していたが (南方 1885)、1902年の段階では三神庫に陳列しており、この際に宝物拝観の希望者に対して庫番によるギャラリートークが実施されていた (石倉 1902)。最終的には、参拝の帰路に「宝物拝覧所」に立ち寄って宝物を拝観する (山下 1912) というコースが確立されている。

輪王寺では、前述「宝物拝覧所」との関連性は不明ではあるものの、明治30～40年代刊行のガイドブックによれば、大猷院廟の宝物を陳列した「輪王寺宝物所」が三仏堂付近にあり、和洋折衷の石造を呈していたとされる (島村 1899、石倉 1902、山下 1912)。また、最後の日光山座主であり、1895年に帝国陸軍近衛師団長として台湾出征したのち同地で病没した北白川宮能久親王 (輪王寺宮公現入道親王) を顕彰した遺品や台湾戦利品のほか、慈眼堂宝物を陳列した「宝物所」が慈眼堂境内にあった (島村 1899、石倉 1902、田代 1972)。

明治30年代には日光の観光地化が定着してきたことにより、二社一寺の宝物拝観は常態的な制度として概ね確立されていた。同年規定の「保晃会規則」によれば、二荒山神社・東照宮・大猷院廟の宝物拝観に金20銭を徴収し、その収益は取扱諸費のほか、社寺群の修繕費に充てることが明記されている (日光市 1986b)。

(2) 日光宝物陳列館と宝物館の現在

先述のとおり、二社一寺はそれぞれ宝物拝観制度を確立していたが、1915年（大正4）以降は、東照宮三百年祭を記念して開館した、除湿乾燥機を備えた瓦葺・銅板葺破風屋根、漆喰塗の純和風建築である「日光宝物陳列館」（写真1）がその役割を果たすに至った。設計や展示法の監修には、建築家大江新太郎と歴史学者黒板勝美（東京帝国大学名誉教授）が関与しており（黒板1914、大江1915）、特に黒板の意向により、神仏分離以来、二社一寺に分別された日光山の宝物を一堂に集めて展示し、神仏習合時代の様相を正確に伝達することの歴史学的意義の必要性から、そのための一大装置として出発した。とりわけ、「従来日光と言へば江戸時代のもの計りと考へてゐた人が多い」ことを理由に、古代や中世の日光山についても焦点をあてていた（古谷1953）。

特に、一般の来館者に向けた目録の作成をはじめ、一次資料のみならず模型やマネキン、壁画など二次資料をフル活用したパノラマ展示・再現展示の設置、さらには外国人観光客に「案内人の出鱈目の説明によつて誤られること」を未然に防止するための措置として、「英文目録」も作成されるなど、当代最新の博物館学的思想にもとづいて企画運営された宝物館としては、極めて「特異の施設」であった（古谷1953）。日・英文目録については、館内の「目録販売所」で頒布し、そのほか「絵図書販売所」も併設していた（日光寳物館1915a・b）

1967年（昭和42）までは二社一寺の宝物を合同展示していたが、木造建築物であったためか老朽化によって解体され、跡地に三百五十年祭を記念して建築学者岸田日出刀（東京大学名誉教授）の設計による鉄筋コンクリート造の「日光東照宮宝物館」が開館した（日光東照宮編1981）。後述するが、この時点で輪王寺と二荒山神社も独自に宝物館を建設していたため、東照

写真１　日光宝物陳列館
（別格官幣社東照宮社務所1933）

宮単独での宝物館として再出発した。この宝物館も老朽化により2015年（平成27）に閉館し[2]、同年に四百年式年大祭を記念して「四百年式年大祭日光東照宮宝物館」が開館した。

輪王寺では、1926年に、中世の日光修験を中心とした宝物を陳列するために奥日光の中禅寺境内に宝物殿を（運輸省1957）、1955年には、近世以前の宝物を陳列するために輪王寺常行堂内部に宝物殿を設立していたが（輪王寺1955、運輸省1957）、1983年に専用の宝物館として逍遥園に鉄筋コンクリート造の「日光山輪王寺宝物殿」が開館し、輪王寺宝物の展示はすべて当館に集約された。二荒山神社では、1959年の男体山頂祭祀遺跡の発掘調査中に大量の考古資料が出土したことを契機に、1962年に奥日光の中宮祠境内に専用の宝物館として鉄筋コンクリート造の「日光二荒山神社宝物館」が開館した（二荒山神社1962）。

3. 戦前の博物館

(1) 官営博物館の設立—日光植物園

1902年（明治35）、東京帝国大学附属小石川植物園の分園として「日光植物園」が開園した。「植物の宝庫、動物の楽園」（赤堀1915）と称された日光山独自の自然環境や生態系に着目した植物学者松村任三（東京帝国大学名誉教授）の構想によって、山地植物・高山植物の採集及び保存・研究を目的として設置された。特徴として、高山植物園（ロック・ガーデン）と湿原植物園（ボッグ・ガーデン）が挙げられ（清水2016）、山岳地帯ならでの植物園であった。

当初は、東京帝国大学が東照宮から買上げた仏岩に立地していたが、植生活動による園内の狭小化と近隣する稲荷川の氾濫被害から、花石町の松平頼寿子爵別邸を取得、1911年に移転している。移転後は田母澤御用邸に隣接しており、避暑目的に行幸した大正天皇の来園も多かったことから、1927年（昭和2）に「大正天皇行幸記念園」として庭園が整備されている。戦後、1950年に御用邸附属地の大部分が大蔵省より東京大学に帰属され、現在に至っている（久保田1974、日光市1979）。

日光植物園は、生物学的研究に供するという明確な目的のもとに設立された植物園であったため、もとより観光要素は希薄であったものの、開園当初より一般公開もされており、また観光ガイドブックにも紹介されるなど、一種の観光施設としても機能していたことがうかがえる。

(2) 表日光に展開された民営博物館

1894年、足尾銅山技師であった守田兵蔵がベランダ・コロニアル様式の私邸を改装した「美術工芸品陳列場鐘美館」が開館した。主に外国人層をターゲットとした＜お土産＝日光堆朱・日光絵画・日光焼などの特産品＞の陳列販売を展開していた。こうした特産品は、守田が上野桐恵・人見城民・五百城文哉・小杉放菴・成瀬誠志等の作家を全国から招聘して制作したものであり、鐘美館は作家育成の場としての役割をも担っていた。しかし、大正時代には大正天皇の日光行幸に供奉した儀仗兵の宿舎として接収されたため閉館している（壬生町2003）。

1895年には、保晃会の浩養園内に「浩養館」と称した木造の施設が建設されている。美術参考所として開館したようで展示室を有していたが、多湿であったためか文化財保全には適しないという事情により5年後に閉館している。また、1905年に同園内に「頌徳記念館」と称した、いわゆるパノラマ館が開館しており、徳川将軍家にまつわる書画をメインとしたパノラマ展示が展開されていた（安生2018）。

1905年には、民間の出資によって「内国に於ける美術工芸品を普く陳列する目的」のもとに「日光美術館」（写真2）が開館した（讀賣新聞社1905・1907）。「日光町の一大偉観」とうたわれた荘厳なネオ・バロック様式のモダン建築でありながら、史料の制約から詳細は不詳であるものの、「新古の美術品を展覧即売」していたことからも、外国人をターゲットとしていたことは確かなようであり、当時の文化財保護運動の機運が美術館活動に結びついていたという指摘もされている（星野1937、田中1999）。

写真2　日光美術館
（城北編著1907）

なお、1910年には「博品館」と改称して日光物産品の陳列販売を開始、1915年（大正4）には大正天皇の即位を記念して「栃木県物産陳列館」と改称、県内物産品を陳列販売していた。しかし、大正末期には経営難で閉館しており、建物も取り壊されている（星野1937）。

いずれにせよ、こうした民間レベルで博物館が次々と設立されていったその背景には、外国人を含めた観光客の増加に合わせて、地域資源を発信する媒体として日光の国際観光地としての地盤を確かなものとしようとする姿勢が働いていたものと考えられる。

4. 戦後の博物館

(1) 御用邸と博物館

戦前の皇室は日光に莫大な皇室財産（不動産）を抱えており[3]、なかでも日光御用邸・田母澤御用邸・同附属邸[4]の3つの御用邸を所有していた。これらは、1947年（昭和22）の国有化に伴って廃止となったが、栃木県では御用邸を博物館として活用していく計画を立案していた。この計画の中心にいたのは、当時、県土木部観光課長であった千家哲麿である。千家は、出雲大社大宮司千家尊福男爵の六男で、造園技術者として戦前から戦後にかけての日光の国立公園及び観光行政を牽引したことで知られる。千家がのちに「日光国立公園の再生は御用邸から始まった」と回顧しているなど、御用邸の存在とその活用は戦後日光の観光復興に大きな役割を果たしたとされる（手嶋2016）。

日光御用邸（写真3）は、近世に東照宮別当寺大楽院として造営された歴史的建築物である。1886年（明治19）に東照宮の貴賓施設「朝陽館」として御殿地に移築（日光市1979）、先述の1890年の日光美術展覧会会場としても使用されていたが（下野新聞社1890）、1893年に明治天皇の皇女常宮（つねのみや）と周宮（かねのみや）の避暑に供するため宮内省に買上げら

写真3　日光御用邸（宮内庁書陵部所蔵）

れると、のちに天皇や皇族、外国王族の宿舎として終戦まで使用された。（栃木縣 1947、宮内庁 1973）

1946年には栃木県が大蔵省から借り受けており、この段階で「美術者の研究施設小博物館、美術館といったようなもの」とする計画が存在していたが、最終的には外国人バイヤーの専用宿舎として活用されるに至り、翌年に「日光パレスホテル」として開業した（手嶋 2016）。ホテルは1957年に廃業となったが、日光国立公園観光株式会社の経営による「日光博物館」として再出発した。地歴室・地形地質室・植物室・昆虫室・動物室・映写室の6つの展示室があり、主に日光国立公園の自然をメインテーマとした博物館であった。このほか、食堂や無料休憩室、売店、荷物預り所を附属しており、観光客に特化した施設であったことが伺える（江山 1959a・b）。しかしながら1960年には閉館しており、同年のうちに大蔵省から二社一寺に払い下げられた。建物自体は現存しており、1962年より日光山輪王寺本坊として再活用されている（安生 2018）。

田母澤御用邸は、天保年間に紀州藩徳川家江戸中屋敷として造営され、維新後は英照皇太后の御所や明治天皇の仮皇居宮殿などとして使用されてきた赤坂離宮の御座所を、1899年に皇太子嘉仁親王（大正天皇）の避暑に供するために宮内省が買上げた銀行家小林年保（ねんぽ）の別荘地に移築、増改築したものである（栃木縣 1947、宮内庁 1973）。

1947年に栃木県観光協会の経営で一般公開されたが、この段階では案内人の説明を兼ねた内部見学のみであった（栃木縣 1947）。一方で、1949年当時に来晃した観光客数は約120万人であり、終戦から年が浅いにもかかわらず戦前のピークを越えていたが、戦前と同様に日光全体を俯瞰した情報提供施設は存在していなかった（手嶋 2016）。そのため、1949年に修学旅行をはじめ観光客をターゲットとした「日光国立公園博物館」として開館した。展示形態としては、「絵画・写真・説明・統計・標本等によつて展示され、主な資料及び内容は地形・地質・動物・植物・景観・施設・歴史・建造物・美術・工芸等に関するもの」と多岐にわたり、観光客を対象とした情報提供施設（ビジターセンター）のみならず、郷土の文化・自然資源を総合した地域博物館としての機能をも併せ持っていた（運輸省 1957）。また、歴史的建築を利用していることからも、「由緒ある建物を参観したいとの一般の希望も入れて邸内に案内人の説明を添えて公開」していた（川崎 1953）。1955 年に経営権は日光国立公園観光株式会社に受託され、1957 年頃には、経緯は未だ不明ながら同会社のもと先述の日光博物館（旧日光御用邸）に博物館機能が移ったとされるが、1960 年頃には再び旧田母澤御用邸に戻され、新生「日光博物館」として再出発（安生 2018）、民営の博物館でありながら長らく日光を代表する地域博物館としての役割を果たしていった。

(2) 奥日光と博物館

奥日光は、古来より山岳信仰の霊場である男体山を主格とする日光霊峰、中禅寺湖・華厳瀑・戦場ヶ原・小田代ヶ原・湯元温泉などの景勝地として著名であり、そのため、多くの自然科学系博物館が設立されてきた。戦前には、中禅寺の宝物殿が存在していたことは先述のとおりであるが、本格的に博物館が設立されるに至るのは戦後においてである。

1949 年には、日本産サンショウウオの生物学的研究を実施していた個人経営による日光自然科学研究所の附属施設として「奥日光博物館」（のちに「奥日光自然科学博物館」）が中禅寺湖湖畔に開館した。主に「日光国立公園内に生息する昆虫・高山植物・鳥獣・淡水魚等を展示・育成し、自然科学に興味をもつ学生・観光客の便に供し」ており、館内には水族館が附属していた（運輸省 1957）。また「研究指導採集指導を行つて」（日本博物館協會 1951）いるなど、研究機関のみならず、教育機関としても機能していた。1970 年には「日光両棲類研究所」と館名変更したが（倉内ほか 1981）、そのあとの動向や閉館の経緯については不明である。

1951 年には湯ノ湖湖畔の兎島歩道がいわゆる「路傍博物館」（野外博物館）として整備され（手嶋 2006）、1964 年には茶の木平自然植物園が開園しているが（倉内ほか 1981）、これらの具体的な活動内容などについては史料の制約上不詳であるものの、奥日光の特質を活かした自然科学系博物館があったことがわかる。

むすびにかえて

開祖勝道上人の時代から千年以上続いた神仏習合の聖地「日光山」は、国際観光地「日光」として再出発していったが、バラエティに富んだ多くの博物館の存在はその発展に大きく寄与してきた。むしろ「国際観光」に特化した観光型施設として機能してきたことがうかがえる。

もっとも、地域としての「日光」を発信していくためのメディア媒体としての「ミュージアム」の存在は欠かすことができないものであり、今後の日光における観光の在り方を考える一つのアプローチとして歴史に学ぶ必要性があり、その意味では本稿の意義は大きいといえる。今回は、紙幅の関係もあり、取り上げた参考文献のなかには、内容に齟齬の認められる史料なども散見されるため、考察が不十分な点は否めず、実証史学の観点からより厳密な検討を要するが、歴史のなかに埋もれてしまった博物館も少なくはないため、今後のさらなる史料収集と検討を展開していきたい。

註

1) 三仏堂は、もともとは新宮権現（現在の二荒山神社本社）の傍に立地していたが、神仏分離の際に満願寺（現在の輪王寺）境内に移転することが求められた。しかし、壮麗な大伽藍の移転は資金の問題により困難を極め、一時は破却することが検討されたものの、明治天皇の「三仏堂移転旧観を失うなかれ」の旨が3,000円の御下賜金とともに伝えられると、移転再建されている（彦坂1913、平泉1926）。
2) なお、旧宝物館はモダニズム建築であることが評価されて、2018年に国登録有形文化財となった。
3) このほか、北白川宮日光別邸（安川町御用邸）や輪王寺宮墓地、小倉山御料地・野州原御料地・奥日光御料地などが挙げられる。
4) 附属邸は1916年に宮内省によって造営された御用邸で、戦後には日光国立公園観光株式会社の経営で「修学旅行、文化団体、青少年団の宿泊所、講習会」に充てるための「田母沢会館」として開館している。のち「田母沢別館」と改名したが、1979年には老朽化により解体された（日光市1986b、安生2018）。

〈参考文献〉

赤堀又次郎　1915『日光山東照宮三百年祭誌』やまと新聞宇都宮支局
朝日新聞社　1896『朝日新聞』5月24日朝刊
網野善彦　1998『東と西の語る日本の歴史』講談社
安生信夫　2018『忘れられた明治の日光　近代日光の史跡を訪ねて』随想社
飯野達央　2016『聖地日光へ　アーネスト・サトウの旅』随想社
石倉重繼　1902『日光名所圖會』博文館
伊東俊祐　2016「近代栃木県の博物館史　明治・大正時代の日光を中心に」『國學院大學博物館學紀要』41
運輸省観光局　1957『観光資源要覧　陳列施設』
江山正美　1959a「日光博物館」『國立公園』110／111、自然公園財団
江山正美　1959b「日光博物館」『博物館研究』32-2、日本博物館協会
大江新太郎　1915「日光山寶物館」『建築雜誌』29-345、日本建築學會
川崎隆章　1953「日光國立公園博物館（付・田母澤御用邸・日光植物園）」『尾瀬と日光』山と渓谷社
宮内庁編　1973『明治天皇紀』8・9、吉川弘文館
久保田秀夫　1974「理学部附属植物園日光分園」『東京大学理学部廣報』6-5
倉内史郎ほか　1981『野間教育研究所紀要別冊　日本博物館沿革要覧』講談社
黒板勝美　1914『黒板文學博士講演日光寶物陳列館に就て』日光東照宮三百年奉齊會
島村忠次郎　1899『日光名勝案内記』鈴木角太郎
清水淳子ほか　2016「理学系研究科附属植物園日光分園（日光植物園）の紹介」『東京大学技術研究会予稿集』
下野新聞社　1890『下野新聞』3月11日
城北逸史編著　1907『栃木縣營業便覽　全』全國營業便覽發行所
田代善吉　1972『栃木縣史』16、臨川書店
田中正史　1999「日光の社寺を描いた水彩画について」小杉放菴記念日光美術館『甦る日光・社寺を描いた水彩画 世界遺産へのオマージュ』
手嶋潤一　2006『日光の風景地計画とその変遷』随想舎
手嶋潤一　2016『観光地日光　その整備充実の歴史』随想舎
栃木縣觀光協會　1947『旧日光田母澤御用邸の概略』
栃木県立博物館　2016『NIKKO　国際観光都市・日光の成立』
日光寶物館　1915a『晃山寶物館陳列目錄』
日光寶物館　1915b『Catalogue of the Nikko Museum exhibiting mainly historical objects by authority』
日光山輪王寺門跡執事局　1955『日光山輪王寺』3
日光市史編さん委員会　1979『日光市史』下

日光市史編さん委員会　1986a『日光市史　史料編』上
日光市史編さん委員会　1986b『日光市史　史料編』下
日光市総合政策部総合政策課　2017『日光市統計書　平成28年版』
日光東照宮　1981『日光東照宮三百五十年祭誌』
日光二荒山神社　1962『日光二荒山神社寳物館』
日本博物館協會　1951『全國博物館・動植物園・水族館　文部省調査』理想社
彦坂諶照　1895『日光山沿革畧記』輪王寺々務所
彦坂諶照　1913「維新以來の日光山輪王寺と彦坂諶厚大僧正」（村上専精ほか　1983『新編明治維新神仏分離史料』2、名著出版）
林　昇　1890『日光美術展覧會出品目錄』日光美術展覧會
平泉　澄　1926「日光に於ける神佛分離」（村上專精ほか　1983『新編明治維新神仏分離史料』2、名著出版）
平泉　澄ほか　1926「日光に於ける神佛分離調査資料」（村上專精ほか　1983『新編明治維新神仏分離史料』2、名著出版）
古谷　清　1953「日光寶物館」黒板博士記念會『古文化の保存と研究　黒板博士の業績を中心として』吉川弘文館
別格官幣社東照宮社務所　1933『日光東照宮寫眞帖』
星野理一郎　1937『日光史』日光第二尋常小學校
南方熊楠　1885「日光山記行」（澁澤敬三編　1952『南方熊楠全集』5、乾元社）
壬生町立歴史民俗資料館　2013『壬生のサムライと日光の至宝“日光ブランド”の開拓者』
山下重民　1912『日光大觀』東陽堂
讀賣新聞社　1889『讀賣新聞』5月28日朝刊
讀賣新聞社　1893『讀賣新聞』9月6日朝刊・10月1日朝刊
讀賣新聞社　1905『讀賣新聞』6月26日朝刊
讀賣新聞社　1907『讀賣新聞』9月19日朝刊

表　日光に展開された博物館の一覧

（倉内ほか 1981 をはじめとする文献類をもとに筆者作成）

名　称	開館年	館名変更	閉館年	最終的な経営団体
東照宮宝物拝観（寶物拜覧所／寶物陳列所）	1875	—	大正初か	別格官幣社東照宮
二荒山神社宝物拝観	明治初か	—	大正初か	國幣中社二荒山神社
輪王寺寶物所	1893？	—	大正初か	輪王寺
寶物所	明治年間	—	不明	輪王寺
美術工藝品陳列場鐘美館	1894	—	大正初か	守田兵蔵
浩養館	1895？	—	1900	高橋源三郎
東京帝國大學理科大學附屬植物園日光分園	1902	—		東京帝國大學
→東京帝國大學理學部附屬植物園日光分園		1919		〃
→東京大学理学部附属植物園日光分園		1947		東京大学
→東京大学大学院理学系研究科附属植物園日光分園		1998	継続中	国立大学法人東京大学
日光美術館	1905	—		不明（民営）
→博品館		1910		〃
→栃木縣物產陳列館		1915	大正末か	〃
頌徳記念館（パノラマ館）	1905	—	不明	吉田長吉ほか？
日光寶物陳列館／日光東照宮寶物館／日光寶物館	1915	—		宗教法人東照宮
→日光東照宮宝物館	1967	—		〃
→四百年式年大祭記念日光東照宮宝物館（類）	2015	—	継続中	〃
日光山中禅寺宝物殿	1926	—	不明	宗教法人輪王寺
旧日光田母澤御用邸	1947	—		栃木県土木部観光課（栃木県観光協会）
→日光国立公園博物館（日光パークミュージアム）		1949		日光国立公園観光株式会社
→日光博物館		1960？	1997	〃
→栃木県日光田母沢御用邸記念公園	2000	—	継続中	公益財団法人栃木県民公園福祉協会（県）
日光自然科学研究所・奥日光博物館	1949	—		篠崎尚次
→日光自然科学研究所・奥日光自然科学博物館		不明		不明（民営）
→日光両棲類研究所		1970	不明	〃
日光山輪王寺常行堂宝物殿	1955	—	1970？	宗教法人輪王寺
日光博物館（旧日光御用邸）	1957	—	1960？	日光国立公園観光株式会社
水産庁日光養魚場（一般公開開始）	1961	—		水産庁
→水産庁淡水区水産研究所日光支所		1964		〃
→水産庁養殖研究所日光支所		1979		〃
→養殖研究所日光支所		2001		独立行政法人水産総合研究センター
→中央水産研究所日光庁舎		2004		〃
→中央水産研究所日光庁舎・さかなと森の観察園		2006		〃
→増養殖研究所日光庁舎・さかなと森の観察園		2011		〃
→中央水産研究所日光庁舎・さかなと森の観察園		2016	継続中	国立研究開発法人水産研究・教育機構
日光二荒山神社宝物館（登）	1962	—	継続中	宗教法人二荒山神社
茶の木平自然植物園	1964	—	不明	不明（民営）
日光山輪王寺宝物殿（類）	1983	—	継続中	宗教法人輪王寺
日光市小倉山森林公園木彫りの里工芸センター	1988	—	継続中	日光彫り体験教室運営協議会（市）
栃木県立日光自然博物館（類）	1991	—	継続中	株式会社日光自然博物館（県）
環境庁日光国立公園日光湯元ビジターセンター	1994	—		自然公園美化管理財団
→環境省日光国立公園日光湯元ビジターセンター		2001	継続中	一般財団法人自然公園財団（国）

日光東照宮美術館	1995	—	継続中	宗教法人東照宮
株式会社小西美術工藝社付属うるし博物館	1997	—	継続中	株式会社小西美術工藝社
日光市小杉放菴記念日光美術館（登）	1997	—	継続中	公益財団法人小杉放菴記念日光美術館（市）
イタリア大使館別荘記念公園	2000	—	継続中	株式会社日光自然博物館（県）
日光市霧降高原キスゲ平園地	2001	—	継続中	一般財団法人自然公園財団（市）
中禅寺湖畔ボートハウス	2002	—	継続中	株式会社日光自然博物館（県）
赤沼自然情報センター	2014	—	継続中	株式会社日光自然博物館（県）
日光金谷ホテル歴史館（金谷侍屋敷）	2015	—	継続中	金谷ホテル株式会社
英国大使館別荘記念公園	2016	—	継続中	株式会社日光自然博物館（県）
日光金谷ホテル展示室「金谷の時間」	不明	—	継続中	金谷ホテル株式会社
日光柳営博物館	不明	—	不明	不明（民営）

（登）博物館法第２条第１項に定める登録博物館／（相）博物館法第29条に定める博物館相当施設／（類）博物館類似施設
（国）国指定管理施設／（県）栃木県指定管理施設／（市）日光市指定管理施設

第4章 風土資源を活かした野外博物館の観光

落合知子・松永朋子・鐘ヶ江樹

はじめに

野外博物館とは呼称名の如く、我が国では一般的な博物館である建物の中で展開される屋内博物館に対し、野外を展示・教育諸活動空間とする形態の博物館を指す。海外では、Open-Air Museum、Outdoor Museum、Field Museum 等と呼ばれ、我が国においては「フィールドミュージアム」をはじめとして「空間博物館」「エコミュージアム」「屋根のない博物館」「地域まるごと博物館」等が野外博物館に相当する。時間の経過に従い、あらゆる種類の文化財が増加の一途を辿り、登録文化財、近代（化）遺産、文化的景観など新規の文化財は今後も増え続けることが予測される。その地域文化資源は原地保存であることが重要であり、その環境と共に展示がなされることに意義がある。これらの地域文化資源の保存と活用の場として、地域文化資源の情報を発信する核となる博物館施設を併設することで初めてそれら地域文化資源は野外博物館と成り得るものであり、さらに町おこしや地域博物館の新しい形態としての位置付けが成されるのである。

我が国の登録野外博物館は富山県宮崎村に所在する宮崎自然博物館がその嚆矢である。我が国最初の自然系野外博物館が、登録博物館として民間主導の官民一体の中から出現していたことは、博物館学界においても看過されてきたのが実情である。当該野外博物館は教育と観光を目的として設立された野外博物館であった。日本各地で観光ブームが到来した時代に、観光を視野に入れてフィールドミュージアムが設立されたことは特筆すべきであろう。

このような町全体を野外博物館と見做す試みは日本各地で実践され

てきたが、その実情は明確とは言い難いのが現状である。フィールドミュージアム構想を企てている長崎県波佐見町を事例として、郷土博物館を核としたその取り組みと観光との関連性について取り上げていく。

世界遺産については中国雲南省を事例として、その保護政策と問題点を考察する。世界遺産の登録をきっかけに観光地化が急速に進み、危機的な状況に陥り、世界遺産登録の取り消しを危惧されている麗江市の現状と課題を挙げながら、麗江市近隣の古城に於ける取り組みも明らかにし、観光の在り方を考究する。

近代化産業遺産と観光については、長崎の「明治日本の産業革命遺産」と「長崎と天草地方の潜伏キリシタン関連遺産」を事例に考察する。幕末から昭和にかけて、我が国の造船技術や石炭産業は急速に発展を遂げたが、鎖国時代に国内唯一の貿易港を有した長崎には近代化遺産が数多く残っている。これら歴史文化遺産の観光活用や世界遺産登録に向けた取り組みを考察する。

そして遺跡の観光活用は日本よりも海外が先駆的であろう。かつて棚橋源太郎はポンペイ遺跡を訪れ、ポンペイ発掘都市は異彩ある戸外博物館の一つと見做し、学芸の研究・教育上の利用についての記述を残している。また、濱田耕作は海外の遺跡を見学する際には、必ず地域博物館を訪れるのが常であった。1929年（昭和4）に刊行された『博物館』には「イタリアにいる時間の半分は博物館で過ごし、あとの半分はローマだとかポンペイだとかの旧蹟を回るというありさま」と回想している。そして史跡整備に博物館の必要性を説いたのが黒板勝美であった。「博物館の設立に伴はぬ史蹟遺物の保存事業は少なくともその功果の一半以上を失ふ」とし、「博物館の設置なき保存事業は、丁度龍を畫いて睛を點ぜぬやうなものである」と明言したのである。黒板の論じた博物館学は史跡整備を主軸としたものであり、それは現代の博物館学に引き継がれている理念が多いのが特徴であるが、寧ろ黒板の理念を基に今日の史跡整備が成り立っていると言っても過言ではない。まさに史跡整備には博物館が必要であることを論じ、それが郷土保存に繋がっていくことを早くから訴えていたのである。

現代社会に於ける野外博物館の必要性は、今後も増加が見込まれる文化財の保存活用と、地域（郷土）博物館としての役割を果たす点にある。考古学の遺跡保存にありがちな、原地保存はしたものの情報発信を行う核となる博物館を伴わない史跡整備は、結果的に保存のみに始終することが多いと言える。また観光という視点からは、中国陝西省西安市の秦始皇帝兵馬俑博物館を挙げることができる。世界遺産になっている遺跡であることが最大の理由であろうが、様々な展示形態を取り入れている点が集客に拍車をかけている。即ち、出土した兵馬俑を復元修復して展示する形態、発掘した状況をそのまま展示する形態、現在発掘している状況それごとを展示に取り入れてしまう方法、遺物の保存修復を公開した展示、凍結保存しているエリアといった様々な形で遺跡・遺物の保存と活用を両立させている点が人をして魅了させるのである。資料もさることながら、博物館学意識で行っている展示技法も集客力に結びついている要因となっているのである。我が国と大きく異なる点は、吉野ヶ里遺跡や三内丸山遺跡のような参加型・体験型の遺跡活用ではなく、あくまで保存・公開するだけで世界からの集客が可能なことにある。

更に、中国陝西省西安市の大唐西市遺跡は新しい史跡整備の在り方である。大唐西市遺跡は考古学に基づいた発掘調査ののち、博物館を建設して遺跡そのものを保存し、床下展示の形態で公開して野外には唐代の西市を実寸大で復元している。特徴的なことは千軒もの店舗を有する骨董モールを併設している点である。もう一つは同じく西安市の城壁内部に建設された唐含光門遺址博物館で、観光ポイントとなっている羅城を公開しながら保存修復を続けている。このように、中国に於ける史跡整備の現況は、観光としての活用に力を入れているのが特徴と言えるが、そこには情報発信を担う博物館を併設して、保存と公開をも行っていることが、我が国も見習うべき点であると言えよう。

2004年（平成16）の文化財保護法の改正により、行政による景観に対しての認識が大きく変化した。それまでの有形文化財・無形文化財・民俗文化財・記念物・伝統的建造物群の5つの分野に新たに文化的景観が加わったことである。2005年には景観法が施行されることになった。

文化的景観は世界遺産の登録基準として1992年に新たに加わった概念であり、自然環境の特色を考慮に入れながら、自然との微妙かつ特殊な関係を構築しているものであり、我が国の文化的景観を観光活用、地域振興に取り込むことが求められよう。本稿は、文化的景観である八景に焦点を当ててその歴史的背景及び現状と課題を論究するものである。

中国から齎された八景思想を博物館学的視野から論じたものは少なく、その歴史的背景や観光との関わり、現代社会における八景について考察を試みる。我が国の八景は、風光明媚な水郷地帯の瀟湘八景の影響を受けて日本に齎された。日本最古の八景は博多八景とされるがあまり周知されていない。我が国の八景は浮世絵のために考案された江戸八景のように、江戸時代に選定されたものが最も多く、明治以降になると観光地における観光客誘致のための八景選定に変化をみることになる。そして現代の平戸八景を取り上げてその課題を考察する。以上の項目から地域文化資源と観光について論じることとする。　（落合）

1．スカンセン野外博物館と観光―野外博物館の歴史と理念―

世界で最初の野外博物館であるスカンセン野外博物館は、1891年にアートゥル・ハセリウスによってスウェーデンのストックホルム、ユールゴーデン島に設立された。北欧に於ける野外博物館誕生の要因は、19世紀の産業革命が伝統的民族文化の崩壊を招き、これに対する危機感から保存活用に取り組んだものであった。このスカンセン野外博物館をはじめとする北欧圏の野外博物館を黒板勝美、棚橋源太郎、澁澤敬三といった博物館学意識の強い明治期の学識者たちが訪れ、その時の驚きと発見が我が国の野外博物館設立に結びつき、1960年に日本民家集落博物館が大阪府豊中市服部緑地公園内に開館したのである。

我が国の野外博物館の概念は、古民家を全国から移設・収集した川崎市立日本民家園や犬山市に所在する博物館明治村等が一般的な野外博物館とされているが、これらは必ずしも本来の生涯学習施設として完成された野外博物館の姿ではない。今後の我が国に於ける野外博物館は、完成された郷土博物館としての役割を果たすことが望まれる。広義の日本文化を学び、狭義の地域文化をも学べる野外博物館であれば子どもたちの教育内容の幅も広がるであろうし、博学連携が叫ばれている社会に於てその役割を果たすことが可能となろう。

つまり、野外博物館は郷土博物館であることが望ましく、展示及び教育諸活動の空間を野外に置く野外博物館には、ガイダンス施設空間及び展示空間と、屋外での保存管理や展示が不適当で、上屋を必要とすることで発生する核となる建物内の博物館が必要である。この建物内での情報伝達と野外の展示が連動することが重要であり、連動してはじめて野外博物館となるのである。したがって、野外の展示、教育諸活動空間を形成する屋外空間の構成物はすべて地域文化資源であることに意義があり、還元すれば、植物、岩石、建築物、構築物、大型資料等のすべてがそれぞれ地域文化資源でなければならない。何故ならば、野外博物館は考古・歴史・民俗・信仰・芸能等といった資料の保存と活用に留まるものではなく、自然および人文のあらゆる地域文化資源の保存と活用を展開する場だからと言える。したがって、当然それは郷土、即ちふるさとの縮図でなければならない。それ故に、前述した川崎市立日本民家園や博物館明治村等では、郷土博物館が有さねばならない基本理念は薄れると言えるのである。

以上のような郷土博物館が具備せねばならない郷土の資料、文化の保存と伝承・活用は当該地域の住民にとってはふるさとの確認であり、他国の者にとってはビジターセンターである郷土博物館と理念は共通する。ふるさとの集約は野外博物館で成し得るものであり、郷土博物館は野外部を有する野外博物館であることが我が国の博物館に必要と言える。

当然この野外部は原地保存型であることが第一義であり、当該地域（郷土）を代表する風土的特質の地が占地の第一理由となろう。

また、野外博物館は、環境景観といった風土を移設・再現した野外展示空間を有するもので、自然系と人文系の両者を併せ持ち、総合博物館へと昇華したものでなければならない。それと同時に核となる博物館を有し、その核は前述の如く野外展示と関連した、つまり野外展示を集約したものという特質を持つものである。

重要伝統的建造物群、文化的景観、世界遺産、近代化遺産などが有する自然空間と歴史空間をも野外博物館として捉え、野外に存在する多くの事象が野外博物館に成り得るのである。これらは野外を展示空間とすることを共通の特色とし、そのもの自体が野外展示物であり、野外博物館を構成するものである。そして今後も増加が見込まれ、この文化・自然遺産を保存活用するのが野外博物館なのである。

地域文化資源は当該地域の風土、文化、自然環境を併せ持った文化財であり、それら地域文化資源を野外博物館化し、郷土博物館の機能を持たせることが望ましい。また、地域文化資源という特性から教育の場としての活用のみならず、観光資源としての活用も期待できる。過疎化が進む地域であれば、地域おこしの一助に、すでに観光地であっても、博物館を設置することにより、知的レベルの向上が図れるのである。まさに保存と観光活用の両立が可能なのが野外博物館なのである。　（落合）

2. 宮崎自然博物館と観光

(1) 我が国最初の登録野外博物館

我が国の野外博物館は、スカンセン野外博物館に発する古民家を移設収集する移築・収集型野外博物館が一般的であるが、それとは別にアメリカ合衆国の国立公園から発祥した路傍博物館の存在は明確ではなく、周知されていない。我が国の野外博物館の発生にはこれら二系列に大別することができ、本稿は所謂民家園とは発生的思想を異にする、アメリカ合衆国の国立公園から発生した自然系の野外博物館について紹介する。我が国最初の登録野外博物館である宮崎自然博物館は、富山県宮崎村に所在する富山県鹿島神社とその社叢を形成する天然紀念物鹿島樹叢を核とした路傍博物館である。1935年（昭和10）頃から活動が始まり、1949年にはその構想は実践に移され、1952年4月には博物館施設となり、同年8月には博物館法による登録博物館として位置付けられ、その存在は法的に認められるに至った。我が国最初の自然系の野外博物館が、それも登録博物館として民間主導の官民一体の中から出現していたことは、博物館学界においても看過されてきたのが現状である。

宮崎自然博物館は、富山県下新川郡朝日町宮崎に所在し、地元の教員と当地に鎮座する鹿島神社宮司らが中心となった博物館設立運動によって、それまで我が国には存在しなかった理念に基づく、民家園とは異なる最初の野外博物館であった。その理念は、澁沢敬三が実践した民家移築・収集型野外博物館ではなく、古くは棚橋源太郎が我が国に紹介した、アメリカの国立公園から発祥した路傍博物館に近似したものであった。しかし、その思想はアメリカ合衆国の路傍博物館のような、自然保護と理科教育を主たる目的とするのではなく、ドイツ郷土保存思想を加味した郷土保護思想から生まれた我が国独自の路傍博物館であった。

(2) 宮崎自然博物館を実践した博物館学者

宮崎自然博物館に関する記事は、1954年に鶴田総一郎が執筆した「新しい博物館5　宮崎自然博物館」に記載があり、それには富山生物学会会長進野久五郎、宮崎小学校教員と校長によってその活動が1935年頃から開始されたとある。1951年に刊行された宮崎観光協会編『宮崎自然博物園』には、博物館法制定以前であったことから、当然博物館法による登録博物館ではなく、名称も宮崎自然博物園であったが、軌道に乗りつつある当時の活動が記されている。地域一体を「自然の大博物館」に見立て整備に及んだ課程と、今後のより充実した整備計画や更なる

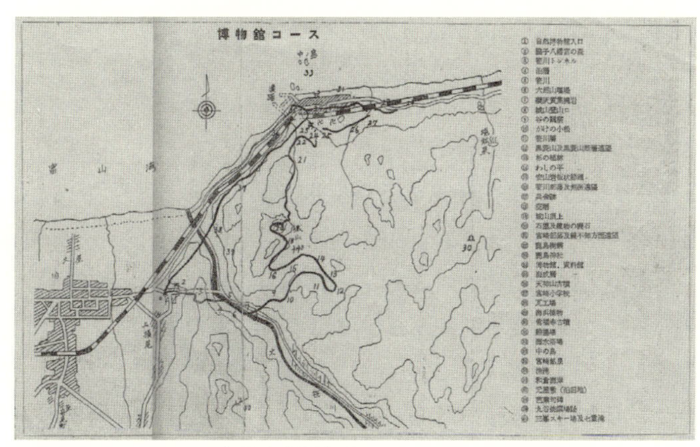

図1　宮崎自然博物館リーフレット手引き

図2　ラベルによる野外展示

研究意欲が窺えるものであり、文脈からその設立は1949年であることが予測できる。1955年に入善小学校教員大田弘によって刊行された『動物及び植物目録』には、宮崎自然博物館はハイキングコースとして快適であり、風光の佳麗明美なことは県下随一とし、観光を視野に入れた記述をみる事ができる。宮崎自然博物館の設立目的と経緯に関する記述は僅かではあるが、この序文に木場一夫と鶴田総一郎の氏名が明記され、ここに2人の博物館学者の関与を窺い知ることができるのである。さらに特筆すべきは、我が国で初めて路傍博物館を推進した人物である進野久五郎の名が明記されていることである。進野は立山の高山植物の研究に全力を注いだ植物学者で、昭和天皇や牧野富太郎博士を立山に案内して、その自然に感激させたのも進野であった。自然環境を活かした教育を推進した進野のもとで、宮崎自然博物館構想は地道に実践されていったのである。『動物及び植物目録』以降、25年間は宮崎自然博物館に関する刊行物は認められない。

1978年に刊行された『植物よもやばなし』の「朝日ふるさと歩道の紹介―自然観察コースとして―」には富山県置県100周年を目標に朝日県立自然公園の景勝地を選定し、県民のレクリエーションとして整備され、観光地として一般は勿論、教育の現場に大いに役立つものと記述されている。宮崎自然博物館の設立当初は、子どもたちの教育が主たる目的であったが、次第に観光をその目的としていくことになる。その要因は日本の一大公園たる黒部渓谷の観光地としての成功であり、宮崎村民にも影響を及ぼすことになるのである。

『越中志徴』に「山と川と海との調和よろしきを得、加えて動植物の種類豊富、到る所、風光の美を誇りうる観光地帯をなしている。近年、宮崎海岸・鹿島樹叢・城山（二四七米）・笹川一体を総称して「宮崎自然博物館」とし、観光・学術の用に供している。」とあり、宮崎自然博物館の設立目的は観光を強く意識したものであった。鹿島神社宮司は「何とかしてこの宮崎村を観光地として成功させなければならない」と思いを募らせ、鶴田総一郎も「さして珍しくもなく、どこの地方にもあるような村」を観光地として成功させるために地域文化資源である史跡・遺跡・自然等を野外博物館にする構想を企てるに至ったのである。

このように宮崎自然博物館は自然環境・歴史・民俗・芸能といった総合的な分野に基づいて設立された野外博物館であった。つまり、地域そのものや地域文化資源の保存と活用を基本理念とした野外博物館であり、民家を移築した川崎市立日本民家園や日本民家集落博物館と比較すると、歴然たる違いがその思想上に認められるのである。具体的には宮崎自然博物館は、自然分野では広大な鹿島樹叢（国指定天然記念物）と城山一帯を対象とし、人文分野では宮崎城址（県指定史跡）、鹿島神社（町指定建造物）、境一里塚（県指定史跡）、芭蕉句碑（町指定史跡）等や、地域では浜山玉つくり遺跡（県指定史跡）、明石遺跡、三峰遺跡などをその範疇に含んでいる。このことは郷土史研究が盛んであったことから鑑みても鶴田が指摘するように明らかな総合博物館であり、その上当該地域の文化財の総てを活用している郷土博物館なのである。つまり、野外博物館思想に基づく構想は、郷土保存から始まったと言える。

宮崎自然博物館の活動の中心となったのが小学校の教員であり、その為遠足や理科教育といった児童教育の一環として活用されてきた。宮崎自然博物館の野外博物館構想が実現した背景には、推進者たちの一方ならぬ熱意と努力があったことは、鶴田の「一言にしてこれを尽せば「人」にありということになる。即ち、富山県下の、理科担当教官を中心とする教職者の努力の結晶である」という記述からも理解できるのである。宮崎村村長、鹿島神社宮司、宮崎小学校理科教員が中心となり、このうち村長を除く4名が暫定学芸員資格を有することも博物館法制史上大きな特徴である。鹿島神社宮司は暫定学芸員からさらに、文部省による1954年度の学芸員講習で学芸員資格を取得するなど、博物館学意識が高い推進者たちであったと言える。

一方、木場は『新しい博物館』で「自然路博物館と路傍博物館の構想と実地が近い将来我が国において実現されることは望ましい」とし、観光問題をキーワードとしている点は注目すべきである。まさに宮崎自然博物館の設立理念の大きな要因は観光であったことから、木場の目指した路傍博物館が我が国において着実に具現化され、木場が理想としたアメリカ合衆国における児童自然教育の実践が行われていったのである。木場は1950年に刊行した『理科の学習指導』において宮崎自然博物館を明確に記し、路傍博物館としての宮崎自然博物館に大きな期待を抱いたのである。

木場は、路傍博物館は地域文化資源を対象とすることの必要性を論じ、宮崎自然博物館を我が国最初の路傍博物館として高く評価していたことは、鶴田も認めるところであった。木場が1943年から1952年に亘り、文部省科学教育局科学教育課科学官の職務に就いていた時期に、鶴田は科学官補の職にあり、鶴田の博物館学は木場の影響を大きく受けながら形成されたと言える。国立自然教育園次長に転じた鶴田は1954年に著した「新しい博物館5　宮崎自然博物館」で宮崎自然博物館の要点を端的に捉えて記述している。宮崎自然博物館が総合博物館であると同時に、郷土博物館であると指摘していることは特筆すべき点である。前述の如く、我が国の野外博物館の基本理念である移設収集型野外博物館は必ずしも本来の生涯学習施設として完成された野外博物館の姿ではなく、野外博物館は完成された郷土博物館の役割を果たすことが望ましいのである。鶴田は宮崎自然博物館は日本でも事例の少ない野外博物館で、動植物、地質鉱物、地理・歴史・民俗・考古学等に亘る総合博物館であるとして、身近な文化財の総てを活用している郷土博物館であると明記した。1949年頃から全域を「宮崎自然博物園」として構想し、木場からもその前途を嘱望して激賞されたと論じている。

さらに博物館法制定に伴い、1952年には正式に「宮崎自然博物館」が設立され、同月文部省告示第13号による博物館施設として指定を受け、更に同年8月に博物館法による博物館として富山県に登録され、ここに名実ともに登録博物館としての宮崎自然博物館が成立した経緯を残したのである。

図3　自然博物館入口案内板

図4　宮崎自然博物館資料館
（旧宮崎支所）

以上の如く我が国に於ける野外博物館の発生には、思想が異なる二種の考え方があったが、この二つの発生の違いについては、逸早く鶴田が1960年に「日本の博物館の状況について」の中で指摘したものの、このTrailside Museumと分類された宮崎自然博物館はその後、研究者の目に留まることなく、路傍博物館の濫觴としての位置付けには至らなかった。その最大の理由は、戦後の昭和期に於ける野外博物館研究の第一人者であった新井重三が宮崎自然博物館を取り上げなかったことが大きな要因であろう。野外博物館を体系付けた新井は、1989年（平成元）の「野外博物館総論」に於て、自らが勤務した秩父自然科学博物館を我が国の路傍博物館の濫觴であると明言し、我が国で最も先行した宮崎自然博物館を知りながらもその存在に触れることはなかったのである。新井による野外博物館論以降の野外博物館に関する研究は、多くが新井の理論に沿って進められてきたことから、宮崎自然博物館の名は博物館学界には認知されずに終焉を迎えたのである。

(3) 終焉を迎えた宮崎自然博物館

宮崎自然博物館は、戦後宮崎小学校が宮崎城址や天然紀念物鹿島樹叢等の他地域に得られない自然環境を理科及び社会教育の生きた研究の場として、これらの体系化に着手し始めたのが抑々の始まりであった。しかし、それは単なる理科や社会教育に利用するためだけの発想ではなく、郷土の保存と観光活用といった大きな構想でもあった。学芸員としては素人の人達ではあったが、暫定学芸員から法に基づく学芸員資格への挑戦、資料館の充実、路傍博物館としての施設整備、博覧会への参加、他館への調査などの博物館活動は評価できるものであった。このように宮崎自然博物館に認められるような、学術的総合性と地理的広域性と郷土資料館の理念を併せ持った野外博物館は他に類を見ない存在であったと言える。その後、県下随一の海水浴場として賑わった宮崎海岸も、他の地域に海水浴場が増加したことやプールの建設も相俟って、宮崎海岸に訪れる観光客は激減していった。さらに城山トンネルの開通や宮崎小学校の統廃合が要因となって、宮崎自然博物館の利用も少なくなり、宮司の高齢化とともに、核であった宮崎自然博物館資料館も取り壊されるに至り、その活動は実質的に終焉を迎えた。それでも現在も日本博物館協会の館園名簿に名を留める登録博物館となっているが、我が国の路傍博物館の濫觴としての歴史的価値は高いと言える。その保存を願うとともに、その設立思想は、現在の地域おこし、観光振興に直結するものであり、今後は行政主導の再整備を望むものである。　（落合）

3. フィールドミュージアムと観光

観光と博物館が密接な関係にあることは言うまでもなく、観光ツアーに参加すれば、行程中に一度は地域の博物館や美術館に訪れるのが一般的であろう。博物館はその国、その地方の文化・芸術・自然・風土といったあらゆる情報を得ることができる場であることがその理由と言える。

博物館は、一般的には建物の中で資料（モノ）が展示される形態を指すことが多いが、その他に屋外で資料が展示される野外博物館や町全体を博物館と見做すフィールドミュージアムなども博物館に分類される。本稿は長崎県波佐見町を事例に、町全域をひとつのフィールドミュージアムとして捉え、波佐見町の魅力、集客力の高揚、目指すべき博物館像について述べることとする。

(1) 波佐見町の博物館施設と地域文化資源

波佐見町には二つの主な展示施設がある。波佐見町陶芸の館（観光交流センター、通称くらわん館）と波佐見町農民具資料館であるが、これら二つの館には常駐の専門職員は配置されていない。そして現在、既存の建築物を利用した博物館建設構想が推進されており、波佐見町湯無田郷に所在する旧橋本邸を波佐見町の歴史・文化・芸術等を展示する総合博物館施設として改修している。1973年（昭和48）に建築された旧橋本邸は3,600㎡（1090坪）の規模を誇り、波佐見町では最大級の大型和風建築物である。まだ50年を経ていないため登録有形文化財には指定されていないが、将来的に指定の可能性を有する建造物である。波佐見町は三上コレクションや藤田コレクションといった優秀な資料を所蔵しているものの、町内には歴史、文化、民俗、芸術等を総合的に展示する施設がなく、教育委員会分室の老朽化と相まって博物館の必要性は議論されてきたが、財政面から実現は難しい状況であった。このような歴史的建造物利用の博物館施設は日本各地に見られ、歴史的建造物の保存とその活用の両面においても非常に有意義な方策と言える。例えば廃校になった小学校を利用した郷土資料館は日本全国で推進されており、環境に優しい博物館づくりであろう。新しい箱モノを作るよりも歴史的な地域文化資源を活用することで、地域住民のふるさとの確認の場と成り得るはずである。したがってこの博物館は、地域住民のふれあいの場として、また波佐見町の歴史を展示し、波佐見焼コレクションを公開する施設として、地域住民からの期待も大きいのである。

波佐見町には窯業を中心とした地域文化資源が多く点在している。湯無田地区には波佐見の近代化遺産とも言える波佐見金山、中尾地区には陶郷中尾山（長崎県まちづくり景観資産）、中尾上登窯跡（国史跡）、中尾山うつわ処赤井倉（国登録有形文化財）、レンガ煙突群（長崎県まちづくり景観資産）、文化の陶四季舎（長崎県まちづくり景観資産）、鬼木棚田と集落（日本棚田百選・長崎県まちづくり景観資産）、波佐見町農民具資料館（1998年開館）、西ノ原地区には旧波佐見町立中央小学校講堂兼公会堂（国登録有形文化財・長崎県まちづくり景観資産）、旧福幸製陶所建物群（国登録有形文化財・長崎県まちづくり景観資産）、福重家住宅主屋（国登録有形文化財・長崎県まちづくり景観資産）などである。これらをサテライトとしたフィールドミュージアム構想の実践において、旧橋本邸を改修した博物館がコアになることは言うまでもない。

中尾地区は、1664年（正保元）に窯業が開始されて以来、波佐見四皿山の一つ「中尾山」として発展を遂げて、幕末まで近世波佐見窯業を牽引した地区である。また、8本の石炭窯煙突群や昭和初期建設の焼き物工場、そして中尾地区の町並み全体が、長崎県のまちづくり景観資産に登録されている。約360年に亘る窯業の歴史を伝える地域文化資源が残り、保護されているのである。

現在は波佐見焼ブランドの全国的な定着により、観光交流人口も増加傾向にあり、特に西ノ原地区の工場跡を活用した施設が若い層を含めて賑わいの空間を形成している。これらの観光交流人口を波佐見町全域にいざなうことが重要であろう。しかし、この若い層はおそらく、都内の五つ星レストランで使用されている食器が波佐見焼であるとか、現在活動している若手作家による現代風の波佐見焼に魅力を感じているのであり、くらわんか碗を代表とするかつての波佐見焼の価値を知る人は少ないと思われる。

波佐見ではおよそ400年前に焼き物生産が開始されて、江戸時代は大村藩の支援のもとで有田・三川内と並ぶ近世肥前窯業一大産地として発展を遂げ、現在は長崎県最大の焼き物産地として窯業は継承されてきた。製造されるほとんどは日常食器で、唐草模様を筆で簡単に描いた「くらわんか碗」と呼ばれた丈夫で壊れにくい、厚手で素朴な製品は波佐見焼の代表になった。その名称は「酒食らわんか、餅食らわんか」と言いながら淀川の枚方宿で三十石船に食事を売っていた、くらわんか舟に由来する。また、オランダ人に日用品を売る特権を与えられたコンプラ商人の組合であるコンプラ仲間が作った「金富良商社」ブランドの瓶「JAPANSCHZOYA」や「JAPANSCHZAKY」は、醤油や酒を入れて運ぶ染付白磁の徳利型の瓶で、その歴史的価値も高い。

しかし、このような歴史的価値を有する波佐見焼の認知度が有田焼と比べるとはるかに低いのは、有田焼は海外輸出用に生産され、世界の有田焼として発展したことがその一因と考えられる。市民の生活茶碗として作られた地味な波佐見焼は、海外輸出用の艶やかな有田焼とは対照的であった。しかし、骨董を扱う通人たちが有田焼よりも波佐見焼に魅力を感じるのはその素朴な質感と染付、その素朴さから生まれた重厚感にその価値を見出すからであろう。

勿論、現代作家による波佐見焼の素晴らしさは言うまでもなく、歴史的な波佐見焼を継承しつつ、現代社会に受け入れられる焼き物を追求し進化しつづける波佐見焼である。そして、波佐見を訪れるビジターの多くは、今現在の波佐見焼を求めているのが現状であり、この現代波佐見焼ブランドが形成されてきた歴史的成り立ちをそこに付加すれば、その価値はさらに向上するものと思われる。博物館は知的欲求を満たすことができる場でもある。波佐見焼を買いに訪れた人が博物館で学びの時間を共有することができれば、波佐見焼、さらには波佐見町に対する満足度はさらに高まることが期待できよう。

また、明治から昭和にかけて活躍した日本を代表する歴史学者黒板勝美博士が波佐見の出身であることも殆ど知られていない。黒板は歴史学のみならず、博物館学でも業績を残した学者であり、波佐見ひいては長崎県を代表する偉人である。新たな博物館に黒板博士のコーナーは必要であり、地域住民の誇りとなることは言うまでもない。

そして、くらわん館の展示ケースに陶器製手榴弾が展示されているが、注意深く見なければ通常は見過ごしてしまう資料である。近年、埼玉県の河川敷で大量の陶製手榴弾が放置されていることが話題となり、波佐見焼の手榴弾も発見されたことは記憶に新しい。何故全国各地の焼き物産地で、さほど破壊力を持たない陶製手榴弾が作られ、そして埼玉県に集められたのか。地域の子どもたちは勿論のこと、地域外から訪れた子どもたちにも興味をそそる資料であろう。波佐見焼の歴史や地域の偉人を学ぶ場所が博物館であり、博物館における驚きと発見が子ども

図5　黒板勝美博士
（『黒板勝美先生遺文』1974、吉川弘文館より）

図6　波佐見焼手榴弾

たちの科学の芽を育てるきっかけとなるのである。

(2) 波佐見町フィールドミュージアム構想

現在、波佐見町に訪れるビジターの目的は、多くが波佐見焼の食器を購入することや、温泉、あるいはお洒落なカフェでのランチであり、博物館施設を目的として来る人は殆どいないのが現状である。熟年層は勿論のこと、若い層や女性、あるいは子どもがまだ小さな家族層までもが、その目的を果たしてすぐに波佐見町を離脱するのではなく、滞留時間を長くし、そしてリピーターになってもらうことがこれからの波佐見町には求められる。

波佐見町の地域文化資源と博物館の必要性は述べた通りであるが、波佐見町での滞留時間をより長くするためには、地域文化資源を結ぶフィールドコースを作り、歴史や自然を学ぶことができる空間の形成が求められる。子どもたちの学びの場、そして地域住民にとってのふるさとの確認の場、ビジターにとっては当該地域の文化・歴史・自然の情報を得る場の形成である。その地を初めて訪れる旅人は博物館に立ち寄ることが圧倒的に多く、博物館はビジターにとっての最大の情報伝達の場なのである。このようなフィールドミュージアムは地域文化資源の保存、ひいては郷土保存の実践である。野外は無限の展示空間を有し、そこでは当該地域の年中行事をはじめとし、野外でしかできない、野外だからこそ可能な教育諸活動の実践が展開できるのである。フィールドミュージアムで重要なことは、リピーターになってもらえるか否かに尽きると言える。四季折々、年中行事を執り行うことができるのが野外博物館であり、責務でもある。それを実践するのは言うまでもなく学芸員及び職員であろう。つまり旧橋本邸（図7）を核とする波佐見町フィールドミュージアムを成功させるのは学芸員であり、職員なのである。それには地域住民を取り込むことが何よりも重要であろう。1951年の博物館法制定以来の我が国博物館の失敗は、市民参加が無かったからと言っても過言ではない。友の会や波佐見史談会も博物館にとっての主戦力となり、参加型の博物館は地域の核としての位置づけが成される。そこには熱心な学芸員がいて、入館料は当然の如く無料であることが望ましいのは言うまでもない。

以前より、この旧橋本邸は地元住民にとっては興味ある存在であった。立派な門構えに、駐車場には普段目にすることのない高級外車が置かれ、屋敷の中は想像するしかない存在であった。それ故、博物館が開館すれば地域住民は必ず足を運ぶはずであるが、さらに重要なことは、博物館が地域住民にとっての憩いの場となることである。誰もがこれまで入ることが叶わなかった旧橋本邸に一度は見学に行くであろうが、それで終わりになってはならない。常に市民の中の博物館でなければならないのである。子どもたちの遊びの場、市民にとってのコミュニティの場となることが地域博物館の本来の役割であろう。常に賑わっている博物館にはビジターも立ち寄るであろうし、観光活用に直結することができる。地元住民との交流によって波佐見町の魅力を発信することができるのである。2016年（平成28）4月25日、長崎県3市町（佐世保市、平戸市、波佐見町）と佐賀県5市町（唐津市、伊万里市、武雄市、嬉野市、有田町）が文化庁の日本遺産「日本磁器のふるさと肥前～百花繚乱のやきもの散歩～」に認定された。日本遺産（Japan Heritage）は地域の歴史的魅力や特色を通じて我が国の文化・伝統を語るストーリーを日本遺産として文化庁が認定するもので、既存の文化財の価値付けや保全のための新たな規制を図るのではなく、地域に点在する遺産を「面」として活用し、発

図7　旧橋本邸

図8　キリシタン墓地

信することで、地域活性化を図ることを目的としている。「日本遺産」に認定されると、当該地域の認知度が高められ、様々な取組みにより、地域住民のアイデンティティの再確認や地域のブランド化に貢献し、地方創生に資することになる。

「日本遺産」のストーリーに、「歴史的経緯や地域の風土に根ざし世代を超えて受け継がれている伝承、風習等を踏まえたストーリー、建造物や遺跡・名勝地、祭りなど、地域に根ざして継承・保存がなされている文化財にまつわるものが据えられている」という要因があり、まさに波佐見町フィールドミュージアム構想に合致した認定と言える。様々な文化財群を、地域が主体となって総合的に整備・活用し、国内のみならず海外へも戦略的に発信し、地域の活性化を図ることを目的としており、認定の概要にも「歴史と伝統が培った技と美、景観を五感で感じることのできる磁器のふるさと」とあり、ここにもフィールドミュージアム構想の最たる要素が謳われているのである。日本遺産認定との相乗効果が期待できるものと考えられる。

そして「長崎と天草地方の潜伏キリシタン関連遺産」が世界遺産に登録さたことを受けて、波佐見町の隠れキリシタン墓地はフィールドミュージアムに於ける地域文化資源の「月の石」になり、海外からの学識者たちも調査に訪れることが予測される。まさにフィールドミュージアムのグローバル化が図れるものとなろう。

現在、日本の地域（郷土）博物館の多くが疲弊しきっているのが現状である。そして日本には博物館という多くの負の遺産が存在する。つまり箱モノは作ったものの、その後は多くが先細りの結果となっているのである。同じ轍を踏まないためにも、これから建設される博物館においては、軽佻浮薄な箱モノを作ってはならない。地域に密着した、地域住民の為の郷土博物館として発展し続ける博物館づくりが求められよう。

（落合）

4. 世界遺産と古城における観光

近年、観光産業は地域の成長戦略の一つに位置付けられ、観光関連のビジネスは地域振興の手段として推進されている。世界遺産は旅客誘致のための強力な世界ブランドとなることから、地域振興の大きな切り札と成り得るものである。我が国の地方自治体に於いて、世界遺産登録に向けて活発な動きがあるのも、観光で地域振興を図ることが目的と言える。一方で、観光産業の発展は、観光資源である地域文化を促進するものの、地域文化遺産を破壊することもある。世界遺産登録により観光客が激増し、観光客と観光産業の管理が大きな課題となる事例も多く、ユネスコが主催する国際会議でも遺産管理上のテーマに観光管理が取り上げられるほどである。

世界遺産の観光化に関しては、ユネスコのアジア・太平洋地区事務所による遺産管理と観光のあり方に関する調査など、国際機関で多くの議論が展開されてきた。発展途上国に於いては、世界遺産登録によって観光客が急増し、地域の経済発展に大きな効果が齎された一方で、地域自体を大きく変容させてしまうことが問題となっている。具体的には世界遺産登録によって保護された建築物を商業利用することで、歴史的建築物が破壊され、さらに外部資本の流入は地域社会の主体性を喪失させる結果となり、急激な観光開発により、先住民が現地から離散する現象が顕著となっている。このような現状に対してユネスコは、物理的保存のみならず、地域の文化的環境をも含めて文化遺産全体を保存することの重要性を指摘している。本稿は中国の世界遺産と古城の観光開発に焦点を当てて現状と課題を論じていく。

(1) 雲南省麗江市と観光産業

中国の歴史的市街地保全は「歴史文化名城保護制度」に基づき、「中華人民共和国文物保護法」及び「中華人民共和国城市規劃法」により法的な位置付けがなされている。中華人民共和国文物保護法では、歴史的価値を有する都市を国務院の承認下で歴史文化名城として指定できると規定されている。中国観光は国家旅遊局による観光政策を背景に、1990年代以降著しく成長してきた。特に雲南省は中国観光を牽引してきた中国有数の観光地であり、中国の主要国際観光地は沿海部に集中するが、雲南省は内陸部辺境に位置する点において他に例をみない。また、雲南省は少数民族の数が最多で、人類学、民族学、民俗学等多岐に亘る分野の研究者が訪れる地域であり、少数民族や観光についての研究が多くなされてきたのは周知の通りである。

世界遺産に登録された麗江に関する研究は、2000年以降は旧市街地の遺産保護の必要性も相俟って、観光開発とともに麗江古城の変容についても注目されてきた。具体的には、麗江ナシ族自治県の文化観光や、1996年の麗江地震後の災害復興に伴う古城の周辺住宅の復興、観光商品の創出と文化遺産継承の関連性などがその研究対象となった。麗江の旧市街地は、従来の居住機能と生活品の販売機能しか持ちえなかったが、観光化に伴ない商業機能、娯楽機能、宿泊機能が著しく発展し、地元住民の生活にも大きな影響を与えたのである。

麗江では旧市街地を古城と呼び、城は中国において街を意味する。麗江は1986年に歴史文化名城に指定され、1994年には「雲南省麗江歴史文化名城保護管理条例」が雲南省の地方法規として成立し、地方行政における法的根拠が明らかになった。1995年には「麗江城市総体規画修編」が策定され、「麗江歴史文化名城保護規画」が雲南省人民政府によって批准された。保護管理計画策定に向けて地元政府が活動し始めた時期の1996年2月に大地震に見舞われ旧市街地も被災した。雲南省人民政府は復旧計画の策定に着手し、「麗江古城中心地段回復重建詳細規画」が実施された。この計画が世界遺産申請の基礎固めとなり、震災復旧作業は単なる復旧ではないとして、政府は旧市街地に於ける伝統的住居建築の建替えの具体的な規制や基準を明示し、歴史的町並みの景観を整備したのである。この震災を契機として、悪化してきた町並み景観を改善し、世界遺産に相応しい町並みとして整備を行ない、コンクリートの建築物などはこの時に撤去された。この震災に伴う国際的援助や報道によって、麗江市は国内外に広く知れ渡ることとなり、国際観光都市としての発展基盤を固めたのである。1997年の世界遺産登録が及ぼした効果は、麗江旧市街地の保護管理計画が策定され、町並み景観が整備されたこと、世界遺産という観光地ブランドにより、麗江の知名度が急上昇して観光客が急増したことである。つまり、文化遺産の保護と観光振興という二つの政府の目論見が成功したと言えるのである。

麗江市は人口119万人、面積2万1,219㎢、1区2県2自治体を管轄する標高2,400mの町である。麗江の観光産業は1990年から発足し、現在は麗江の最も重要な産業に成長している。1992年には、観光客数は僅か16万人（このうち海外観光者約0.96万人）であったが、1995年には84万人、2002年には337.5万人と激増し続けている。麗江は前述の通り1996年に地震に見舞われたが、震災後に観光産業が盛んになり、1997年には世界遺産に登録された。中国には政府が認定した55の民族が生活しており、そのうちの25におよぶ民族が雲南に居住している。このようなことから雲南は少数民族の天地とも呼称されており、「雲のはるか南」にある土地という意味を持つ雲南は、中国国内の人にとっても長らく秘境の地であった。麗江の発展は雲南省北部を支配していた木氏一族が、南宋末に本拠地を白沙から移したことから始まり、以来清末までチベットと雲南を結ぶ交易路、茶馬古道の要衝として栄えてきた歴史を有している。木氏一族は町の整備を推進し、美しい町並みを形成していった。そして麗江には、象形文字のトンパ文字を使用し、独自の文化を形成している少数民族のナシ族が暮らしている。

麗江古城は約3.8㎢の面積を有する古い町並みで、民主路、長水路、祥和路、金虹路に囲まれた古鎮と、細く入り組んだ石畳の路地や水路、明清代の古い木造建築が数多く残されている。世界文化遺産に登録されてから整備が進み、その後急激に観光地化が進むと、昼夜を問わず

図9　少数民族の展示

多くの観光客が訪れ、特に夜はバーや若者が集まるライブハウスが多くの観光客を集め、不夜城に様変わりしているのが現状である。このような観光地としての成功は、世界遺産としての価値を低くしていることは明白である。オフシーズンでありながら夜の麗江古城は、肩がぶつかるほど混雑しており、ライブハウスからの爆音と派手なネオンは古城としての風情を完全に喪失させているのである。2007年の第31回世界遺産委員会では、過度な観光商業化が歴史的町並みの保存と少数民族の伝統文化の継承に負の影響を及ぼしているとして、中国政府に対して改善要求が出され、現在も麗江は国家旅遊局のブラックリストにあがっている。

その他にも様々な弊害が顕著となった。町並み保存により、現代的な住宅を建てることができないことや、大量の観光客が生活空間に流入して生活環境が悪化したために、現代的で便利な住宅、そして観光客に邪魔されない環境を求めて旧市街地住民は新市街に転出してしまう事態となり、旧住民の減少が顕著となってしまったのである。このような旧住民の減少や、新たな住民と観光客の激増は、それまでの生活環境を大きく変えてしまった。先ず、水の汚染である。麗江の網の目状に広がる上水道網は世界遺産登録でも評価された歴史遺産であるが、急激な観光地化によって飲料水として使用されてきた水が汚染され、飲用には使用できないものとなっている。

さらに重点保護民居や一般保護民居は民宿、レストラン、博物館等の観光施設となっている点である。麗江市人民政府は旧市街地保護の原則として、「歴史文化と現代化の調和、旧市街地保護と観光開発の調和」を掲げており、「麗江大研古城保護詳細規画」には「民居の外観は原状復元を目指すが、建築内部は現代生活の要求を満たすよう改造をすすめることができる」と明記している。このようなファザード保存の理念は、フランスなど欧州の町並み保存に於いては一般的であるが、麗江では観光業の一方的な隆盛によって、旧市人民街地は急激に変貌したのである。

このような状況に於いて麗江市人民政府は2005年12月から旅館・カフェ・レストランの三種について新規の営業許可証を発行しないこととして、規制をかけたものの、現在も改善されていないのが現状である。

山村高淑は世界遺産制度の目的は、世界的に顕著で普遍的な価値を持つ文化や自然を保全することにあり、観光振興がその目的ではない。したがって、観光は保全する世界遺産の価値を伝える手段としての位置付けが必要であるとして、世界遺産登録をめぐる今後の旅行動向や観光振興に影響を及ぼすものは遺産の拡大と名称変更、文化的景観、多国間での遺産の所有・管理を巡る問題の3つを挙げている。世界遺産の登録件数が多くなり、ユネスコが新規登録の抑制方針を打ち出したことから、単独の遺産の新規登録を目指すのではなく、既存の世界遺産と結び付けていくことが現実的となった。例えば「アルタミラ洞窟」は新たに複数の洞窟を追加登録して「スペイン北部の旧石器時代洞窟芸術」と名称変更をして登録の拡大を図った。文化的景観については、文化遺産登録の見直しを図ることから、文化遺産の拡大と文化と自然の共生という観点を重視した結果、先住民族の文化を表象する景観が評価されるようになった。したがって、自然遺産に文化的な価値を付加することが重要であり、我が国の世界遺産富士山などもその好事例である。結果として、このような取り組みは広域観光政策に繋がる可能性が出てくるのである。

多様な自然景観と、多様な少数民族により構築されてきた人文社会景観は、伝統的中国文化に根差したものとは異質のものであり、雲南省特有の観光資源となったのである。

(2) 大理白族自治州の保護政策

雲南省は近代に至るまで人の手が届く範囲は限られ、辺境であるが故に少数民族が多く暮らす地域として、貴重な民俗・風土・自然環境等が現在まで保存されてきた。しかし、近年の中国における経済発展により、雲南省にも開発の手が入り、急激な観光地化が進むこととなった。一方で、大理白族自治州は環境保護に積極的に取り組んでいる地域であり、麗江とは異なる形態の観光地である。

大理市は雲南省西部に位置する大理白族自治州の中心地であり、白族の居住エリアとしてその伝統文化が色濃く残されている地である。また、風光明媚な地域として山水如画とも称され、古くから中国とインドを結ぶ交易路の要衝として発展を遂げてきた。8世紀に唐朝の後押しを受けた蒙舎詔が地方政権である南詔を樹立したことに始まるが、その後建国された大理国（938～1253年）を合わせて500年に亘り統治したとされる。

現在の大理は総人口数がおよそ30万人、面積1,468㎢で、白族自治州とはいえ漢族が半数を占め、白族は3割強、残る2割は他の少数民族である。大理はかつての中心地であった大理古城と、新たに造られた行政都市下関の2つの中心的エリアから構成されている。下関は現在の大理白族自治州の行政、経済、交通の中心地である。一方、大理古城はかつての中心地であるが、現在の観光拠点は大理古城である。国家級の観光地となっている大理古城は、かつての大理王朝の都城の上にその規模を定めたとされている。白族が住まう大理盆地中央に位置し、東に洱海、西に蒼山が聳える西高東低の地形を呈している。大理古城は明代1382年（洪武15）に創建され、城壁に囲まれた地区は21,005haの面積である。城壁周囲は5.8km、東西南北に城門があり、城楼を有していた。

1980年代後半までの計画経済以降、急速な経済成長が進み、それに伴う開発による変容が進行した為に、その措置として歴史文化名城保存制度が設けられた。1982年に国家歴史文化名城に指定された大理古城は、1988年に保存計画が策定された。1990年以降は大理古城の保存が始まった時期と言える。

国の建設部の「関於加強歴史文化名城保護規制的通知（1983）」及び「城市規制条例」に従い1988年に「大理歴史文化名城保存計画」が制定された。この保存計画は古城の旧市街地を対象とし、その具体的内容は以下の通りである。

Ⅰ. 古城の歴史文化遺産の特徴と価値を分析し、保存の原則を明確にする。古城の空間構成、碁盤状の街路網、自然と調和している景観などの古城の歴史的景観を保ちつつ、「古城改造」や都市計画の発展などを同時に達成する指導方針を確立する。

Ⅱ. 古城保存の全体的・総合的施策を確定する。古城西部の旧市街地の人口過密を解消すべく、東部に住宅区を中心とする新市街地を設ける。また、工場地拡大禁止、交通問題の緩和、環境汚染の処理に関する規制を設ける。

Ⅲ. 古城の歴史文化遺産の保存範囲と建設規制区域を確定し、古城と周辺に絶対保存区、厳格制限区、環境調和区の3つの保存区域を指定する。(絶対保存区は重要文化財の18か所の建造物と史跡及びその周辺建設制限範囲、厳格制限区は南北城楼の周辺200mの区域、両側に店舗と民居が並ぶ歴史的町並み、その奥行き16mまでの範囲、環境調和区は一級環境調和区である古城西部の絶対保存区と厳格制限区の外周旧市街地、二級環境調和区は古城東部に計画されている新市街地、三級環境調和区は古城周辺の田園風光を維持するために、古城の城壁から2㎞以内の地域を指定している。

1982年以降中国では、3回に亘り99都市を「国家歴史文化名城」として指定し、国家レベルの「歴史文化名城保存制度」が設置された。この名城保存計画は問題を抱えているものの、現在の中国における名城保存制度の中心的な役割を果たしてきた。名城保存計画は、以下の通りである。

Ⅰ. 名城の歴史的文化遺産の特徴と価値を評価し、保存の原則と重点的内容を明確にする。

Ⅱ. 都市総体計画上の保存措置(旧市街地機能の調整、土地利用の調整、人口分散、空間形態の保存措置制度)を確定する。

Ⅲ. 保存対象と保存範囲、建築規制区域の確定と、保存措置の内容及び段階整理方法の具体化。

Ⅳ. 重要歴史文化遺産修繕、公開、利用に関する計画の策定。

Ⅴ. 計画の実施、管理措置の制定。

陰・鳴海らは、以上の保存計画の考察は中国の名城保存対策において

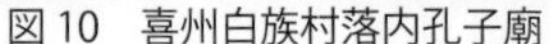

図10　喜州白族村落内孔子廟　　図11　大理市博物館

重要であるとし、近代の計画経済時期に変容した都市は、この制度に基づき保存対策が講じられたとしている。名城保存に関する研究は1979年から始まり、日本においても1986年から研究されるようになった。しかし、その多くが名城の歴史的形態や景観、名城の類型化、名城の保存計画策定理論と方法に関する研究であり、中国経済の急成長と都市化の影響を明確にし、保存計画の影響について論じた研究は少ない。古城大理は1982年の第1回目名城に指定された方形城壁都市であり、1988年及び1997年の2回に亘り保存計画が作成された。

中国では無形文化遺産を非物質文化遺産と表している。2003年、ユネスコに採択された「無形文化遺産の保護に関する条約」に、有形の文化的・自然的遺産を指定する世界遺産とは別に、風習・民族音楽・口承伝承などの無形文化を保護する枠組みがある。登録国は、日本、中国、韓国などアジアの登録件数が多く、特に中国は2011年から非物質文化遺産法を制定して非物質文化遺産の保護に力を注いでいる。

2005年7月から2006年4月にかけて、国務院が「第一次国家非物質文化遺産リスト」の選定を行い、全国31の省、自治区、直轄市、香港、マカオから1300件以上の申請があり、2006年5月20日発表のリストでは計518件が認定され、中国国内のリストだけでなく、ユネスコの代表一覧表にも多数の記載が見られる。

雲南省は自然景観のみならず、少数民族の伝統文化そのものも観光資源の対象となり開発されてきた。このような少数民族の商品化は国際観光が始まった1979年頃からで、その後は少数民族の年中行事に多くの観光客が訪れるようになった。国家レベルで観光事業が展開されたのは1992年の中国友好観光年で、雲南観光は「西南少数民族風情游」として推奨された。それに伴い、中国芸術節が開催され、野外博物館の雲南民族村が開館するに至った。そして1999年に中国初の博覧会として国際世界園芸博覧会が開催されたのである。

世界遺産登録の目的は、世界の文化遺産及び自然遺産の保護に関する条例に、人類にとって顕著な普遍的価値をもつ文化遺産や自然遺産を保全することである。そこには観光客の増加は謳われておらず、この点に於いて深見聡は「あくまで、人間による遺産を訪ねる人々の増加という現象は、副次的なものにすぎない」として「世界遺産が対象となる観光は、保全体制の確立と強化を図ることを前提とした持続性を担保したもの」としているように、世界遺産は保全を前提としたものでなければ、麗江のような状況に陥る可能性は否めないのである。 （落合）

5. 近代化産業遺産と観光

昨今、近代化産業遺産に関する研究は盛んであり、特に観光との関連性や保存を取り挙げた研究が盛んであることが特徴である。本稿は世界遺産としての産業遺産を論じた幸田亮一、長崎の産業革命遺産を取り挙げた深見聡、近代化産業遺産の政策的対応を論究した森嶋俊行を参考に近代化産業遺産と観光を考察するものである。

(1) 産業遺産とは

産業遺産に関しては幸田亮一の「熊本・九州の産業遺産をめぐる動向と課題」に詳しい。世界遺産が取り挙げられる中で、日本各地で地域活性化の核として産業遺産を世界遺産に登録する運動が盛んである。産業遺産は産業革命以降に産業活動の結果として残されたものの中で歴史的に価値のある文化財を指す。広義の近代化遺産である産業遺産については、日本経済新聞が2005年4月からシリーズで「技術遺産を訪ねる」を連載した。その他に月刊『太陽』「特集：産業遺産の旅」（No.469、1999年）、『日経地域情報』「特集産業観光“離陸”の条件」（No.431、2004年）、

『るるぶ情報版中部50』「産業観光に行こう」(2005年) などが刊行され、近代化遺産の観光活用が顕著になった。「産業遺産観光」や「地域再生と産業観光」などをテーマとした講演会や報告なども開催されてきた。

また、近代化遺産に関する調査は1970年頃からはじまり、学術的見地からの調査は日本建築学会 (1980)、土木学会土木史研究委員会 (2001)、産業考古学会 (1993) 等が書籍を刊行している。森嶋俊行は、文化庁の「近代化遺産総合調査」及び経済産業省の「近代化産業遺産群」認定事業による近代化産業遺産をめぐる政策的課題を検討し、産業遺産の捉え方は文化財保護、観光振興、街並み保存、都市計画、企業の地域施策、地域アイデンティティの醸成など多面的なものと論じている。産業遺産の意味のある保存と活用には文化的価値と経済的価値の両者を考慮することが重要としたものであった。

世界遺産に認定された産業遺産はイギリスのブレナヴォン産業景観、ドイツのエッセンにあるツォルフェアアイン炭坑産業遺産群などをはじめとしてヨーロッパに多く確認できる。これらは18〜19世紀の産業革命に於ける鉱工業遺産がその中心で、近年第一次産業に於ける産業遺産の認定が増加している。これに対してヨーロッパ以外で認定された産業遺産は少ないのが現状であるが、日本でも産業遺産に対する関心は高く、日本各地で産業遺産を活かしたまちづくりが盛んとなっている。「石見銀山遺跡とその文化的景観」(島根県)、「富岡製糸場と絹産業遺産群」(群馬県)、「明治日本の産業革命遺産　製鉄・製鋼・造船・石炭産業 (福岡・佐賀・長崎・熊本・鹿児島・山口・岩手・静岡県) などは市や県をあげて登録に向けて準備を推進したものと言える。

世界遺産以外の産業遺産としては、鹿児島県の集成館事業のリノベーションが好事例である。島津興業による集成館の再開発は観光客の増加を図り、産業観光の活況を呈したのである。これには島津興業の研究や鹿児島大学の学術研究による支援があったことも忘てはならない。鹿児島県が中心となり九州近代化産業遺産シンポジウムが開かれ、「かごしま宣言」に於いては九州が一体となった保存活用を推進することが明示された。

(2) 産業観光とは

JR東海の須田寛は、「産業観光とは歴史的文化的価値ある産業遺産、工場、工房を観光資源とする観光のことで、役割を終えた産業遺産のみならず、稼働中の最先端工場までをも含む観光である」と提唱した。九州では鹿児島、長崎、北九州が産業観光に注目して「長崎県産業観光情報サイトながさき見・学・知」や「北九州市役所観光案内一産業観光」など積極的な取組みが行われてきた。TICCIH事務局長、S.B.スミスは九州レポート(2002)で、福岡、長崎、鹿児島の産業遺産を調査し、これだけの産業遺産が保存されているところはないと指摘したうえで、世界遺産の可能性を述べている。世界遺産登録の申請には、地理的に離れているいくつかの文化遺産または自然遺産を、一つにまとめて提示することができるとしたもので、九州の産業遺産はまさに当て嵌まるものであった。

近代化遺産が観光の対象になると、その観光地自体が産業遺産になる。交通整備や再開発は観光地化の側面であり、観光の担い手や受け手に観光地であることを認識させるものである。同時に観光地を公開することは、地域文化遺産が広く開かれたものに成り得ることでもある。

(3) 長崎の産業革命遺産と世界遺産

長崎の産業革命遺産とキリシタン関連遺産に関しては深見聡の研究を参考にしたい。長崎はインバウンドによる集客効果で2014年の観光客は、3,265万人と統計を始めて以来最高となった。2015年は「明治日本の産業革命遺産製鉄・製鋼、造船、石炭産業」が世界文化遺産に登録され、観光客数は4年連続の増加を見たのである。しかし、2016年は熊本地震の影響により5年ぶりに観光客延べ数は減少に転じた。

端島は、1916年に大阪朝日新聞がその煙筒と人口護岸を「之を偉大なる軍艦とみまがふさうである」と報じてから軍艦島としての呼称が定着した。2009年に軍艦島を含む「九州・山口の近代化産業遺産群」が世界遺産の暫定リストに掲載され、2015年には「明治日本の産業革命遺産—製鉄・製鋼、造船、石炭産業」として世界遺産に登録された。当該遺

図12　端島

産は非西洋地域で初めての本格的な近代化を成し遂げた点が評価されたものである。構成遺産の一つである軍艦島は、護岸と石炭生産施設のみがその対象となっているが、軍艦島への観光を目的とした上陸が2009年に解禁されて観光客は増加し続けている。世界遺産登録後の2016年には累計で100万人を超え、長崎観光を牽引する存在となっている。

もう一つの世界遺産である「長崎と天草地方の潜伏キリシタン関連遺産」は、2007年に「長崎の教会群とキリスト教関連遺産」として世界遺産の暫定リストに掲載され、2015年に遺産登録への推薦が決定した。しかし、2016年にイコモス（国際記念物遺跡会議）から登録延期勧告の可能性が示唆された。そして、名称が改称されて2018年には登録が決定したのである。構成資産の一つである外海の出津集落は、仏人宣教師のド・ロ神父が伝授した西洋石積文化の特徴ある景観が、2012年に長崎市外海の石積集落景観として国の重要文化的景観に選定された。それに伴い長崎市外海歴史民俗資料館の展示替えが行われ、地域文化資源の活用が図られてきた。

深見は構成資産の保全を第一義とする世界遺産に対する観光を持続的なものにするためには、観光教育が必要であることを指摘している。そして、世界遺産の観光でありがちな、登録直後から数年間は特需的に観光客が増加し、その後は漸次減少に転ずる非持続的観光からの脱却を提示している点はまさに今後の対策として注目すべき点であろう。（落合）

〈参考文献〉

青木　豊　2010「黒板勝美」『博物館学人物史』上、雄山閣
陰　劼・鳴海邦碩他　2004「中国・大理古城における歴史的市街地の変容と保存施策に関する研究」『日本建築学会計画系論文集』583
落合知子　2009『野外博物館の研究』雄山閣

落合知子　2012「我が国最初の野外登録博物館―宮崎自然博物館の成立と社会的背景」『國學院雑誌』113−8
落合知子　2012「野外博物館のあり方」『観光考古学』ニューサイエンス社
落合知子　2014「濱田耕作と博物館―明治37年のMuseologieの記述―」『全博協紀要』16
落合知子・板垣朝之・三浦知子　2018「中国における地域文化の観光及び博物館学的研究」『長崎国際大学論叢』17
幸田亮一　2006「熊本・九州の産業遺産をめぐる動向と課題」『熊本学園大学産業経営研究』25、熊本学園大学産業経営研究所
蒋　蕾　2016「中国雲南省麗江市における無形文化遺産と観光開発の相互影響性に関する現地調査研究」『北海道地域観光学会誌』3−1
張　天新・山村高淑　2008「世界遺産登録は地域に何をもたらすのか：雲南省麗江の経験」『北海道大学観光創造フォーラム「ネオツーリズムの創造に向けて」報告要旨集』
杜　国慶　2005「世界遺産麗江古城における空間構造に関する考察」『立教大学観光学部紀要』7
時田慎也　2006『旅名人ブックス53中国雲南地方』日経BP企画
中野雄二　2015「波佐見焼の歴史」長崎国際大学特別講義資料
西牟田真希　2015「産業遺産の保存活用からみる文化遺産の役割」『社会学批評』4
深見　聡　2011「環境保全と観光振興のジレンマ―屋久島を事例として―」『地域総合研究』39
深見　聡・沈　智炫　2017「長崎における世界遺産観光―「明治日本の産業革命遺産」と「長崎と天草地方潜伏キリシタン関連遺産」のこれから―」『九州地区国立大学教育系・文系研究論文集』4（1・2合併）、pp.1-8
文化庁HP 「日本遺産（Japan Heritage）について」
松村嘉久　2001「中国雲南省の観光をめぐる動向と戦略」『大阪経済法科大学東アジア研究』32
三輪嘉六　2010「文化観光への視点」『観光文化』日本交通公社
森嶋俊行　2014「近代化産業遺産の保存と活用に関する政策的対応の比較」『E-jounal GEO』9−2、pp.102-117
山口浩一　2015「波佐見町の町並み整備と教育活動」長崎国際大学特別講義資料
山村高淑　2009「世界遺産と観光をめぐる近年の諸問題」『北海道大学文化資源マネジメント論集』北海道大学大学院国際広報メディア・観光学院観光創造専攻文化資源マネジメント研究室

6. 遺跡博物館の観光活用

本稿は、遺跡と史跡の概念と遺跡の保護史、また、かつて海外の遺跡を訪れた学識者たちの記述から遺跡に対する保護思想を考察する。そして、現代社会に於ける遺跡博物館として九州域を中心に壱岐市立一支国博物館と吉野ケ里遺跡を取り挙げ、観光活用の現状と課題を論じるものである。

(1) 遺跡の概念と保護思想

遺跡とは、過去の人々の活動の痕跡を留めている場であり、その活動から生じた遺構（不動産）と遺物（動産）の両者を指し示す。遺跡はそこに介在した人々にとっての自然環境・自然物といった景観そのものであり、その保存は遺跡のみならず、自然環境をも含めた保存が望まれる。また遺跡博物館とは、人々の営みによって生じた遺構や遺物を保存し、公開・活用する場である。

遺跡の中で文化財保護法に基づく国指定史跡、都道府県及び市町村の文化財保護条例による指定を受けた遺跡を史跡と称して区別している。具体的には文化財保護法第109条に「文部科学大臣は、記念物のうち重要なものを史跡、名勝又は天然記念物（以下「史跡名勝記念物」と総称する。）に指定することができる」、「文部科学大臣は、前項の規定により指定された史跡名勝天然記念物のうち特に重要なものを特別史跡、特別名勝記念物（以下「特別史跡名勝記念物」と総称する。）に指定することができる」と定義されている。史跡とは「貝塚、集落跡、古墳、都城跡、国郡庁跡、城跡、官公庁、戦跡、社寺の跡又は旧境内その他の祭祀信仰に関する遺跡、墳墓及び碑、旧宅、園池などその他の遺跡で我が国において歴史上又は学術上価値の高いもの」、名勝とは「庭園、岩石、洞穴、峡谷山岳など我が国の優れた国土美として欠くことのできないもの、風致景観の優秀なもの、名所・人文的・芸術的に学術価値の高いもの」とされ（昭和30年5月25日文化財保護委員会告示第29号）、現在史跡名勝記念物に指定されている数は3,057件である。

遺跡の保護思想と保護史に関しては青木豊の「遺跡博物館の概念」に

詳しい。青木は、遺跡の保護・保存に関する記録は少ないが、『日本書紀』推古紀28年（620）の条に見られる推古天皇による欽明天皇陵の修改築の記録を取り上げて、古墳の修改築を記した最古の文献と論じている。周知の通り、遺跡整備の嚆矢は1692年（元禄5）の徳川光圀の命で大金重貞が発掘した栃木県那須郡の上・下侍塚古墳であり、埋め戻し後に松を植栽した点で遺跡の整備に対する概念があったことが理解できる。また、福岡県うきは市に鎮座する若宮八幡宮境内の月岡古墳は1805年（文化2）に発掘が行われ、確認された長持形石棺はご神体として墳丘上面に移動させたのち、社殿を建立して保存整備を行っている。このように遺跡の保存や保護は古くから行われてきたのである。

(2) 学識者たちの遺跡思想

学識者たちの遺跡見学に関しては、落合知子の「日本人が見た海外の遺跡博物館」に詳しい。明治から昭和にかけて、多くの日本人学識者たちが海外の遺跡を訪れているが、黒板勝美は海外のサイトミュージアムとして活用されている遺跡を見学し、その保存や博物館の必要性を記した。黒板は『西遊弐年　欧米文明記』で「博物館の設立に伴はぬ史蹟遺物の保存事業は少なくともその功果の一半分以上を失ふものである。」（黒板1991）と述べ、史跡整備における博物館の必要性を1911年（明治44）に論じている。さらに「この博物館は一方に於いて遺物の保存所であると同時に、他方に於いては史蹟遺物の保存を計画し実行する場所」であると述べ、遺跡博物館は遺物を収蔵し、その保存を推進する施設であることを指摘しており、今日の史跡整備の概念と差異は少ないと言える。我が国の遺跡保存は一般的にありがちな原地保存はするものの、情報発信を行う博物館を伴わず、保存のみとなっているのが現状である。遺跡博物館を建設して、安全に保管しなければ、史跡指定をした目的意義を失うものとし、遺跡博物館の伴わない保存事業はその効果を大きく失うものと明記したのである。

棚橋源太郎も黒板同様に海外の遺跡を多く訪れている。棚橋は「遺跡は博物館に陳列される資料や動植物園などに飼育・栽培される資料と比較して、臨場感に富み、教育上の効果が高く、その遺跡は原地保存が望ましい」ことを論じた。つまり棚橋の理想とする遺跡保存は、それを取り巻く環境とともに原地保存されてこそ意義があるものであり、「ポンペイ同様、小さな博物館を附設しているものが多い」と述べて、我が国全国に点在する遺跡は発掘品とともに保存観覧施設を設けて、考古学園として教育学芸上に利用すべきであると示した。遺跡の附近に小規模でも陳列館を設置し、整理して系統的に陳列することが必要であるとする論を展開したのである。

濱田耕作は自身の研究分野である遺跡を巡るのみならず、博物館にもかなりの時間を割いていた。濱田が著した紀行随筆の『希臘紀行』『南欧游記』『考古游記』は、遺跡巡りと博物館見学を中心に執筆されている。濱田は日々の記録を詳細に残しており、目的地に到着すると先ず博物館に向かうのが濱田の調査スタイルであった。大英博物館の「エルギン・マーブル」に対しては批判を加え、原地保存の重要性を論じ、また「百聞は一見に若かず」の精神をもって、博物館に訪れて遺物を通覧しなければその文明を語ることは難しいとも述べ、博物館見学の必要性を強調する点に於いては、黒板と棚橋の論から観光という視点に立脚した思想が読み取れるのである。「濱田の考古学のフィールドワークには常に博物館が伴い、遺構の移築や植栽、修理、模造、レプリカの教育的価値等、博物館学意識に基づく理論を構築」（落合 2015）したと言える。

(3) 遺跡博物館の事例

遺跡は地域文化資源であり、それを地域おこしの要とする方策は以前から盛んに行われてきた。つまり遺跡を観光の資源とする活動は吉野ヶ里遺跡や三内丸山遺跡の発見によって一層強まったといえる。毛利和雄は「遺跡は整備しても観光客の誘因力はそれほど大きくはない」（毛利 2012）とし、観光よりも、地域の人々や将来を担う子どもたちの教育の場でなければならないことを説いている。

しかし、その観光力は単体の整備でなく周囲の歴史的環境と一体化した整備で持ち得るものと思われる。本稿は九州域の遺跡博物館を取り挙げて、現状と課題を考える。

Ⅰ．壱岐市立一支国博物館

長崎県は古くから日本と朝鮮半島、中国大陸を結ぶ対外交流・交通の拠点として機能してきた歴史を有しており、県下の考古学的遺跡や遺物からそれらを示す特徴的な痕跡が数多く発見されている。壱岐市は、福岡県と対馬市の中間地点に位置し、玄界灘に面した総面積139.42㎢、壱岐本島と23の属島（有人島4、無人島19）からなる全国で20番目（沖縄を除く）に大きな島である。中国大陸ルートの寄港地として利用されていたことを裏付ける遺構も確認されており、海上交通の要衝、対外交流の拠点として重要な役割を果たしてきたことは周知の通りである。

また、『魏志倭人伝』や『日本書紀』には、異文化交流から倭寇の私的貿易商人の主要根拠地としての記述が残り、このような歴史的特徴から、「国境の島　壱岐・対馬・五島～古代からの架け橋～」として2015年（平成27）に日本遺産に認定された。279基の古墳を含む482箇所の遺跡が点在し、それらは長崎県全体の遺跡数の約13パーセントを占めている。特に原（はる）の辻（つじ）遺跡は、「一大（支）国」の王都にあたる大規模環濠集落遺跡で、弥生時代の集落としては国内3ヶ所目となる特別史跡として2000年に国の指定を受けた。

2003年壱岐しまづくりプロジェクト推進会議企画委員会を設けて、民活を導入して将来の観光を見据えた提言書が纏められた。

壱岐市立一支国博物館は2010年に開館した博物館で、長崎県埋蔵文化財センターが同居し、センターではシンポジウムなど活用事業を推進して長崎県と壱岐市の連携がなされている。設立目的は、「海を介した交流と交易の歴史」に焦点を当てた壱岐の歴史文化に関する資料を体系的に展示公開することにある。「しまごと博物館」「しまごと大学」「しまごと元気館」の3つのコンセプトのもと、島内の歴史遺産や自然環境、文化や産業などと有機的に連携し、体験、研究、学習、観光の拠点として交流人口の増加を図り、地域振興に持続的な貢献を果たしている。

しまごと博物館構想は、博物館の展示をみるだけでなく、島内各地に残る史跡や名所を実際にみることで、展示資料が発見された立地的・歴史的環境を得ることを目的としており、壱岐市立一支国博物館は、しまごと博物館と情報発信の拠点施設として観光活用されている。

また、しまごと大学構想を実現するための中核的拠点として、壱岐に残る歴史的遺産や自然環境をはじめ、壱岐の人が育てた文化や習慣・伝統など、人と人の交流を活かした体験学習や講座を行なっている。

しまづくり活動推進事業としては、解説ボランティアガイドや遺跡ガイド・島内史跡ガイド等の市民ボランティアが、市民同士の技術や情報を交換し、活動に活かせるような場を提供している。さらに、原の辻遺跡や古墳等の文化財や、神社仏閣・壱岐の名所などの情報を包括的に提供して総合インフォメーション事業を担い、観光に寄与している。これは地域再生計画の一環として2018年から5か年計画で壱岐島まるごと博物館推進計画が打ち出されたもので、しまづくり博物館構想のサテライト拠点施設に位置付けられた原の辻ガイダンスは、その前身である「壱岐・原の辻展示館」が閉館後、壱岐市立一支国博物館の開館に合わせてリニューアルオープンした施設である。

原の辻ガイダンスは、古代技術体験として市民参加型の古代米づくりが行われているが、商品の加工場や提供する場がない。また修学旅行等で要望がある発掘体験は、天候の影響で年間を通して対応が難しいことが課題であり、地域再生計画にカフェと模擬発掘広場を新設し、地域観光の拠点施設としても整備を図ることが盛り込まれている。その結果、来島者と修学旅行誘致数の増加、交流人口の拡大、雇用促進を期待するものである。官民協働の場として地域振興室を活用し、着地型観光の実現と魅力ある観光の振興を目指している。また、日本遺産第1号の認定を受けて対馬市、五島市と連携を図り日本遺産巡りツアー、これまで構築してきた三姉妹遺跡連絡協議会（原の辻遺跡・吉野ヶ里遺跡・平塚川添遺跡）との連携強化を図り、新たな旅行商品の造成を行うことを視野に入れている。

壱岐市立一支国博物館の2010年度年間開館実績は、開館日が317日、休館日は月曜日及び年末休館日12月29日～12月31日、総入館者数は

図13　原の辻ガイダンス

図14　原の辻遺跡の茅の葺替え作業

128,132名、常設展観覧者数は76,474名である。参考値として平成21年度（開館日3月14～3月31日）は、開館日が18日、休館日はなく、総入館者数は13,626名、常設展観覧者数は7,063名であった。

図15は壱岐市立一支国博物館と原の辻ガイダンス、壱岐風土記の丘の観光利用者数を年別に示したものである。また、図16は壱岐市の観光客延数と観光客実数を年別に示したものである。壱岐市立一支国博物館の開館以降の入館者数は毎年10万人前後であるが、徐々に入館者数は減少傾向にある。しかし、原の辻ガイダンスと壱岐風土記の丘は年々増加傾向にある。これは博物館が推進しているしまごと博物館やしまづくり活動推進事業を推進した結果、観光振興の核として期待されながらも平成の不況化と財政緊縮のあおりを受けて、厳しい状況にある風土記の丘にも足を延ばす観光客が増加した結果と考えられる。

Ⅱ．吉野ヶ里遺跡

特別史跡吉野ヶ里遺跡は1986年（昭和61）度の事前調査により発見され、1989年のマスコミ発表後は年間180万人を超える見学者が訪れるようになった遺跡である。見学者は1989年をピークに減少気味ではあるが、吉野ヶ里遺跡の公開により佐賀県は観光地として経済的効果が上がり、吉野ヶ里効果とまでも呼ばれるようになった。小田富士雄は「吉野ヶ里遺跡の動向は、地域の経済浮揚に苦慮する行政当局に集客方法への際立った活路を与えることになった」（小田2012）として、地方首長層に対して、考古学の対象遺跡が集落や経済浮揚の効果を齎すという概念を植え付けるに至ったと述べている。

図 15　2010〜2016 年の観光利用者数
（壱岐市統計データ集〈7〉観光 5 より筆者作成）

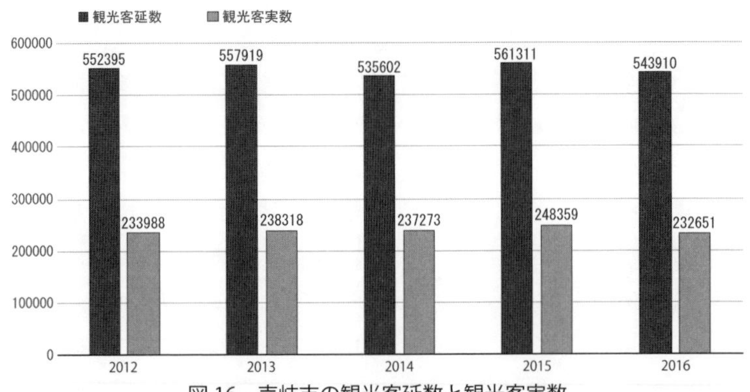

図 16　壱岐市の観光客延数と観光客実数
（壱岐市統計データ集〈7〉観光 2 より筆者作成）

図 17 は吉野ヶ里遺跡の来園者数と累計来園者数を示したものである。吉野ヶ里歴史公園の現状としては、来園者数が年間 60 万人前後であり、2001 年度の第 1 期開園以降、来園者数は年々減少傾向であったが、開園区域の追加による魅力度アップ等により、2005 年度より増加に転じている。本公園の来園者数は、2006 年に累計 300 万人、2009 年度末に累計 500 万人を達成した。それに伴い吉野ヶ里町の観光客数はここ数年増加傾向にあり、本公園が地域の観光客数の増加にも大きく影響していると考えられる。また、図 18 は海外からの来園者の利用状況推移である。近年増加する海外来園者に対応し、Wi-Fi 環境の整備、パンフレットや園内サインの多言語化、多言語音声ガイドペンの導入、外国語対応

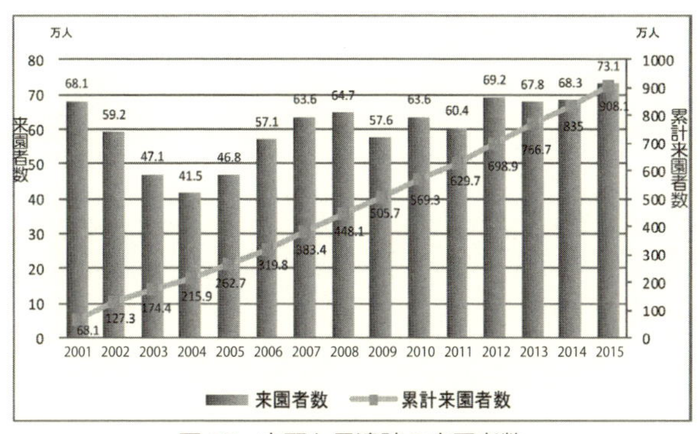

図 17　吉野ケ里遺跡の来園者数
（国土交通省九州地方整備局 2017 より引用）

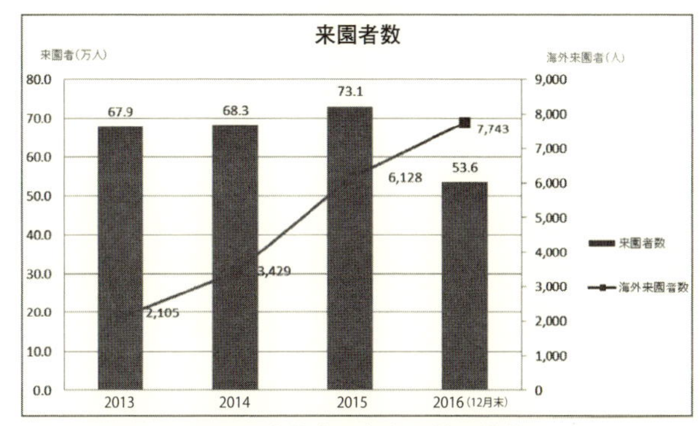

図 18　海外来園者利用状況推移
（国土交通省九州地方整備局 2017 より引用）

可能なスタッフの配置等のインバウンド促進を行っているため、海外来園者の数も年々増加傾向にある。

地域住民が日常的に歴史や文化に親しみ、学校教育や生涯学習活動にも活用される遺跡は、地域の文化的活動の拠点として地域づくりにも活用され、文化観光資源として地域の活性化に繋がることが期待される。地域を文化的に発展させるには遺跡の整備だけでなく、観光客に対するきめ細やかな対応も必要であろう。また、遺跡博物館には遊びの要素が少ないことも今後の課題と言える。博物館法に明記されているように、博物館はレクリエーションの場でもある。秋山邦男は「文化財を観光資源として活用し魅力ある観光地を形成して、旅行者の文化的な知的欲求

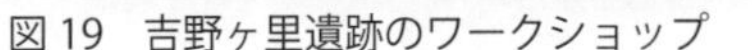
図19　吉野ヶ里遺跡のワークショップ

図20　吉野ヶ里遺跡の復元展示

を満たし、地域経済を活性化させようとする」（秋山 2012）ことは、世界中の取り組みとしている。遺跡は保存する時代から教育・生涯学習に活用する時代へと変わり、そして観光に活用する時代となった。それ故、今後は博物館学と観光学との融合も視野に入れる必要があろう。（**松永**）

〈参考文献〉

青木　豊　2015「遺跡博物館の概念」『地域を活かす遺跡と博物館』同成社

秋山雄邦　2012「遺跡の役割と活用の視点」『観光考古学』ニューサイエンス社

壱岐市の紹介（長崎県壱岐市　実りの島壱岐 HP）

壱岐市立一支国博物館　2010「一支国博物館の概要」『平成 22 年度年報』

小田富士雄　2012「考古学と観光の接点―西日本・韓国の事例にふれて―」『観光考古学』ニューサイエンス社

落合知子　2015「日本人が見た海外の遺跡博物館」『地域を生かす遺跡と博物館』同成社

国指定文化財 HP（文化庁）

黒板勝美　1911『西遊弐年　欧米文明記』文會堂書店

国土交通省九州地方整備局　2017「利用の状況」『平成 29 年度国営吉野ヶ里歴史公園管理運営プログラム』

国土交通省九州地方整備局　2017「インバウンドの促進効果」『平成 29 年度国営吉野ヶ里歴史公園管理運営プログラム』

棚橋源太郎　1949『博物館』三省堂

毛利和雄　2012「良好な景観の形成と観光力」『観光考古学』ニューサイエンス社

7. 文化的景観と観光―八景思想を中心として―

文化財とは、人類の文化的活動によって生み出された有形や無形の文化遺産のことで、有形文化財、無形文化財、民俗文化財、記念物、文化的景観、歴史的建造物群の6種類に分類される。その中でも文化的景観は、2004年（平成16）に文化財保護法改正により生まれた文化財の概念で、「地域における人々の生活又は生業及び当該地域の風土により形成された景観地で我が国民の生活又は生業の理解のため欠くことのできないもの」（文化財保護法第二条第1項第五号より）と定義されている。文化財保護法改正以前は、「もの」や無形文化財を保持する人物などが保護の対象であり、人々の日常生活や職までを保護することが出来なかったことから文化的景観の概念が導入されたのである。文化的景観の概念は、もともとユネスコ世界遺産条約で定められた概念に由来し、ユネスコ世界遺産条約第1条に定める「自然と人間の共同作品」の文化遺産であり、「意匠された景観」「有機的に進化する景観」「関連する景観」の三つの領域に分けることができる。

日本における文化的景観は、有形文化財や無形文化財のように文化庁主体で運用されるものではなく、景観法に則り都道府県や市区町村が定めた景観計画区域、または景観地区にあって保存のために必要な措置を話し合ったうえで、自治体から国に申し出がなされる制度である。また、文化的景観の保存活動の事業に対しては、国から補助金が支給される。文化的景観の中でも特に重要なものは重要文化的景観に選定され、現在、北は北海道、南は宮崎まで全国51ヵ所の文化的景観が重要文化的景観に選定されている（文化庁HPより、2017年2月現在）。

今日では、文化的景観の概念は様々な形で日本に根付いている。例えば本稿で取り上げる八景に関連したものに日本百景があるが、これは1927年（昭和2）に、大阪毎日新聞社と東京日日新聞社の主催で日本新八景を決める際に選ばれた100の景勝地で、海岸、湖沼、山岳、河川、渓谷、瀑布、温泉、平原の八部門に区分されている。長崎県佐世保市からは九十九島が海岸分野で選ばれ、九十九島八景と呼称される景観地が佐世保市公認の九十九島絶景ポイントとなっている。具体的には石岳展望台、弓張公園、鵜渡越園地、冷水岳園地、長串山公園、高島番岳園地、展海峰、船越展望所の８ヶ所が認定され、それぞれに特色を有しており、これらの文化的景観を利用した観光が推進されている。

また、日本では近江八景や金沢八景など374件が名勝に指定され、そのうち36件が特別名勝に指定されている。また、58件が登録記念物（名勝地関係）に登録され、さらに、1,111件の風致景観又は歴史的庭園等が地方公共団体の名勝に指定されている（2013年度現在）。このような日本の八景は、中国から齎された瀟湘（しょうしょう）八景思想の影響を受けて成立したとされる。本稿は長崎県佐世保市に所在する平戸八景に焦点を当てて、中国の瀟湘八景が日本に入ってきた経緯と平戸八景の歴史的背景、また錦絵などに描かれた八景に於ける観光との関連性について考察し、現代の平戸八景の現状と課題を論じるものである。

(1) 中国瀟湘八景思想

我が国の八景思想は前述の如く、中国の瀟湘八景から齎されたとされる。「瀟湘」とは、現在の中国の湖南省を流れる瀟水と湘水の二つの河の名称に基づく地名で、これらが合流する洞庭湖周辺地域を指す。また、唐の時代に於いては「瀟（しょう）なる湘水（しょうすい）」（清らかな湘水）を意味するものであった。

瀟湘八景は、中国大陸の広大な地域で選定された江天暮雪（こうてんぼせつ）、平沙落雁（へいさらくがん）、瀟湘夜雨（しょうしょうやう）、煙寺晩鐘（えんじばんしょう）、遠浦帰帆（えんぽきはん）、山市晴嵐（さんしせいらん）、漁村夕照（ぎょそんせきしょう）、洞庭秋月（どうていしゅうげつ）の洞庭湖周辺に位置する８ヵ所で、瀟湘八景は漢詩と水墨画の二つによって構成されている。この瀟湘の地は古くから様々な神話や伝説が生まれ、多くの詩人や画家たちが訪れたとされる。北宋時代（11世紀）に活躍した宋廸は平遠山水（中国山水の遠近法）が得意な画家で、この宋廸が八通りの景観を選び絵画化したのが瀟湘八景の濫觴である。この瀟湘八景は、詩文や絵画などを通じて鎌倉時代には我が国に伝わり、その詩画の技術を享受したのは、貴族や僧侶、絵師たちなど高度な漢詩教養を身に付けた人々であった。南北朝から室町時代にかけて、瀟湘八景の詩画が将軍や大名などから賞翫されていたことが明らかになっている。しかし、実際に瀟湘の地を訪れて画を描いたのは雪舟だけであり、従ってそれらの作品は中国画の模写や模倣であったと言える。

中国の瀟湘八景が我が国に齎されたことにより、各地に於ける名勝としての八景が成立することになる。日本の水墨山水画に瀟湘八景が登場するのと同時期に博多湾を望む景観を主題とする博多八景と日向湾の眺望を背にする大慈八景の二つの八景が成立した。

博多八景は鉄庵道生の漢詩集『鈍鉄集』に収められ、我が国に於ける八景の嚆矢である。博多八景は博多湾を洞庭湖になぞらえて、その周辺地域の香椎暮雪(かしいぼせつ)、箱崎蚕市(はこざきさいし)、長橋春潮(ながはししゅんちょう)、荘浜泛月(しょうはまはんげつ)、志賀独釣(しかどくちょう)、浦山秋晩(うらやましゅうばん)、一崎松行(いっさきしょうこう)、野古帰帆(のこきはん)の八つの景色を読んだものである。この博多八景は瀟湘八景と同様に水墨画と漢詩が付いており、近江八景や平戸八景の先駆けとなった八景として、日本八景文化の濫觴と言える。

(2) 日本八景図に見る観光

鎌倉時代から室町時代には、牧谿や玉澗などの画僧によって瀟湘八景図が日本に齎され、我が国の絵画に大きな影響を与えた。特に狩野派が好んで瀟湘八景を描き、その結果、日本国内の風景に対する関心も高まったのである。江戸時代には中国の瀟湘八景を模写することよりも日本各地の八景に焦点が向けられ、葛飾北斎や歌川広重などの浮世絵師によって日本八景が盛んに描かれるようになった。広重が繰り返し八景物を手掛けたことは周知の通りであるが、浮世絵師たちが先人たちの八景図を手本にして、日本各地の八景の浮世絵図を大量に描いたのは、江戸時代の旅行ブームがその背景にあったからに他ならない。

浮世絵に見る八景は、中世以来日本人が行なってきた八景探しを引き継いだもので、その後も日本各地で八景探しが盛んに行われ、八景を標榜する地名が数多く出現していった。近江八景は日本人が八景探しをする過程で生まれた代表的な自然景観であり、これら八景は江戸八景などを代表として、江戸時代に選定されたものが多いのが特徴である。

明治以降は観光客誘致を目的に日本各地の観光地で八景選定が行われ、高度成長期には郊外の住民に郷土心を育む為に八景選定が推進さ

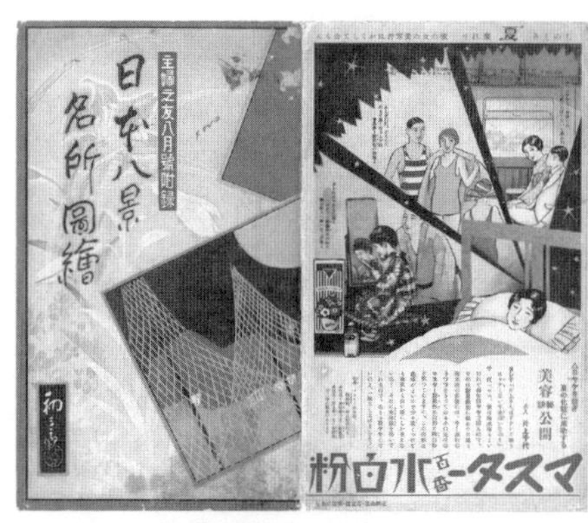

図 21　「日本八景名所圖繪」（吉田 1927）

れた。大正時代になると「観光」という言葉が普及し、昭和初期には大観光ブームが到来したのである。その結果、日本各地の名所が絵葉書となり、観光ガイド本が刊行されたが、その中でもひときわ異彩を放ったのが吉田初三郎の鳥瞰図である。名所や地形を極端にデフォルメした吉田の鳥瞰図は、日本国民の旅行ブームをさらに拡大することになった。吉田が 1930 年に刊行した『日本八景名所図会』の「絵に添えて一筆」には当時の旅行ブームが明確に記されている。

　夏は一家を挙げて旅行のシーズンである。山に海に湖畔に河辺に温泉に、緑陰と涼風を趁うて、煩雑なる都市生活を離れ、苦熱の井路を脱れて大自然の懐に還る。まことに働きたるもの、必ず犒わるべき、天の啓示に外ならない

　吉田の鳥瞰図は、別府温泉は鹿児島から釜山まで、雲仙岳は鹿児島から東京までといった、極めて広大な範囲で描かれているのが特徴である。

　日本八景は鉄道省後援のもと東京日日新聞と大阪毎日新聞が主催で、読者投稿によって決定したが、1927 年 4 月 9 日に応募が始まると全国から投票総数 9,348 万 1,773 票が集まり、締め切り日は東京全市の郵便局員が総出で対応したとされている。八景のうち、山岳分野は長崎県温泉岳（雲仙岳）、温泉分野に大分県別府が選ばれた（海岸：高知県室戸岬、瀑布：栃木県華厳瀧、渓谷：長野県上高地、河川：愛知県木曽川、平原：北海道狩勝峠、湖沼：青森秋田県十和田湖）。八景と同時に二十五勝、百選も選ばれて絵葉書やガイドブックが沢山刊行された。

　このような経緯をもって、昭和初期の日本に大旅行ブームが到来したのである。日本八景、二十五勝、百景の誕生により、これらの景観を後

図22　雲仙岳の鳥瞰図（東京～大阪～長崎～雲仙～阿蘇山～鹿児島）

図23　別府温泉の鳥瞰図（鹿児島～大分～阿蘇山～別府～長崎～下関～釜山）

世に残すために、東京日日新聞と大阪毎日新聞が「帝国風景院」を創設し、風景や観光地の研究、顕彰、開発等が行われた。

(3) 平戸八景

長崎県の県北に位置する佐世保市は、面積426km²、人口25万人（2015年国勢調査）の長崎県第2の都市であり、ハウステンボスや九十九島など全国的に知名度の高い観光地を有している。また、広域の市内には、約500ヵ所もの歴史的建造物や遺跡・史跡など様々な文化財が確認されている。

平戸八景は、江戸時代の1847年（弘化4）に第10代平戸藩主松浦熙（まつらひろむ）（在職1841～1858年）が、長崎勤番の際に往来した平戸街道周辺の景勝地8ヵ所を選定したことに由来する。その後、京都の澤渡廣重に作画と出版を依頼したのが「平戸領地方八奇勝図」であり、それら8ヵ所を水墨画や浮世絵の画材としたものである。平戸八景に選定されている景勝地は、高巖、潜流水、石橋、大悲観、眼鏡石、巖屋宮、福石山、潮之目で、その八景のうち、高巖、潜流水、石橋は、北松浦半島の広大な溶岩台地の浸食谷に所在する。これら平戸八景は平戸と名が付くものの、現在は市町村合併によって全てが佐世保市に位置している。

図24　平戸八景（松浦史料博物館〈平戸市〉所蔵）
（2017 年 10 月 28 日筆者撮影）

このような八景文化が現代まで残されてきた理由は、散逸が予測される文献史料の代わりに、景勝地を選定して人々の記憶に未来永劫留めておくためであった。松浦熙が、平戸藩の素晴らしい隠れ景勝地を後世に残しておくために、平戸街道沿いの８ヵ所を景勝地として選定した記述が、松浦熙の著した『亀岡随筆』に散見できる。

宋迪の描いた「瀟湘八景図」はすでに散逸しているため、直接それを目にすることができず、宋迪と同時代の画家が描いた作品を参考に瀟湘八景図を想像するほかに手立てがない。このようなことからも八景選定の重要性が理解できるのである。

水墨画として残る瀟湘八景と平戸八景の特徴的な相違点を見ると、瀟湘八景の８ヵ所に共通する特徴は、特定された具体的な場所が無いことである。瀟湘夜雨と洞庭秋月は漠然とした広大な地域であり、秋と冬を主体とした季節感、夕暮と夜を主体とした時間、雨と風を主体とした気象などの要素から美しい景色が構成されている。また、平戸八景の水墨画の共通点は、岩の表面や樹木が細かく正確に描かれていることである。潜流水と福石を除く６ヵ所に人物が描かれ、高巌、石橋、大悲観、眼鏡石には旅人が、巌屋宮には寺の住職が、潮之目には潮の流れの見物人が描かれている。さらに、潜流水は滝の落差が大きく、石橋も実際より長く描写されて誇張されている点が特徴と言える。

(4) 観光にみる八景の課題と展望

今日、我が国には様々な商業施設やテーマパークが並び立ち、観光の手段となっている。佐世保市でも 2013 年から５年連続で「全国イルミネーションランキング総合エンターテインメント部門」第１位を受賞している長崎ハウステンボスや、国立公園に指定され、島の密度が日本一とされる九十九島などが有名である。しかし、佐世保市の特徴の1つは、約500ヵ所もの文化財が確認されているにも関わらず、あまり認知されていないことである。戦時中に使用された針尾無線塔や、世界最古の土器とされる豆粒文土器が発見された泉福寺洞穴など、市内の広域にわたって歴史を感じるものが多い。しかし、それらを活用した観光がなされていないのが現状である。

現在、佐世保市の平戸八景を利用した観光に、佐世保市主催の郷土史体験講座がある。これは2002年から現在も行われている講座で、1年を通して開催され、6～9件の講座に分かれている。参加者の年齢層は、佐世保市在住の60代以上が多いが、小学生連れの家族参加も見受けられる。その中には、勾玉づくりなど夏休みの自由研究にすることを目的として参加する家族もいる。郷土史体験講座7件のうち、平戸八景に関する講座は2件で、1つは平戸八景に関する座学、もう1つは平戸八景の数ヵ所を巡る内容である。

観光の視点から平戸八景をみて、8ヵ所すべてに共通している点は、案内板や解説板が少ないことであり、平戸八景に関する解説板が設置してあるのは、福石山のみである。観光活用されていない要因は、市民に平戸八景が認知されていないことが考えられ、その対策としては、郷土史体験講座以外の平戸八景の観光活用が必要であろう。

佐世保市民の認知度が低い現状で、行政に求められることは、平戸八景の8ヵ所全てに解りやすい案内板や解説板を置くことである。また、平戸八景のチラシやパンフレットの設置、さらに設置場所を増やすことも必要である。八景に関する案内板は極めて少なく、設置されていても周知に至っておらず、この点は佐世保市の文化財全般に共通する課題であろう。このような地道な取組みが佐世保市の観光発展に繋がるものと考える。今後の発展に期待したい。　（鐘ヶ江）

〈参考文献〉

金沢区役所地域振興課「未来へつなぐ金沢」
鈴木進監修　詩文解釈入矢義高　1982『東山清音帖―名作扇面木版書画

集』毎日新聞社
文化庁文化財部記念物課　2013『名勝に関する総合調査―全国的な調査（所在調査）の結果―報告書』
吉田初三郎　1927「日本八景名所圖繪」『主婦の友』八號附録
渡辺明義編　1976『日本の美術№124　瀟湘八景図』至文堂

おわりに

文化財を観光にどのように活用するかという問題は以前からの課題である。三輪嘉六は文化財と関連の深い博物館が観光の対象になるというあり方を文化観光として位置づけ、観光は営利を求める価値体系であり、文化財が体現している価値体系とは別のものとして、この一致あるいは調和を目指していくことが文化観光の基本と提議した。文化財から国や地域のアイデンティティーや歴史・文化を知る活用方法は観光というあり方と連動するものであるとし、これまで文化観光という視点が欠けていたことは否定できないと説いたのである。

「観光」は中国『易経』から生まれた言葉で「国ノ光ヲ観ル」、言い換えれば「他国の輝かしい文物を視察する」ことである。つまり、文化財の活用と観光には共通の接点があり、博物館が新しい挑戦を行い、新鮮さを発信し続けることが文化観光への活性化につながっていくものとし、国の新しい成長戦略として「観光立国」が目標にあがり、観光資源の一つとしてその潜在力として文化財や博物館が視野に入ることを示した。しかし一方で、日本の博物館の経営や管理運営は海外と比較すると大きな差異があり、外国人観光客にこのような日本の貧しい文化観光を味わせてしまうことを危惧したのである。まさにこの点は博物館界に於ける大きな課題と言える。

そして世界遺産に登録されることは、貴重な観光資源の保全を行うことでもある。これまで世界遺産は世界的に珍しいモニュメントが中心であり、観光客もそれだけで満足していたが、次の段階として世界遺産の背景にあるストーリー性が重視されるようになり、観光の在り方も変化してきたのが現状である。軍艦島は過酷な炭坑内の労働環境など負の遺産としての歴史を有し、外海の出津集落は禁教期に多くの潜伏キリシタンが生活していた歴史がある。これまであまり観光の対象とされてこなかったこのような負の遺産に焦点を当てたダークツーリズムの在り方が重視されている。それには観光教育の役割も必要であり、それを担うのはまさに博物館であろう。博物館が観光客への情報発信を行うことにより、よき観光者として観光の質的向上に繋がることが期待される。

文化財保護法が改正されて重要文化的景観に選ばれた景観は、地域文化資源として、まちづくりや観光に活用されている。景観は世界遺産の登録の要件としても重要視される点なのである。長崎の教会群とキリスト教関連遺産は独特の自然環境と一体の優秀な文化的景観を形成していると判断されて世界遺産に登録された。近年のユネスコ世界遺産委員会の審査は教会や史跡だけではなく、その周辺の景観を含めた保存が重視されてきたのである。それには地域住民が環境を守り、景観を守ることが重要であり、官民一体となった取組みが今後もさらに求められよう。

長崎県島原市に創業百余年の老舗宿南風楼旅館がある。1908年（明治41）に創業され、1956年（昭和31）には政府登録国際観光旅館第100号に指定された。南風楼の主人が刊行した『新八景島原雲仙御案内』（図25）は発行年が記されていないが、新八景が選定されたのが1927年であることから、発行はそれ以降ということになる。これは旅館の宣伝が目的ではなく、あくまでも島原の地域文化資源を広く観光客に知らしめるために編まれたものである。「古来此地を小蓬莱と称するは能く人の知るところであつて近時雲仙の発達と共に大いに世人の賞讃を博しつゝあり希ば駕をうつし来り賞せられんことを」と記し、島原の景観美、雲仙の主要観光地をあげて「名勝数へ来たれば限りない、即ち美であり奇であり仙郷」と称賛している。原城址に4ページも紙面を割いていることは特筆すべき点である。景観保全は地域住民の理解と協力がなければ成功しない。地域文化資源を誇りとし、観光に結び付けていくことは一人ひとりの高い意識と実行力が大切なのである。

吉田初三郎が『主婦之友』に執筆した『日本八景名所図会』「絵に添えて一筆」は、新八景の鳥瞰図の冊子に記された短文であるが、日本人の観光に対する意識の変化がよく描写されている。『主婦之友』の附録ということもあり、主婦の視点から論じている点は時代の変化を上手に描写したものとして特筆すべきであろう。

従来日本人が愛でてきた絵のような風光、つまり小じんまりと纏まった盆栽式の風景に代わり、雄大、明快、秀抜、崇高でスケールの大きい、直接魂の心奥に迫る力のあるものが時代の寵児として歓迎され、風景国日本の八景として名乗りを上げた。そしてその八景の選定については、昭和日本の代表的風光の一典型であり、遊覧探勝者の単なる旅の興味以外となる科学的研究や史実伝説など、社会人的教養の一端を教示する屈指の場所としている点にも注意したい。

さらに、『旅』は現代生活から切り離せないもので、もはや娯楽誘因の域を離れ、家庭の浄化を図る最たる手段であり、平凡化する一家の空気を一掃転換する賢明な策である。故に『旅』は一家の主婦によって提唱されるべきであり、一家全体の知識と追憶することが大切な生活の一要素であるとして、『旅』の経験が家庭団欒に勝るものはないと断言していることからも、1930年という日本人の生活様式の変化や主婦の地位の確立も読み取ることができるのである。

中国から齎された瀟湘八景思想が我が国にも浸透し、そして日本全国に八景が誕生することになった。それら八景観光などによる昭和の観光

図25 『新八景島原雲仙御案内』

大ブーム、そして現代社会に根づいた文化的景観の保全に繋がってきたのである。地域文化資源の観光活用は今後さらに必要とされよう。その保全と情報発信を担う博物館とそれらを推進する熱心な学芸員が必要なことは言うまでもない。
（落合）

第5章 香港と中国の博物館事情

第1節 中国の大学における観光学の役割と課題

牛　夢沈

1. 中国の大学における観光学の歴史

中国で最初に観光学科を開設した四年制大学は、南開大学である。1978年の改革開放に伴い、中国国内では観光分野を対象とする研究者不足が顕在化するが、1981年に初めて南開大学歴史学部に観光学科が設置された。南開大学では観光管理と観光英語の二専攻が作られ、初年度は100人の学生の募集があった。そして翌1982年に観光学部が設立され、1983年には、同大学大学院に観光地理専攻が開講された。その後、中国の大学では観光を研究分野とした学科や学部が続々と開設されていった。具体的には杭州大学（現浙江大学）、西北大学、中山大学の経済学部や管理学部に観光学科が設置され、中国の大学における観光学科が本格的に発展した。

現在、中国で「旅游系」（観光学）を学部もしくは学科として設置している大学は500校以上にものぼり、2018年の統計では全国の大学で観光学科或いは観光学専攻を所有する大学と専門学校は、延べ1207校あり、そのうち約三分の二を専門学校が占めている。大学の観光学科に在籍する学生数は約20万人で、観光学に関わる教員数は1.9万人という統計がある。（肖暁燕 2018）

中国の大学における観光教育は、1990年代以降に政府からの規定を受けている。1998年に中国教育部は「普通高等大学学部学科目録」に、「旅游管理」（観光学）学科の教育目標を明記した。これは、「管理、経済、民俗文化、法律及び観光に関する専門知識を持ち、各級の観光行政部門、観光企業などで管理職に従事する高級専門人材、或いは観光教育、観光科学研究にポテンシャルを持つ研究型人材を育てる」ことである（中华人民共和国教育部高等教育司 1998）。従って中国の大学における観光教育は、大概はこの目標を基本としている。

現在、中国で最も観光教育が評価されている大学は雲南大学である。雲南大学は、1999年に経営学と観光学が合併し、本部に「工商管理と旅游管理学院」（日本の学部に相当する。以下「商旅学院」と称する）を設置している。雲南大学は、観光学の国家一級博士及び修士の学位授与を推進しており、大学や専門学校に在職している講師を対象とする観光学の修士学位授与権を有している。

雲南大学商旅学院は、中国屈指の観光教育機関として海外の大学との学術交流に力を入れており、アメリカのマサチューセッツ工科大学スローンマネージメントスクール、香港中文大学など高水準の大学と密接な交流を行っている。雲南大学の影響力は、中国全土だけでなく東南アジアや南アジアなどの地域にも及んでいる。本稿は、雲南大学商旅学院観光学科を中心に、その現状と課題を論じるものである。

雲南大学商旅学院観光学科の育成内容は、現代観光管理の理論を理解し、観光に関する基本的な方法や技能を持ち、外交・貿易・観光に関する国の法律を熟知し、一種類以上の外国語力を身に付け、海外で交渉し得る基本素質を持ち、強い観光経済分析力、経営管理能力と現代国際社会の観光管理知識を習得するものである。

雲南大学商旅学院観光学科を卒業した学生の就職先としては、観光行政管理部門、観光企業及び国家事業部門、観光研究機関、観光教育を実践する大学などである。

主な指導内容は、観光に関する経営管理や研究教育などであり、人材育成目標は、高度な専門管理人材、複合型・革新型の高度専門人材を育成することである。カリキュラムは、経営学、ミクロ経済学、マクロ経済学、マーケティング、経理経営論、観光学概論、観光心理学、観光資源と開発論、観光経済論、ホテル管理論、観光地管理論、旅行会社経営

論などで、一部の課程においては中国語と英語の二ヶ国語で授業を行っている。（陈明 2013）

雲南大学は、観光学の管理と研究人材を育成することを目標とする商旅学院以外に、「旅游文化学院」（学部と違い、独立した四年制大学）を設置している。2004年に、中国教育部に独立学院として承認された旅游文化学院は、観光管理学部、経理学部、経済経営学部、文学部、芸術学部、外国語学部、情報学部などが設置され、18,000人の学生が在籍している。

この旅游文化学院観光管理学部の育成目標は商旅学院と違い、1、2年生の間に大学で理論知識を習得し、3年生からホテル、観光企業、観光地などで実習を始める。卒業生は、主にその三つの就職先を視野に入れている。旅游文化学院は、現在は独立した大学として経営されているが、その前身は前述のように雲南大学によって設立された経緯を有している。雲南大学は2004年頃に、観光業界で働く専門的人材を育成する教育部門を切り離し、高度な研究能力を持つ観光学人材育成に力を入れてきた。一方で、旅游文化学院も独立した法人として、高校卒業生や専科大学（専門学校）の転入生を受け入れ、より効率的に観光事業に相応しい人材を育成している。

2. 日本の大学における観光学の歴史

日本で最初に観光学を開設した大学は立教大学で、1946年（昭和21）に開講されたホテル講座（王鹏飞・傅桦 2005）をその嚆矢とし、観光教育及び観光研究の実践を積んできた。1967年に社会学部に観光学科が設立され、1998年（平成10）には観光学科から観光学部に昇格し、これまで40年以上の歴史を有している。立教大学以外には横浜商科大学、札幌国際大学、九州産業大学、長崎国際大学、東洋大学などの大学にも観光学科が開設されている。その中で観光学科（あるいは国際観光学科、観光産業学科、観光経営学科など）は、観光学部をはじめ、社会学部、国際学部、商学部などの学部に所属しているのが特徴である。

立教大学観光学部観光学科と横浜商科大学商学部観光マネジメント学

科を例として見ると、日本の大学の観光学科の育成方針は、「我が国観光教育研究の中心的存在として、学際的教養、豊かな国際感覚、確かな専門知識を併せ持った人材を育成する」「「貿易」と「観光」という2つの分野を学び、国際人として活躍できる人材の育成を目指す」（国土交通省 2005）などである。これら観光学科のカリキュラムやシラバスによると、観光総論、観光関連の地理、観光文化、観光施設経営、ホスピタリティー、観光地計画など、観光関連の分野に関する科目が多く見られる。さらに国際化に対応すべく、観光に活用できる外国語（英語、中国語、韓国語など）を取り入れる大学も多い（国土交通省 2005）。

3. 中国における観光学科設置大学

現在、中国で観光学科を設置している500校以上の大学の中で、学科競争力トップ14の大学一覧を以下表1に示す。

これらの観光学科は管理学部に所属しているとは限らず、歴史学部に所属することもあるが、多くの大学が雲南大学と同様に、経営学、ミクロ経済学、マクロ経済学、マーケティング、経理経営論、観光学概論、観光心理学、観光資源と開発論、観光経済論、ホテル管理論、観光地管

表1　観光学科競争力トップ14

番号	大学名	学科評価	学科位置	地域
1	雲南大学	★★★★★★	世界高水準、中国トップ学科	雲南
2	厦門大学	★★★★★	世界的知名度、中国一流学科	福建
3	武漢大学	★★★★★	世界的知名度、中国一流学科	湖北
4	吉林大学	★★★★★	世界的知名度、中国一流学科	吉林
5	南開大学	★★★★★	世界的知名度、中国一流学科	天津
6	復旦大学	★★★★★	世界的知名度、中国一流学科	上海
7	中山大学	★★★★★	世界的知名度、中国一流学科	広東
8	東北財経大学	★★★★★	世界的知名度、中国一流学科	遼寧
9	燕山大学	★★★★★	世界的知名度、中国一流学科	河北
10	華東師範大学	★★★★	中国高水準学科	上海
11	四川大学	★★★★	中国高水準学科	四川
12	上海交通大学	★★★★	中国高水準学科	上海
13	西安交通大学	★★★★	中国高水準学科	陝西
14	浙江大学	★★★★	中国高水準学科	浙江

出典：cuaa.net 艾瑞深中国校友会网

理論、旅行会社経営論などを開講しているが、所属学部によって、重点を置く課程に隔たりが見られる。

次に、表1の6に示した復旦大学歴史学部旅游管理学科のカリキュラムを以下に示す。

(1) 育成目標及び育成要素

観光管理学科は、観光学、管理学、経済学及び人文社会科学を統合した学科である。その到達目標は、観光管理の専門知識を持ち、各級観光行政管理部門、観光企業及び国家事業所及び他の企業で、管理と経営の仕事に従事できる複合型人材を育成することである。本学科の学生は、管理学、経済学の基本的原理を理解し、国内外観光業の発展動態を熟知し、観光管理と現代企業管理の基本理論と技能を身に付け、1～2ケ国の外国語に堪能で、一定以上の科学研究能力、及び国際的な観光管理とプランニング能力を持つことが求められる。

(2) 卒業条件及び学位授与

本学科の学生は、在学期間中に150単位を修得しなければならない。そのうち、51単位は一般教育課程で、40単位は本分野の基礎教育課程、59単位は専門教育課程（教育実習5単位、学年論文1単位、卒業論文4単位を含む）である。さらに、復旦大学英語能力試験及びコンピュータ応用能力試験に合格すれば卒業が認められ、管理学学士の学位が授与される。

4. 大学における観光活動

中国の大学では、学内で観光活動を行うことが1990年代から大規模に始まった（张林 2015)。大衆の生活水準の向上と観光業の発展により、人々の観光ニーズが多様化し、歴史、民族、現代文化、スポーツ、自然などをテーマに、観光内容が区別されていった。同時に、中国の大学は定員を大幅に増やし、校庭に校舎を増築するなど飛躍的に発展している。このような二つの要因によって、中国の大学における観光活動が盛んとなった。大学における観光は、観光者に精神的な満足を提供し、大学にも社会的、経済的利益をもたらす観光形式の一種とも言える。

観光資源の要素は、以下の四つに集約できる。

①観光資源は客観的に存在しているもので、人文的または自然的要素によって観光者の興味を引くものである。

②観光資源は、観光者と緊密に関連している。観光資源は観光者を吸引するだけでなく、観光者の自発的行動を喚起させる。

③観光資源は、観光者に利用される可能性がある。

④観光資源の開発は、経済的・社会的・環境的な利益をもたらす。

大学における観光資源は、その大学特有の物質、或いは非物質的資源により観光者を呼び入れ、観光意欲を喚起し、その結果地域や大学に経済的・社会的・環境的の三方面からの利益をもたらすものである。

「中国十大最美大学排名」にある、2018年全国大学観光ランキング（中国の美しい大学ランキング10）に、以下の大学が挙げられている。

表２　全国大学観光ランキング

順位	大学名	観光名所
1	武漢大学	桜見、建築、芸術博物館など
2	厦門大学	建築、人類学博物館、落書きトンネルなど
3	北京大学	古典建築、皇室庭園、考古学博物館と芸術博物館など
4	深圳大学	自然環境、現代建築など
5	蘇州大学	歴史建築、芝生、博物館など
6	清華大学	皇室庭園、建築、芸術博物館など、
7	台湾東海大学	教会建築、自然環境など
8	雲南大学	歴史建築、野生動物、民族人類学博物館など
9	香港中文大学	山、自然環境、文物館など
10	浙江大学	歴史建築、芸術と考古博物館など

出典：sohu.com 中国十大最美大学排名

以上の如く、人気観光地になった大学は、学内に建築、庭園、博物館、自然環境、歴史文化など、様々な観光資源を複数保有しているのが特徴である。このような複合的な観光資源は、容易に観光意欲の喚起を可能とするものであるが、多くの大学は自発的に観光者を集客したのではなく、美しい環境や文化の薫り高い雰囲気が有名になった結果、自然と観光客が集まり、大学が観光地化されたケースである。大学に観光を目的として訪ねる者の多くは、以下の三つの目的を有している。

(1) 校内の景色を楽しむ

「中国の美しい大学ランキング10」の別称の如く、多くの大学は、湖や森林など豊かな自然環境や、100年以上経つ歴史的建築物やモダンなデザインの現代建築物といった、特色ある建築物を有しており、美しい校内環境を形成している。

しかし、長い歴史や独特な建築物を有していなくても、大学は地域住民の観光地となることもある。例えば、上海大学宝山キャンパスは1999年に建設されており、その歴史は決して長くはなく、名所となる建築物や彫像も有していない。しかし、大学では自然環境の向上に力を入れており、校内に湖や芝生の広場を作り、孔雀と白鳥の育成場を設置しているため、それが独特な観光資源となっている。もっとも、大学が所在する上海市宝山区は、以前は上海屈指の工業区であったため、自然環境はあまり良くない。近年、工場は全て移転され住宅街へ転向したものの、区内に公園などの公共施設が少ないため、住民の憩いの場は極めて少ない。上海大学近隣にも大きな公園などがないために、週末や祝日になると大学内は周辺の住民で賑わっている。特に白鳥と孔雀を目的に来校する小さな子ども連れの家族が多い。

また、大学のバスケット場、テニスコート、プールなどのスポーツ施設も市民に有料開放している為、休日はまさにスポーツ施設を伴う公園のように賑わっている。このようなことから「宝山第一人民公園」と呼称されるほどである。このような状況に対応して、大学周辺には家族向けのレストランや、子ども向けの小さな遊園地まで建てられている。

(2) 教育精神を体感する

大学は高等教育の象徴として、人々のリスペクトを集めている。中国は、隋時代（581～618年）から筆記試験で官僚を選抜する「科挙制」を取り入れ、勉学・読書を重視する姿勢は社会の各階層にまで浸透していった。このような歴史を背景に、大衆は大学を観光するにあたり、物質的な観光資源を享受するだけでなく、精神的なそれの享受も求めている。例えば、大学の博物館を見学したり、記念写真を撮ったり、在学生と話をしたり、或いは公開されている授業を受けたりすることも少なくない。

高等教育の精神を感じる以外にも、勉学の意欲を喚起することを目的とした大学観光も実施されている。その好事例は小中学生の大学見学ツアーで、単に博物館などを巡るだけでなく、北京大学や清華大学を訪問し「トップ大学」の雰囲気を感じさせながら、「将来この大学に入りたい」という勉強意欲を芽生えさせる事を目的としている。

(3) スポーツ活動に参加する

中国の大学は、大学施設基準に基づいて必ずスポーツ施設を設置する義務を有している。そのため、ジム、テニスコート、バスケット場、サッカー場、温水プール等のスポーツ施設を複数取り揃えている大学も少なくない。それと比較して、地域住民向けのスポーツ施設はあまり整備されていないのが現状である。このような事情もあり、多くの大学では、スポーツ施設を地域住民が利用することを認めている。有料の場合もあるが、大学のスポーツ施設は一般より質が高く環境も良いため、近隣住民の人気を集めている。

表３　大学の観光資源の分類

大学の観光資源	有形	教育型	博物館、図書館、実験室、研究センターなど
		実物型	建築、彫刻、歴史スポットなど
		参加型	大学で開催する娯楽イベント、部活イベントなど
		鑑賞型	文芸コンテスト、体育大会、放映会など
		展示型	大学で開催する展示、記者会見など
		自然型	植物、動物、山、湖など
	無形		大学の歴史、精神など

筆者作成

5. 観光地としての大学博物館

全国大学観光ランキングに示したように、観光名所になった大学の多くは、博物館や記念館などの展示・教育施設を併設している。この傾向は中国に限ったことではなく、世界的に観光地として有名な大学も博物館を所有していることが多い。例としてはオックスフォード大学のアシュモレアン博物館、ペンシルベニア大学考古学人類学博物館、イェール大学美術館などで、それぞれ豊かな個性を有している。

また、同ランキングの掲載情報から、中国で観光地化されている大学で博物館を併設しているところが多く確認できる。博物館を設置することは、大学の相関研究を支援するだけでなく、所蔵品や研究内容を用いて大学内外の参観者を教育し、知識や情報を伝達することも目的の一つである。また、大学博物館自体が観光地になり、多くの観光者の来館を促している。次に中国で代表的な大学博物館を取り上げ、これらの歴史と特徴を紹介する。

(1) 厦門大学人類学博物館

厦門大学人類学博物館は、人類学・考古学・民族学を中心にした博物館である。厦門大学人文学院の付属博物館であり、中国唯一の人類学専門の博物館であり、ユネスコに有名博物館として認定されている[1)]。特に、人類学に関する文物資料及び書籍1万点以上を所蔵し、国内外の古人類資料を展示していることが特徴的である。

厦門大学人類学博物館の濫觴は、1926年魯迅の主催で厦門大学で開かれた考古文物展覧会である。翌年、厦門大学は文化陳列所を設立した。1934年、人類学者である林恵祥により（私立）人類学博物館準備所が設立され、1952年には、林恵祥は個人所蔵である千件以上の人類学資料を大学に寄贈した。同年、中国教育部の許可で厦門大学人類学博物館が設立され、文化陳列所も博物館に合併された。

厦門大学における人類学の特徴は、人類学博物館を設立した後、1984年に中国で最初の人類学科が開設されたことにあり、これは林恵祥の希望により実現されたことでもある。

(2) 北京大学サックラー考古と芸術博物館

北京大学サックラー考古と芸術博物館は、1993年に北京大学とアメリカの収蔵家アーサー・サックラー（Arthur M. Sackler）とが共同で立ち上げた博物館で、中国の大学で初めての考古学専門博物館である。2,000平米の展示室空間を有し、中国考古学を中心とする文物資料数万点を所蔵、展示している。当該博物館資料の収集は、1920年代の北京大学考古研究所国学門考古学研究室より始まり、かつての北京大学博物館と燕京大学史前博物館の収蔵資料を含んでいる。また、1952年以降に北京大学考古学科が発掘調査で収集した資料も受け入れ、国内外の個人寄贈も受け入れている。

当該博物館の前身である燕京大学史前博物館は、日本の考古学者鳥居龍蔵が1939年から1951年まで勤務した博物館であり、その時期に収集された考古資料や標本も、現在の北京大学サックラー考古と芸術博物館に受け継がれている。

(3) 香港中文大学文物館

香港中文大学文物館は、1971年に香港中文大学中国文化研究所に設立された大学博物館である。文物館の1万点以上の収蔵資料は、主に中国美術の絵画、書道、石碑の拓本及び工芸品であり、中国文化を世界に広めることを主旨としている。

美術専門の大学博物館であるため、当該文物館は1977年に文物修復部門を設立した。紙資料の修復室、装潢室、資料撮影室、木工室などが整備されている。館内の所蔵資料を修復することだけでなく、外部からの資料を受け入れて修理することも可能である。

6. 中国の大学における観光学科の課題と展望

中国の大学における観光教育が急激に成長していることは先述した通りであるが、同時に以下のような問題が生じている。

(1) 卒業生の低就職率

中国の大学は、観光事業の急激な発展に対応する人材育成を目標としてきたが、観光管理学部或いは観光学科卒業生の本業界就職率は低迷している。学部卒業生の10％～20％は観光業界に就職するものの、二年後に同じ観光企業に在職している比率は、そのうちの20％にも及ばないのが現状である（汪见明 2004）。このような、卒業生の低就職率と高離職率は、急激な観光業の発展とは対照的と言える。

(2) 卒業生の就職に対する競争力不足

中国の観光企業における人材募集に対して、観光学科卒業生による競争力は高いと言えないのが現状である。そもそも、観光業は総合的業界であるが故に、観光学科以外にも多様な専攻学科の卒業生の就職も求められている。例えば、外国語、中国文学、歴史学、マーケティング、経理、経営学などの学科を卒業した学生は、観光学科卒業生よりも観光企業での就職競争力が高い場合もある。その結果、観光学科卒業生の就職口が狭小化していった。このような事情により、学生個人のキャリア発展に良い影響を及すことができず、その後の観光学科の学生の就職活動にも悪影響を与えている。

(3) 観光学科の発展に関する問題

以上の就職難を原因として、近年では大学の観光学科は学内で軽視されるようになり、さらに観光学科に入学する学生が年々減少する傾向にある。一部の大学では、観光学科に出願する学生の定員割れが目立つようになり、学科の縮小、あるいは観光学科の他学科との合併、さらには学科の完全廃止といった事態に陥っている。また、観光学科に在籍している学生も就業意欲の低下によって学業に専念しなくなったり、また学科変更をしたりすることもある。このような悪循環により、観光学科自体の存在意義も問われているのが現状である。そのため、この課題を解決するために大学は育成目標、課程設置、教師陣の整備及び教育方法などの方面から、次のような対応をしなければならない。

現在、大学の観光学科は主に二種類の育成に対する目標を掲げている。一つは総合的大学の育成方法であり、もう一つは専門的大学の育成方法である。人材育成の方針を決めるにあたり、盲目的に方法を決定することを避け、当該大学の理念や性質、そして長所を取り入れて現実に相応しい課程を設置し、合理的な育成目標を立てることが必要である。しかし、観光市場の発展状況と学生自身の長期的な競争力の向上を考慮した場合、やはり学科の基礎的理論と専門的理論教育に力を入れることがより効果的と考えられる。課程の設置において、観光学科の質の高い教育を保つと同時に、マネジメントや経済学などの基礎的課程の単位とコマ数を増加し、学生の将来性に対しての強固な基盤を造りあげることも求められる。観光学科の専門的課程において、「数少なく、質の高い」教育という原則を基にし、課程の完成度と科学性を重視すれば、観光教育は「基礎力が強く、適応性の広い」より適応力の高いものになることが期待できる。その為の方策を、程柯は以下の如く論じている。

①学生の実践能力向上と、総合的素質の高い人材育成

観光学科の基礎的理論と専門的理論の教育を強調すると同時に、観光業界の基本技能訓練も不可欠である。学生の実践能力を高め、卒業後に素早く職場に適応できる力を育てる。実践能力は、主に実習教育で育てる能力である。大学は実習用の専門教室を作り、学生に校内で基本技能を習得する場を設けなければならない。そして、実用性の高い課程について、柔軟性の高い教育方式を取り入れることも重要である。条件が揃う大学は専用の実践環境を整備し、学生の卒業実習などに役立たせることも望ましい。観光業の持続可能な発展を保つのに最も重要となる要素は、観光人材が高い総合的素質を持つことである。学生の総合的素質を培養し、良質なプロ意識、豊富な専門理論知識、熟練した実践技能を身に付けることで、学生は観光企業で才能を発揮することができる。

②教員の資質向上に力を入れる

資質のある観光人材を育成するには、ハイレベルな観光学科担当教員を揃えなければならない。最も望ましい教員は、研究と実践両方の経験を持ち、理論講義と実習指導とを同時にこなせる人材である。

大学は教員を研究教育活動の合間に、優秀な観光行政部門や観光企業で研修実践をさせる環境を作るべきである。あるいは、教員を観光行政部門や観光企業に1～2年間出向させ、理論と実践経験を併せ持った人材として育てることが必要である。その他、若い教員を海外研修に行かせることで、自身の大学の活気を保つと同時に、海外との交流を開拓することが望まれる。観光学科は実践的な学科であるため、研究活動はあまり重要ではないと認識されているが、理論と実践両方の経験を持つ教員の育成は、このような偏見を変える一歩になると思われる。以上のような研究人材を大学が育成し、学術的影響力を高めることにより、観光業界にアドバイスや知的サポートをすることも可能である。

③人材育成方法の多様化

大学は企業と協力し、積極的に理論研究と実践経験を持つ人材を育成する条件を揃えることが求められる。

暨南大学中国観光学院は、大学と中国観光集団など六つの機構や会社で構成された学院であり（张勇 2009）、近年は観光市場の人材需要に応じて総合的、かつ高資質な人材を育成することを目標とし、国内で競争力を上げている。観光企業と協力し、積極的に実務経験者を講師として取り入れており、実践経験のある講師は、充実した授業内容と柔軟な授業方式の能力を有し、業界の新しい発展方向や課題も鋭い視点で分析することができ、授業効果の高さが評価されている。

大学は一定数の企業と長期的、かつ安定した協力関係を維持し、「選考―授業―実習―就職」の順序で人材を育成することが望ましい。例えば北京石油化学工業学院観光学科は、20社以上の企業と協定を結び、開放的な観光実習育成体系を形成している（程柯 2006）。

しかし、このような観光教育に関しては、大学側の問題だけでなく、観光企業の人材理念の低下や観光業界の発展不足、さらには社会認知の低さなどの原因があることから、観光教育の課題を解決するには、社会、企業、政府、国民の協力が必要不可欠であり、今後の大きな課題と言える。

大学の観光教育は、中国の発展状況と商業環境を考え、大学の育成条件や教育方針を融合しなければならず、変化し続ける市場に向け、常に革新しなければならない。そのためには、教育の質の向上を図り、業界と学生自身の発展と社会に貢献できる人材形成を目標とすることが求められている。

註

1）厦門大学人文学院 HP より。

〈参考文献〉

国土交通省総合政策局観光企画課編　2005『高等教育機関における観光教育システムのあり方に関する調査　報告書』

陈　明　2013『云南省旅游专业应用型本科人才培养研究』云南师范大学

程　柯　2006「旅游人才培养现状及其培养模式探析」『北京城市学院学报』01期

王　鹏飞・傅　桦　2015「日本高等旅游教育的专业课程设置与就业―以立教大学旅游学部为例」『旅游学刊』21（增刊)、北京联合大学旅游学院

汪　见明　2004「我国旅游管理专业本科教育的问题分析与发展策」『中国旅游新闻』5月21日版、新华网股份有限公司

肖　晓燕　2018「旅游管理专业建设问题思考」『旅游纵览』267（03期)、中国野生动物保护协会・中国野生植物保护协会

张　林　2015「特色定位导向的高校旅游开发研究―以武汉大学为例」『荆楚学刊』16（01期)、荆楚理工学院

张　勇　2009「我国旅游管理专业本科教育的问题分析与发展策略」『重庆教育学院学报』15-3（03期)

中华人民共和国教育部高等教育司　1998『普通高等学校本科专业目录和专业介绍』高等教育出版社

第2節　観光資源としての博物館
―香港の公立博物館を例として―

鄒　海寧

はじめに

観光とは、余暇時間の利用として、自らの生活圏から離れた地域の文化や景観に触れる機会である。近年、経済活動を抜きには語ることができない観光は、国の重要な経済産業の一つとされ、世界中の国々も観光業を重視するようになった[1)]。そして、安村克己が述べたように「本来『経済財ではない』とみなされてきた文化や自然や人間などが、観光の商品という経済財として近代化（とくに資本主義経済）の趨勢に組み入れられて生じる」ものであり（安村 2001）、自然風景や遊園地などの観光スポット以外、文化資源と位置づけられる資料や文化財なども、観光客を誘致するための観光資源とみなされ、色々な活用されるようになってきた。中でも、特独の地域文化を表現する資料を展示する博物館・美術館は都市観光の重要な要素であり、観光の目的地として選定される状況となった。

世界においても有名な観光都市として知られる香港は、経済産業として観光を重視し、より多くの観光客を誘致するために、香港特別行政区政府（以下、香港政府と略す）によって積極的に観光政策を実行している。本稿は、観光活動において重要な役割を果たす博物館について考察するものである。香港における公立博物館の事例を用いて考察することで、これまでの観光資源としての博物館のさまざまな事例を振り返り、観光における博物館の現状を明らかにしたい。

1.　観光と博物館

UNWTO（国連世界観光機関）によれば、2013年の世界全体の国際観光客到着数は10.8億人を記録し、国際観光収入は2012年の1兆780億米ドルから1兆1,590億米ドルとなった。国際観光客受入数はヨーロッパが過半数を占めているが、近年徐々に減少している状況になった。一方、アジア・太平洋の国際観光客到着数はUNWTO全地域の中で急速な成長を記録し、今後アジア地域は世界の中でも高い伸び率が予測されている[2)]。中でも、香港における国際観光客到着数は2012年の4,862万人から増加し、2016年には5,665万人となった。そして、観光による収入は2,962億香港ドルとなった[3)]。巨大な経済効果を観光産業にもたらすと期待される観光客をより多く誘致するため、観光資源とみなされる博物館も積極的な行動を取るべきであろう。

都市の魅力としては、先進的な都市の景観、娯楽や飲食施設の多様性の他に文化の担い手としての博物館がある。博物館が観光客に好まれるのは、その所在都市と歴史的・文化的につながりが深いからである。博物館は来館者が目的地の歴史や文化を短時間で概観できるため、観光の対象として選定されやすいことも、博物館と観光とを強く結びつける一因となっていると考えられる。こうした博物館は観光スポットとして認知され、博物館の基本である収集、保存、研究以外の役割、観光客の多様なニーズを満たす観光施設の役割を果たさなければならなくなった。

2017年末時点、香港には約73館の博物館・美術館及び類似の施設がある。この内約6割の博物館は社会と公衆の体育や文化の活動を管理する康楽と文化事務署と、ほかの政府機関によって管理され、こうした香港政府によって成立・運営する博物館は公立博物館とも呼ばれる。公立博物館の中で、1998年に開館した香港歴史博物館は香港でも有数の大規模な博物館であり、「香港故事」という常設展が通年無料で公開されている。また香港歴史博物館以外に、遺跡博物館の李鄭屋漢墓博物館や歴史的建築物利用の茶具博物館、香港鉄路博物館などのさまざまな公立博物館がある。

一方、観光活動において前述のような既存の博物館を活用する以外には、各国の観光客が集まっているイギリスの大英博物館やフランスのルーヴル美術館などのような世界的に知られる博物館の分館を建設することによって、多くの観光客を誘致することが可能であると考えられる。例えば、アラブ首長国連邦（UAE）のアブダビ首長国はフランスとルーヴル美術館の別館を建設する契約を締結したほかに、グッゲンハイム美術館の分館も建設の予定がある。また、ポンピドゥー・センター（フランスのモダンアート専門の美術館）の分館が上海に建設される予定である（山浦 2008）。

香港にもこうした有名な博物館の分館を建設する計画がある。それは、西九龍文化区に建設予定の香港故宮文化博物館である。西九龍文化区とは、香港における現在までで最大の面積を誇る芸術・文化プロジェクトの対象地区であり、展覧会及び芸術・文化に関するイベントを開催する施設や劇場や博物館・美術館なども含まれる巨大な文化の公共空間を提供する拠点となると期待される[4)]。中でも、英領香港の中国返還20周年の記念事業として、北京の故宮博物院と連携して、香港故宮文化博物館を開館する[5)]。香港故宮文化博物館の建設計画では、建築面積約3万平方メートルの中で、約7,600平方メートルの展示エリアが設けられている。展示は中国文化として代表的な宮廷の家具や絵画などの芸術品を中心に行う予定である。香港故宮文化博物館は2022年に開館予定で、故宮博物院の膨大な資料からの有名な展示物が見られるのが大きな魅力で、新たな観光スポットとして海外観光客の誘致の面でも期待されている。

2. 大衆の余暇生活と博物館

博物館の国際組織である国際博物館会議（International Council of Museums、略称 ICOM）によって1946年に制定された「国際博物館会議規約」では、博物館について

「博物館とは、社会とその発展に貢献するため、有形、無形の人類の遺産とその環境を、教育、研究、楽しみを目的として収集、保存、調査研究、普及、展示する、公衆に開かれた非営利の常設機関である。」（ICOM 日本委員会訳　2017『ICOM 規約』第3条第1項）

と定義されている。つまり、博物館は収集・保存・調査研究という機能のほか、大衆に娯楽と教育を提供する役割を担い、あらゆる人に開放さ

れる施設である。そして、観光における博物館の役割は、海外からの観光客が地域文化を認識するきっかけとなることであり、また市民にとっては地域の歴史・文化を改めて認識し、アイデンティティーを再確立することにあると考えられる。そのため、地域文化の認識を深める場所として博物館は必要な存在である。

それゆえ、誰でも博物館を利用できるように、博物館を通じて大衆の学びを保障するために、2016年以前は毎週水曜日を無料の日にしていた香港の公立博物館は、以降基本的には常設展を通年無料としている。公立博物館は香港政府からの補助金によって運営されるため、入場料が減少しても無料を維持することが可能である。植民地として香港を支配してきたイギリスには、基本的に国立美術館・博物館は無料公開という伝統がある。それは、「国内のあらゆる階層の人々が博物館・美術に無料でアクセスできることが、国民の福利厚生の向上につながる」と考えているからである（佐藤2010）。実際に、イギリスの博物館・美術館は無料化されて以来、館者数が増加している。

確かに、博物館の無料化は、家族連れやリピーターなどの来館者にとっては、余暇生活の活動として多くの博物館を見学しても支出に大きな負担にならないので、気軽に博物館を利用できるようになる。中でも、香港文化博物館の特徴として、公立博物館の中で最も広い子ども向けの展示スペースを通じて遊びながら学べることで、休みの日は子供連れの利用者が多い。週末に個人あるいは家族連れの来館者が多い一方で、平日は団体旅行による来館者が多数を占めている。筆者が聞き取り調査を行った香港文化博物館からは、入場料が無料であるために来館者数を把握することが難しく、正確な来館者の内訳はデータがないため不明であるが、「団体旅行での利用者は年配の方が多い」、「平日でも団体旅行の観光客は貸切りバス数台で訪れる」といった声があった。

こうした団体旅行は団地自治会や老人福祉センターなどによることが多い。香港においては、住宅団地内の良好なコミュニティーを形成するため、団地自治会はさまざまなイベントを開催しているのである。中でも、団体旅行の日帰りツアーが主流となり、年2、3回行うところも少なくない。このようなツアーの主な参加者は団地内の年配の住民であり、とくに高齢化が進行している香港において、簡単に海外旅行に行けない高齢者にとって日帰りツアーが一般的な観光形態となった。さらに、住宅団地のコミュニティー活動は政府からの補助金をもらえるため、ツアーの費用を安く抑えることができ、高齢者の間にかなり人気があるようである。しかし、補助金の申請のためにはいくつかの条件を満たさなければならない。その一つとして観光名所を見て楽しむような物見遊山型の観光に終始せず、教養教育の目的を達成するために文化施設や博物館などの見学が必須とされている。そのため、年間さまざまな企画展を開催し、かつ新都市の中心部に立地し、利用者の便利性を追求した香港文化博物館では、海外からの観光客だけでなく、地元住人の団体旅行による来館者もよく見られる（図1）。

図1　団体旅行による来館者の見学の様子

しかしながら、入館無料や駐車場完備などの団体旅行の利用に有利な条件があっても、すべての公立博物館が積極的に利用されるとは限らない。同じ公立博物館である文物探知館がその例として挙げられる。文物探知館とは、香港における遺跡の発掘調査による資料を保管・展示している考古学博物館である。館内には常設展と主題展があり、「文物探索の旅」をテーマとする常設展は、現在までの香港における考古遺跡の発掘調査を中心に、各遺跡を年代順でパネルや写真と出土遺物などによって紹介するのである。また、主題展は、歴史的建築物を中心にして、清代の中国建築から植民地時代の西洋建築までをも含む香港の代表的な歴史的建築物の歴史と現況について紹介しているのである。

文物探知館は、九龍半島の商業地区のチムサーチョイにある九龍公園の中に位置している。九龍公園は、九龍半島で最大規模の緑地公園であり、地下鉄の駅や大型ショッピングモールなどに隣接している。だが、観光にとって便利な立地にもかかわらず、前述のような団体旅行による来館者が極めて少ないのである。理由の一つは、考古学を中心とする博物館であることだと考えられる。日常生活と離れる考古学は理解しにくく、専門性が高い展示を見ても分からないので、余暇利用で文物探知館を見学しても時間の無駄だと思われているのではないか。文物探知館の事例をみると、多くの人に利用してもらうために、博物館は堅苦しいイメージを改善し、大衆との心理的な距離を縮めなれなければならないと考えられる。

3. 観光資源としての博物館

前に述べたように香港には多種多様な公立博物館があり、入館無料や交通の便利性などの集客力を高める条件のほか、博物館の展示内容自体が、来館者の訪問や再訪の意向に影響を及ぼし、来館者数に大きな関わりをもつと考えられる。とくに、地域の特徴的な文化や歴史、また自分たちとは異なった文化を扱った博物館は、観光のスポットにおいて海外からの来館者の求める「地域らしさ」による集客力を持つ。以下、香港内外の観光客に多く利用される香港歴史博物館と香港文化博物館の展示をはじめ、イベントや情報発信などについて考察し、観光資源としての博物館の現況を明らかにする。

香港歴史博物館は、「香港の文化の保存と発揚」という目的で香港における最初の歴史博物館として1998年に開館した。前述の文物探知館と同じ九龍半島のチムサーチョイに位置し、公立博物館である香港科学館に隣接している。さらにビクトリア・ハーバーや旧駅の時計塔などの有名な観光スポットも徒歩圏内であり、観光地としてアクセスが良いといえる。香港歴史博物館は、香港の歴史と文化について系統的に資料を収集・研究し、2001年以来「香港故事」という常設展を通年行っている。2017年までの総入館者数が900万人を記録した。常設展は年代別で8区に分かれ、約3,700件の資料を通じて人類出現の先史時代から始まり、1997年の香港返還までの香港の歴史を中心に展示している。第1〜3区の展示エリアでは、香港の発掘調査による出土品や資料及び研究成果を展示している。第4〜7区の展示は香港の民俗習慣や庶民生活などの情景再現による展示を行っている。第8区では香港の現代資料として20世紀に香港で生産され、日常生活で使用されていた生活器具、ラジオ、テレビなど、当時最先端の生産品が収集されて展示している。

地域外の人々に対し展示を通じて地域の歴史と文化を示すだけでなく、博物館を観光資源として利用するためには、来館者に「ここでしかできない体験」を提供することが必要であると考えられる(山浦 2008)。限られた日時や季節に行われる「風俗習慣」や「民俗芸術」などは、なかなか見られない景観であり、とくに、祭礼などの年中行事への参加は、観光客にとって貴重な体験となることは間違いない。そのため、博物館は体験や体感などを通じて来館者にこれら行事に触れてもらう工夫が求められる。例えば、香港歴史博物館は、常設展における「香港の民俗」の展示エリアの中で「饅頭祭り」という重要な民俗活動の情景を再現している。「饅頭祭り」とは、毎年農暦4月8日から一週間にわたって行われる香港の伝統的行事である。展示では、祭りの主な活動であるパレードと饅頭取り合戦の情景を再現し、祭りで使われた音楽などの音響効果を組み合わせ、臨場感のある祭りの世界を感じることができる(図2)。こうして、海外の観光客が印象的な展示を通じて地域の伝統的風俗習慣に触れることができる。また、博物館内のシアターで祭りの記録映像を上映し、子供向けの祭りの服装の着替え体験コーナーも設けている。こうした伝統風習に、博物館に足を運ぶことでいつでも触れられることによって、海外からの観光客はもちろん、地元の人々にとっても「非日常の体験」ができる場となるのも博物館

図2 「饅頭祭り」の展示風景

の魅力的なところであろう。

また、「香港の植民地初期」の展示エリアでは、郵便局や銀行や雑貨屋などの実物大の建物を組合せて、昔の街並みが再現されていることによって、来館者は当時の市民の日常生活の雰囲気を味わうことができる。そして、香港歴史博物館の常設展内は基本的に撮影が許可されているので、来館者にとって資料を見ながら記念写真を撮れるのも博物館の魅力となるだろう。こうした博物館内の展示あるいは展示品と記念撮影は、大きな参加型展示である。カメラが普及した現代社会では、観光の記念として写真を撮るのがもはや世界各国の観光客の習慣になったため、そうした社会のニーズに応えるために博物館は館内の写真撮影を許可するだけでなく、積極的に記念撮影を行える場を用意する必要があると考えられる（青木 2013）。

しかし、上述の情景再現の展示は、来館者にとって趣味性の高い、臨場感あふれる展示であるが、展示の内容を更新するのが困難であることは否めない。また、展示の中で多く採用されている映像展示についても、新たなプログラムの製作には多くの費用が必要となり、更新がないままのことも多い。そのため、博物館のリピーター率を上げるために、海外の観光客を対象とした展示活動を増やすとともに、博物館における展示内容の更新と展示方法の再検討の時期が来るのではないだろうか。

一方、前述の香港文化博物館は、団体旅行による多くの来館者に利用されるのである。こうした団体旅行の観光客は、バスの出発時間を気にしながらの行動となってしまうので、博物館のすべての展示を観覧する時間的な余裕がない場合がほとんどである。そのため、博物館は団体旅行の利用者への配慮が必要であると考えられる。香港文化博物館では五つの常設展があり、伝統芸能である広東オペラや香港の有名な小説家などの香港の文化に関する幅広い展示を行っている。とはいえ、各常設展を合わせたスペースが香港歴史博物館の常設展の一つの展示エリアとほぼ同じ程度のため、展示スペースが限られる常設展の中で、博物館は膨大な資料から選別し、これらに関する適度な情報を提供することによって、通常の厚重な歴史展示と違い、一般的な人々にとっても楽しく分か

表1　2017年香港歴史博物館と香港文化博物館で行った企画展の比較

会場	企画展名	開催期間
香港歴史博物館	The Legend of Hong Kong Toys	2017年3月2日～5月15日
	Longevity and Virtues: Birthday Celebrations of the Qing Emperors and Empress Dowagers	2017年7月2日～10月9日
	Miles upon Miles: World Heritage along the Silk Road	2017年11月29日～2018年3月5日
香港文化博物館	The Decades to Contend-Hong Kong Graphic Design in 1970s & 1980s	2017年2月10日～4月17日
	Exhibition on Paintings Adapted from Jin Yong's Novels	2017年3月1日～3月27日
	Inventing le Louvre: From Palace to Museum over 800 Years	2017年4月26日～7月24日
	Splendours of Dunhuang: Jao Tsung-i's Selected Academic and Art Works Inspired by Dunhuang Culture	2017年5月24日～9月18日
	The Hong Kong Jockey Club Series: Hall of Mental Cultivation of The Palace Museum-Imperial Residence of Eight Emperors	2017年6月29日～10月15日
	The Four Seasons	2017年6月15日～12月18日
	Pixar 30 Years of Animation: Hong Kong Celebration of Friendship and Family	2017年11月18日～2018年3月5日
	Moving Tales of Hong Kong Animation: Hong Kong Animation Development from 2007 to 2017	2017年11月18日～2018年4月2日
	Touch-Hong Kong International Poster Triennial 2017	2017年11月25日～2018年4月9日

出典：香港歴史博物館と香港文化博物館の過去の展示記録

りやすい展示を実現したのである。さらに、常設展の展示室は見学途中でも簡単に退場ができるため、見学時間が限られる団体旅行の来館者にとっても気軽に見学できるのである。

そして、香港文化博物館は、常設展のほかには三つの企画展示室を設けている。香港歴史博物館より多くの企画展示室を設置したため、年に約10回の企画展を行い、かつ常時二つの企画展を開催することができる。

2017年の両館における企画展開催の概況によれば、香港文化博物館は香港歴史博物館より年間企画展の開催数が圧倒的に多い。そして、企画展のテーマから見ると、香港文化博物館はフランスのルーヴル美術館や北京の故宮博物院などの世界的に有名な美術館・博物館との連携協力による展示を多く行っているのである（図3）。さらに、香港文化博物館

図３　香港文化博物館の特別展

は上記以外の長期の特別企画展を行うこともある。例えば、同館では2015年から香港における最初の個人美術館である香港徐氏芸術館と連携して中国の美術品を中心に企画展示を行っている。中でも、かなりの人気を誇る企画展は、香港を代表する世界的なアクションスターであルーヴルス・リーに関する約600件の文書や品物などを通じて彼の生涯を伝える展示である。この企画展は、ブルース・リー没後40周年の記念企画として、2013年から2018年にわたって開催され、香港文化博物館が開館して以来最も長い展示となった。こうした企画展の開催により、香港文化博物館は来館者に新鮮さを提供することができるのである。

しかしながら、前述の企画展は集客力のある海外の有名な博物館のコレクションの名を冠したものが多いので、海外からの観光客にとっては、その企画展がほかの博物館のコレクションから借りたものであれば、本来の所蔵館に行けばいつでも見られるのであり、また企画展には海外の観光客の求める「香港らしさ」という地域の独自性が欠如しているため、香港で見る必要性が低い。さらに、香港文化博物館は企画展中心の傾向にあるため、リピーターにとっては年２～３回見学しても、通常の展示以外の１～３か月ごとに切り替わる多様な企画展によって常に新しいものが見られることが魅力であるが、海外の観光客にとっては展示の情報を把握しにくいと考えられる。それゆえ、香港文化博物館は海外からの観光客より香港の市民に多く利用される状況になっている。

また、企画展の開催以外にも、定期的に博物館においてイベントを行うことで集客に貢献すると考えられる。ICOMが1977年にモスクワで開催した第11回大会で、５月18日を「国際博物館の日」(International

Museum Day）と定めている。「国際博物館の日」が設けられて以来、各国の博物館はより多くの人々に博物館に親しんでもらうためにいろいろな活動を行っている。2017年の「歴史と向き合う博物館―博物館が語るものは」をテーマとした「国際博物館の日」は、世界157国の36,000館を超える博物館が参加した[6)]。香港の博物館でも2001年より、「国際博物館の日」と合わせて毎年5月中旬に「香港国際博物館の日」というイベントが開催されている（香港文化博物館 2002）。イベントの期間中に約40館の博物館が無料で見学できる。そして、海外からの観光客にイベントを紹介するために、英語のパンフレットを発行し、空港や駅などの多くの観光客の利用場所で配布した。「香港国際博物館の日」は観光資源として博物館が積極的に活用される例といえよう。

近年、観光を経済の中心政策の一つとして位置付け、観光産業の国際競争力を高めるために、人材の育成、観光地の環境整備などに力を入れている。とくに、観光スポットとして博物館では、海外からの観光客のために環境整備を行っている。例えば、博物館における海外観光客への対応の促進として、館内の展示解説や案内表示の多言語化のほか、博物館のパンフレットや音声ガイドなどの多言語化も推進している。さらに、館内の案内所も多言語の対応となっていて、博物館に関する情報以外にも外国人向けの観光情報を用意して、周辺の観光地や関連施設の案内ができるようになった。こうして博物館内にコンシェルジュ・サービスを設けることによって、現地でさまざまな観光情報を収集し、行き先を決めるのも観光客の楽しみの一つであろう。

そして、博物館の対外プロモーションを展開するためには、積極的なメディア利用が不可欠となる。多くの観光客は観光地を訪問する前に、さまざまな方法を用いて情報を得て計画を立てている。中でも、ガイドブックのほか、インターネットがよく利用されるのである。そのため、メディア・コンテンツの多言語化を行うとともに、インターネットの情報通信機能を活用して、博物館のホームページの更新頻度を上げて積極的に情報発信を行わなければならない。また、観光関係の政府組織や民間の観光協会などと連携して、さらに情報発信を充実するため、海外の観光誌への情報を掲載することによって、博物館に関する情報を発信し、とくに観光資源として活用されていない博物館へ観光客を呼び込むのが可能であると考えられる。

おわりに

今回、観光資源としての公立博物館の現況について考察してきた。現在、香港には約73館の博物館・美術館及び博物館の類似施設が存在している。この中には、歴史、自然、産業など多種多様な分野の博物館があるが、こうした地域の歴史と文化を保存・継承し、その活用を図る博物館が、観光資源として十分に活用されているとはいえない。とくに、政府からの資金を得る公立博物館と違い、個人・団体博物館は資金不足による開館時間の短さ、情報発信の不足、博物館の立地の不便などによって、観光客の誘致が困難な状況になりつつあるため、観光資源として積極的に利用しにくいことが現実である。

また、来館者からの協力を得て展示を見終わったのちにアンケートをとる、聞き取り調査を行うことによって、博物館に対する満足度をデータ化し今後の博物館における展示や活動などに役立つような評価が必要であると考えられる。改善を期待される博物館は、こうした評価に応じて来館者の満足度を高めてより多くの人に利用してもらうため、いろいろな工夫をしなければならない。

今後は、公的な支援や税制上の優遇措置などの不足のため、香港故宮文化博物館のような大規模な博物館の新設は減る傾向にあると考えられる。こうした状況の中、現存の博物館を観光資源として活用するしかないため、博物館にとってどのような手段を用いて魅力を高めるかが重要な課題である。そのため、観光資源としての博物館の現況をより正確に把握するため、今後の課題として公立以外の博物館における観光活動について調査を行っていきたい。

註

1）「旅行・観光産業世界における経済的影響と課題2018」〈https://www.wttc.org/-/media/files/reports/economic-impact-research/documents-2018/global-economic-impact-and-issues-2018-jp.pdf?la=en〉（2018年3月20日参照）
2）UNWTO「Tourism Highlights 2014」〈https://www.e-unwto.org/doi/pdf/10.18111/9789284416400〉（2018年3月20日参照）
3）香港旅遊發展局「年報」〈http://www.discoverhongkong.com/tc/about-hktb/annual-report/index.jsp〉（2018年3月20日参照）
4）西九龍文化區のホームページ〈https://www.westkowloon.hk/tc〉（2018年3月20日参照）
5）西九龍文化區「香港故宮文化博物館」〈https://www.westkowloon.hk/tc/the-district/architecture-facilities/hong-kong-palace-museum〉（2018年3月20日参照）
6）ICOM「International Museum Day」〈http://network.icom.museum/international-museum-day〉（2018年3月20日参照）

〈参考文献〉

青木　豊　2013「写真撮影―スポットポイントの必要性―」『集客力を高める博物館展示論』雄山閣
佐藤　創　2010「イギリスにおける国立博物館の『入場無料』政策の維持と文化財返還請求をめぐって」IDE-JETRO海外研究員レポート〈http://www.ide.go.jp/Japanese/Publish/Download/Overseas_report/1011_sato.html〉（2018年3月20日参照）
鶴田総一郎　1968「国際博物館会議（ICOM）について」『自然科学と博物館』35　国立科学博物館
安村克己　2001「文化観光における真正性と商品化の問題」徳久球雄・塚本珪一他編『地域・観光・文化』嵯峨野書院
山浦綾香　2008「観光資源としてのミュージアム」『運輸と経済』68-3
香港文化博物館編　2002『香港國際博物館日2002博物館博覽』康樂及文化事務署

第3節　西安における遺跡博物館の集客力

陳　維新

1．西安の歴史と博物館

中国陝西省の省都西安市は、旧名の長安で知られ、そのほか、鎬京、咸陽、大興、西京などと称されてきた。また、西周、秦、前漢、隋、唐など、約1,000年以上にわたって13王朝の首都が置かれてきた歴史を有する都市として、現在の中国に無数の文化遺産を残してきた。

特に前漢時代から西安は、中国大陸と世界各国の経済・文化交流の門戸として開かれ、国際都市として存在してきた。さらには、世界的に知られている「シルクロード」の起点であり、また中国ユネスコ委員会により「世界歴史名城」に指定されている。

西安市は関中平野中部に位置し、その周囲を八条の河川が流れていることから「八水繞長安」とも称されている。南には秦嶺山脈が立地し、このような地理環境は都の形成に適していた。

西安市藍田県の「藍田猿人遺跡」では、1963年に約100万年前と推定される藍田原人の人骨が発見され、また西安市高陵区では、2008年に約6,000年前の新石器時代晩期と推定される「楊官寨遺跡」が発見されている。

上記の理由により、西安市は1978年の改革開放後、1998年に中国国家観光局からほかの53市とともに、第1回「中国優秀旅游城市」に、また、2011年には中国国務院から全国唯一の「歴史文化基地」に指定された。

2013年5月に、西安市で100館目となる源浩華蔵博物館が開館した。現在、西安市の博物館には、国家が運営する「国有博物館」、企業が運営する産業と関わる「興行博物館」、個人や民間団体による「民営博物館」の三つの運営形態がある。そのうち、最も有名なのは陝西省立「陝西歴史博物館」（以下、陝歴博と略す）である。

陝歴博は1983年から建設をはじめ、1991年6月20日の開館まで8年間かかった。中国初の大型の現代化博物館で、当該博物館の開館により中国博物館事業は新たな段階に入ったといわれている。「中央殿堂、四隅崇楼」の唐代風建築群を呈しており、面積65,000㎡、建築面積55,600㎡、収蔵庫面積8,000㎡、展示空間面積11,000㎡、所蔵資料1,717,950点となっている[1)]。

2015年3月36日から、一部展示場を無料開放して以来、年間来館者数が急増した。ホームページによると、2007年の年間来館者数は51万人だが、2015年の年間来館者数は118万である。老人や児童は38％、外国観光客は50％、西安市民は260％増えた。また、団体観光客のうち、外国観光客は170％増え、西安市民は500％増えたという[2)]。無料化により、来館者数が大幅に増加したのは評価できる。しかし、その反面館内をゆっくり観覧したい来館者にとって不都合な面も出てきているだろう。また、室内の展示のみで構成されているため、室外活動を増やすことで、さらに魅力が高まると筆者は考えている。

ところで、中国では、「地上文物看山西、地下文物看陝西」といわれ、文化財を見るなら山西省へ、埋蔵文化財を見るなら陝西省へという意味である。西安には未だ多くの埋蔵文化財が地下に眠っており、また、周辺の古代建築遺跡や、帝王陵などの重要な遺跡も非常に多いといわれている。そのため西安では、遺跡博物館が多く、その歴史的価値の高さから集客力も高い。西安は中国最初の遺跡博物館から国家考古遺跡公園に至るまで、遺跡博物館の発展を実見できる中国唯一の都市である。

2. 中国の遺跡博物館の発展の歴史

さて、中国の遺跡博物館の発展は、世界的には他国より遅れている。その理由として、まず清朝末期に、数々の外国「探検隊」が中国へ入国し、寺修復の支援などの口実で、中国各地の寺や遺跡から文化財の買収や、略奪を行ったことが挙げられる。これにより、中国全土の遺跡は多大な人為的被害を受け、中国の近代史に禍根を残している。また、専門知識を有する人材の不足や、遺跡保護についての認識が十分に浸透していなかったことも、理由として挙げられる。

1949年の中華人民共和国政府成立以後において、中国の遺跡博物館の発展は、三段階で整理できる[3]。

第一段階　経済能力や科学技術が十分でなかった1949～1978年の間である。まだ博物館とはいえるようなものはなく、風雨を防ぐなど保護を目的としてほとんど旧民家や旧議事堂などの建物が使用されていた。これらは煉瓦製で、屋根は承椽梁の瓦が付いており、窓や扉はすべて木製で、気密性が低かった。その代表的な施設は、西安の半坡（バンポ）遺跡博物館である。当該遺跡博物館は、中国遺跡博物館の嚆矢とみられ、2018年には建館60周年を迎えた。

第二段階　1978～1990年にわたる「改革開放」の前期、国内経済は成長期に入り、遺跡博物館の建設が急速に進んだ時期の代表的な遺跡博物館は、陝西省西安市から37㎞郊外に位置する臨潼県にある「秦始皇帝兵馬俑坑」である。1979年に建築された「1号坑」建物は、大径アーチ型の鉄骨構造で、屋根も透光性が高いガラスを使用している。また、通風性も考慮され、密閉性が高いガラス窓も設置し著しい改善が認められる。しかし、内部環境の温湿度調整などはまだ不十分とする評価がなされている。近年、西安地域の降水量が増え、排水設備が不足していたため、1号坑の歩行者通路に雨水が入ったというニュースもあった[4]。

第三段階　1990～2005年「改革開放」の効果で、中国の博物館が長足の発展を得た時期。海外各国との交流機会が増え、例えば日本の高松塚古墳の保護施策は中国国内に大きな影響を与えた。その典型は、始皇帝兵馬俑2号坑で、遺跡の上に覆屋を建築し、展示施設として活用しながら、発掘調査も継続して行っている。展示のことを考えた設計上、半封鎖式になっている。もう一方の典型的な遺跡博物館は、漢陽陵遺跡博物館である。当該遺跡博物館は、全封鎖式で内部の展示を行っている。参観者が直接遺構に接触することのないように設計され、遺跡に人為的な影響が加わることを防いでいる。

なお、地中の遺構に対する圧力による損壊、破壊を防除するためには、軽量構造である必要がある。典型的な事例として北京西部老山漢墓が挙げられる。当該漢墓は、2000年の夏から発掘調査が開始され、終了後、保護を目的に径間距離が50m程の大径アーチ型の軽い鉄骨を利用して覆屋式の施設を建設した。陝西省では小型遺跡保護が近年増加するにつれ、遺跡博物館建築の設計も専門員が担当し、照明・通風・温湿度調節等の空調設備も整備されるようになった。

ここまで、第一段階から第三段階について取り上げたが、筆者はこれに加えて第四段階が挙げられると考えている。

第四段階　2005年に国家文物局で策定された、2006〜2010年にかけての第11次5ヶ年計画で、大型遺跡保護施策が実施され、中国大陸100ヶ所の大型遺跡を保護対象とし、その後はさらに150ヶ所を追加した。

これは、中央人民政府が主導して地方人民政府と共同で進め、そのために多くの予算が投入された。国家文物局は同時に、洛陽・西安・杭州・無錫等の各地で大型遺跡保護会議を開催し、一定の成果を得た。2009年12月、国家文物局は「国家考古遺址公園管理弁法（案）」にもとづき、国家考古遺跡公園を「重要考古遺跡及びその背景や環境をメインとして科学研究、教育、休憩などの機能を持ち、考古遺跡保護と展示方面について全国へ模範となる公共空間」と定義している。さらに、国家考古遺跡公園を建設する際は、下記二つの重要な条件を満たさなければならないとした。

①中央人民政府によって公開・配布された文物保護計画書

②国家文物局で批准された長期的考古計画のもとに制定された、保護計画にもとづく遺跡公園計画書

2010年10月国家文物局は、第一段階として12ヶ所の国家考古遺跡公園と23ヶ所の国家考古遺跡公園候補地をリストとして公開した。次いで2013年12月17日には、第二段階として12ヶ所の国家考古遺跡公園と31ヶ所の候補地のリストを公開した。この時期から、全国の遺跡博物館は各館の状況によって内部の設計や建物のデザイン等を開始した。

3. 西安の集客力のある遺跡博物館

(1) 半坡遺跡博物館

半坡遺跡博物館は、現在陝西省西安市東郊滻河東岸の半坡村北部に位置する。半坡遺跡公園は中国遺跡公園の嚆矢であると看取される。

当該遺跡は1953年春に発見され、1956年中央人民政府から30万元の博物館建設費を投入され現地保存型博物館として建築された。開館当時の名称は、陝西省博物館半坡村分館であった。1954～1957年の間、現地で集落遺跡を保護しながら、中国科学考古所は５回の大規模発掘調査を行い、1958年の開館までに集落を形成していた家屋遺構40基、穴倉遺構200基、柱穴400個、陶器窯６基と墓坑170基の遺構が発見された[5)]。これは、中国で初めて大規模に発掘された新石器時代集落遺跡である。1961年、本遺跡は中国国務院から最初の全国重点文物保護単位に指定された。

当該遺跡博物館の陳列展示総面積は4,500㎡を計り、また収蔵文物３万余点を誇り、そのなかで国家一級文物は200余点を数える。収蔵品の内訳は、石器3,000余点、陶器1.4万余点、そのほかの器物は3,700余点、人骨標本200余体、古生物化石200余点である。展示室は、出土文物展示、遺跡遺構展示と補助展示室の３ヶ所から構成されている。出土文物は、第一展示室・第二展示室で公開され、展示内容は遺跡発掘調査中に発見された生活用品と生産用品である[6)]。

また、当該遺跡博物館内部では常設展示、遺跡遺構展示以外の短期的な展示としては、２～３か月の期間展示を行っている。さらに、「史前工場」と称する小中学生向けのワークショップなどもある。

図１　半坡遺跡公園（筆者撮影）

今後さらなる利用者の増加を目的に博物館の面積を増やすことや、入館料の無料化なども予定しているとのことであった[7)]。近年、インターネットの利用により当該遺跡博物館の宣伝は遥かに広がり、全国から多くの観覧客が訪れているのが現状である。

(2) 秦始皇帝陵

秦始皇帝陵は、紀元前246～208年の39年をかけて造営された巨大帝王陵である。当該陵は、中国でも保存状況が良い帝王陵として認定されている。現存の陵塚の高さは76mで、内部の構造は咸陽（秦都）に倣い、内城と外城の二区に分かれている。内城の全長は、2.5kmで、外城の全長は6.3kmを計る。陵塚は、内城の西南方面に位置し、始皇帝陵の東方に位置している。現在も、まだ発掘の途中である。

棺と副葬品を納置する主体部は、秦始皇帝陵墓建築群の核心であり、兵馬俑坑は、始皇帝陵の付属埋蔵倉として設営された遺構である。1974年3月29日に、農夫による井戸掘りにより人物俑が発見されたのを契機とする。その後、考古学者が現場に入り、発掘作業を行った。しかし、着彩されていた兵馬俑は、空気の影響により出土後の僅か数分で、すべて酸化により退色した。一方で、圧倒的な遺物量が確認され、当時の国家文物局局長が現地へ赴き、国務院は現地で「秦始皇兵馬俑博物館」を建設する計画を公表した。1975年に建築作業は始まり、1979年9月に兵馬俑博物館「1号坑」が落成した。さらに、1976年に「2号坑」「3号坑」が発見され、1994年兵馬俑博物館のすべての遺構が公開展示となった。

現在、秦始皇兵馬俑博物館は、3遺構の展示があり、1号坑は戦車と歩兵が中心で、約6,000点を数える等身大の人体陶俑が世界的に有名である。2号坑は、秦俑の精華と称されて、総面積6,000㎡を計り、戦車・騎兵・弓兵で構成されている。3号坑は、秦軍の指揮部と称され、総面積は524㎡を計測し、彩色陶俑保護の観点から現在はまだ未発掘の状態になっている。

1号坑の南側には、当時発掘調査で検出された「銅馬車」専用の展示室も設けられている。現在、秦始皇兵馬俑博物館は「始皇帝遺跡公園」として整備された始皇帝陵とともに「秦始皇帝陵博物院」と総称され、

表１　秦始皇帝陵博物院年間来館者数一覧

年度	観覧者接待量（人数）	未成年観覧者接待量（人数）
2012	4,520,933	144,713
2013	4,552,507	138,534
2014	5,090,070	164,899
2015	5,620,358	188,729
2016	5,926,466	203,034
2017	6,853,128	219,611

その規模の大きさ、歴史的価値、出土文物の多彩さで西安で最も有名な遺跡の一つであるばかりでなく人類の遺産として世界遺産に指定され、観光者は年々増加の一途を辿っている[8)]。

(3) 大明宮国家考古遺跡公園

大明宮が立地する龍首原は、唐長安城の東部（現在の西安市太華南路）、滻河西岸高地最北端の道原梁に位置し、風水学によると、宮殿の造営に最良の地とされている。かつての大明宮は、現在大明宮国家遺跡公園として保存されており、保存面積はおよそ3.2㎢、平面形態は、平行四辺形を呈する。

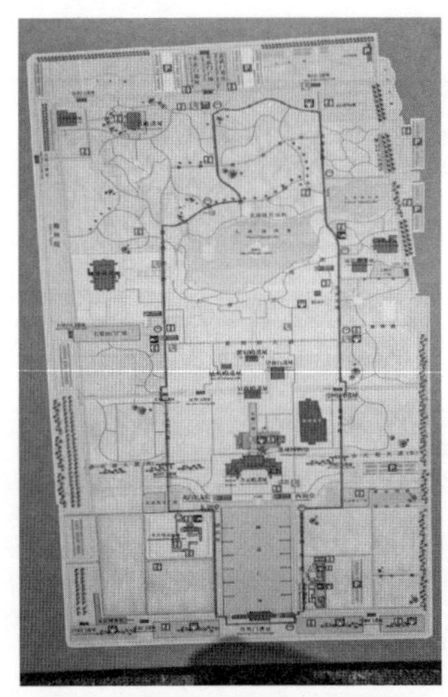
図２　大明宮全体図（筆者撮影）

大明宮国家遺跡公園は、中国最初の国家考古遺跡公園で、明・清時代の紫禁城（北京故宮）の4.5倍の大きさを誇る。現存遺構は36ヶ所で、その内露出遺構は６ヶ所を数える。園内は、主要宮殿建築区・文物鑑賞区・科学体験区などで構成されている。2008年に大明宮遺跡保護プロジェクトが開始され、2010年には大明宮国家遺跡公園の整備が開始された。

大明宮遺跡は、1961年に中国国務院から最初の全国重点文物保護単位に指定され、さらには国際記念物遺跡会議（ICOMOS）も大明宮遺跡保護の重要さを認めた。具体的には、2014年6月22日カタール・ドーハで開催されたユネスコ第38回世界遺産委員会会議において、唐長安大明宮遺跡は中国、カザフスタン、キルギスタンの三国にまたがる「シルクロード：長安―天山回廊の交易路網」の1ヶ所として、世界文化遺産に登録された。

大明宮国家遺跡公園内部は、丹鳳門、含元殿、宣政殿、紫宸殿、麟徳殿、大明宮遺跡博物館、大明宮建築模型群、考古アプローチセンターなどで構成されている。開園以来、その周囲は自然環境が優れていることと歴史文化の雰囲気とが相俟って、集客力のある遺跡博物館となっている[9)]。

4. 西安市遺跡保護の現状

2005年、国際記念物遺跡会議第15回大会は「西安宣言」を採択し、重要な遺跡の保護範囲をその周辺環境にまで拡大している世界的な傾向に呼応して保護政策を転換した。つまり、遺跡をとりまく歴史、社会、精神、風習、経済と文化活動等を一体的に保護していくということである。

また、2006年に西安市文物局は大遺跡保護会議を開催し、文物関連法制の脆弱性、文物保護作業の不十分性、多くの文物保管所と政府との交流不足等を指摘し、改善策を求めた。そのうえで、西安市文物局は、各文物保管所職員に対し、専門知識獲得の強化、研究の推奨、制度の健全化を目指すなどの解決法案を提出した。さらに、近年、西安周辺の秦阿房宮や漢長安城などの大遺跡に対しては、多くの保護法案が提出され、その中で、「阿房宮考古公園建設前期研究」や「阿房宮前殿遺跡版築救急性工事に関する専門家討論会」などの検討を経て、「国家考古遺址公園管理弁法（案）」に基づき大型考古遺跡公園を設営している（陳維新 2018）。

そのほか、近年陝西省文物局が運営している「漢唐網」や西安半坡遺跡博物館ボランティアの運営による「西安半坡博物館志願者団隊」という中国版Twitter「微博」のアカウントからの発信などインターネットの影響により、文物に関心を持つ人々もますます増えているのが現状で、社会への啓蒙活動は大幅な進捗を遂げている。この点も、遺跡博物館の利用者を増加させる原因となっている。

5. 遺跡博物館の魅力

現代社会において人々の多くは、室内で日々を過ごしている。マンションの多い中国でも顕著である。そのため自然に囲まれた開放的な空間は人々の憧れる場となっている。また、物質的に豊かになった今、精神的な豊かさを求めるようになってきた。

このようなことを背景に、世界各国は図書館、博物館、美術館等様々な文化施設の建設を行っている。本稿で記した秦始皇帝陵博物院の近年来館者数の増加からも、遺跡博物館もしくは大型遺跡博物館が多くの人々に支持されていることは明白である。また、遺跡周辺の環境も大きな魅力となっている。もちろん、遺跡や文物保護のため、地下遺構に及ぼす影響も想定される周辺環境は保護しなければならない。

しかし、それだけにとどまらず、前述の「国家考古遺址公園管理弁法（案）」によると、遺跡博物館は遺跡や展示場だけではなく、科学研究や教育、さらに休憩などの機能をも持ち合わせる施設でなければならないという。つまり、遺跡博物館は現代社会における都市生活で疲弊した人々に“癒し”の場を提供するものと筆者は考えている。実際、筆者が大明宮国家遺跡公園に調査に赴いた際に、遺跡の広さを含めてまず感じたのは緑の多さであった。当該遺跡公園では、多くの木や花などに囲まれ、まるで自然公園にいるような感を抱いた。多くのお年寄りや子供達、そしてジョギングしているひともいる、この都市の花園のような環境は、現代人にとっての遺跡博物館の大きな魅力の1つであると言えよう。

図3　大明宮国家遺跡公園内部音楽広場（筆者撮影）

また、当該遺跡公園の考古アプローチセンターでは、常設展示を行っているほか、モニターやスライドショーなどの映像機器を使い、出土文物の使用方法を含む体験型展示が展開され、文物修復作業の現場を見学することもできる。

このように、遺跡博物館は、単に遺跡を保護し展示するだけではなく、人々の日常生活に利便性を提供しながら、研究・教育を支援できる場として、またその所在地の“町づくり”や、観光業発展に対して重要な存在であると言えよう。

まとめと今後の課題

中国初の遺跡博物館である半坡遺跡博物館は、1956年の開館以来60年を経た。その間、中国国内の遺跡博物館の建設が進み、法制度の整備に伴い、遺跡遺構の破壊や盗掘事件も減少した。さらに近年、「国家考古遺址公園管理弁法（案）」により、遺跡は人々の生活に融合しつつある。このような動向を踏まえたうえで、今後に向けていくつか課題を挙げておきたい。１点目は、全国で新設されている考古遺跡公園内部にある建物についてである。まず復元建物について、大明宮国家遺跡公園での事例を挙げる（図３）。遺跡上に古代建築を再現するのは一つの展示及び古代技術の保存方法であるが、大明宮紫宸殿の復元方法は日本の平城宮大極殿と比べて考証が不十分で、遺構に悪影響を及ぼす植物が植えられるなど問題が多く、保護のための予算の使い方に疑問が残っている。次に建物のデザインの例を挙げると、遺構と観覧者通路の間には、観覧者のスマートフォンやビデオカメラ、自撮り棒などの落下事故が最近頻繁に発生しているため、保護網などを至急設置することも重要であろう。

左：西安大明宮紫宸殿　　右：奈良平城宮大極殿（筆者撮影）

２点目として、入場料が高額なことや、それに関連して運営方法の適否などが課題として挙げられる。

３点目は、各遺跡博物館の管理部門には、いまだ専門知識が不十分な職員や、臨時雇用の職員などが多いことである。このため、遺跡公園の観覧者はインターネットのガイドや、遺跡に設置された簡単な解説パネルの閲覧、もしくは有料の専門解説員を雇うしかない。しかしながら観覧者の疑問に答えたり、必要な解説を行うために専門職員はなくてはならない存在であるといえる。またささいなことも含め、観覧者による遺跡博物館内部施設の損壊やマナー違反行為等は多数発生しており、さらには保護意識の低い臨時雇用職員の遺跡や資料・模型等の取り扱いも十分とは言えない。遺跡や模型専門職員が充実していればマナーを守らない人が展示物や遺跡に損害を与えないよう、あるいは与えた場合も適切な対応ができるのである。これらの課題は、今後の遺跡博物館における運営に対して、重要な問題点であると筆者は考えている。

註

1）陝西历史博物馆 HP（http://www.sxhm.com/）による。
2）前掲註 1）
3）金沙遗址博物馆 HP（http://jinshasitemuseum.com/）による。
4）前掲註 3）
5）西安半坡博物馆 HP（http://www.bpmuseum.com/）による。
6）前掲註 5）
7）西安半坡博物館職員のご教示による。
8）中华人民共和国中央人民政府 HP（http://www.gov.cn/）および、秦始皇帝陵秦陵博物院 HP（http://www.bmy.com.cn/）による。
9）西安市文物局召开大遗址保护工作座谈会（http://xawwj.xa.gov.cn/ptl/def/def/index_1270_2570_ci_trid_275971.html）による。

〈参考文献〉

陳　維新　2018「西安大明宮国家遺跡公園についての一考察」『國學院大學博物館學紀要』42

第４節　中国における観光資源としての博物館の現状と発展

樊　子杰

はじめに

博物館とは、自然や人類文化遺産の実物を収集・保存・展示及び研究する場所である。科学的・歴史的・芸術的価値のあるものを分類し、一般大衆に知識・教育・鑑賞などを提供する機関である。中国の博物館は四種類に分かれ、歴史類・芸術類・科学と技術類・総合類があり、非営利の永久的な機関として大衆に開放している。現在、中国の博物館は増加の傾向にあるが、来館者数が少ないのが現状である。博物館の画一性は、中国の博物館の観光資源としての発展が制限される主要な原因となっている。本論では、中国の博物館における現状の分析、及び博物館の観光資源としての開発利用の研究を通し、博物館の集客力について論じる。

1. 中国の博物館の現状

中国の経済発展とともに博物館数も増加してきた。中国国家文物局の統計によると、2014年までに登録された博物館の総数は4,510館である[1)]。以下、2009～2014年の全国の博物館と私立博物館の数、及び全国の博物館の来館者数を示す（図1～3）。

以上のデータから見ると、中国の博物館数は増加の傾向にあることが分かる。このような急速な発展の要因は、入館料の無料化に依ることが大きいと思われる。国家文物局の統計によると、2013年末までに無料で開放された博物館の数は2,780基であり、総数の60%を占めている[2)]。

中国の観光産業の発展初期に、博物館は伝統的な観光地として一般大衆の初歩的なニーズを満たすことができた。しかし、観光資源の多元化及び観光客の嗜好の変化などにより、多くの博物館の観光機能がマンネ

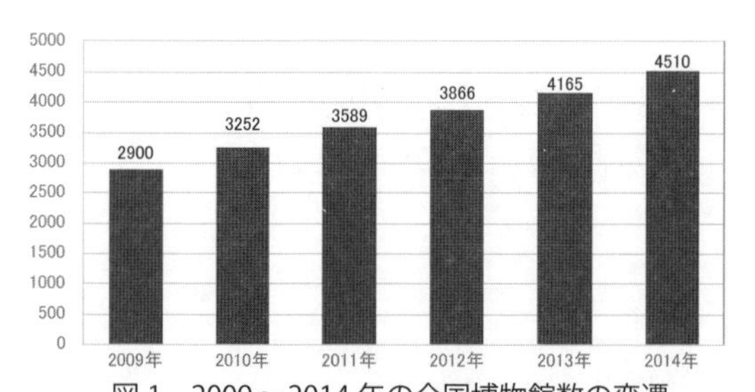

図1　2009～2014年の全国博物館数の変遷
（www.chyxx.com/industry/201512/373794.html のデータを元に作成）

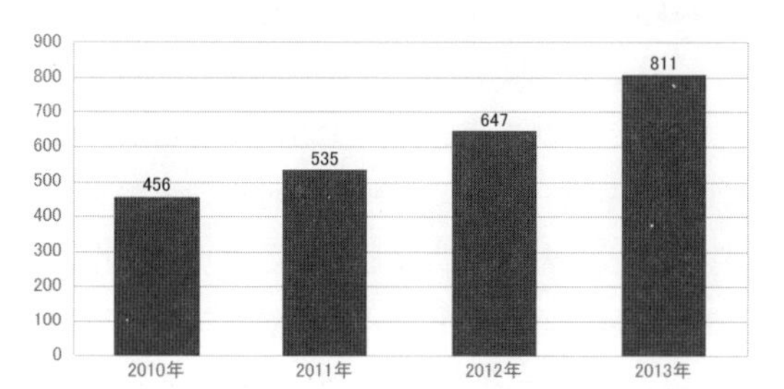

図2　2009～2014年の私立博物館数の変遷
（www.chyxx.com/industry/201512/373794.html のデータを元に作成）

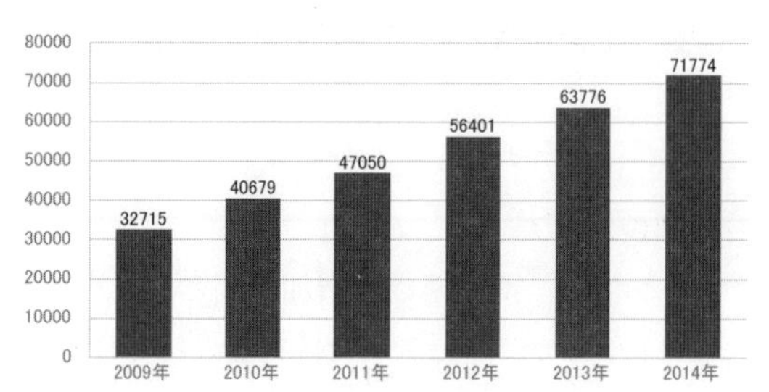

図3　2009～2014年の全国博物館の来館者数の変遷
（www.chyxx.com/industry/201512/373794.html のデータを元に作成）

リ化することで、大衆のニーズに対応できなくなっていった。

筆者は各博物館の特徴を整理し、集客力の高い博物館は以下の四種類に分けている。

1　遺跡博物館は一般博物館より観光資源が豊富であり、観光客の数が多い。

2　大型博物館は中小型博物館より収蔵品が多く、観光価値が高い。

3　科学博物館は一般博物館よりインタラクティブ性が高く、観光客の娯楽に対する欲求を満たすことができる。

4　観光地や商業圏に設置された博物館は地理的なアクセスが良く、集客が容易である。

中国の博物館の観光資源としての現状は両極化を呈し、入館料の無料化や特別展示の有無などによって、来館者数に振幅があり、博物館観光の需給状況からみると、需要に対する供給の不足が主な問題であろう。現在、中国は約30万人に一つの博物館を持つなど、先進国の博物館共有率（約5万人に一つの博物館を持つ）と比べて、まだ大きな距離がある[3)]。

筆者の各地博物館調査によると、中国の多くの博物館の集客力が低い原因は、次のとおりである。

1　博物館の単一性

各地域の博物館の種類や特徴に近似性が見られ、展示物も単一的である。そのため、観光の発展に対して主導性を欠き、また来館者にとって魅力が欠乏している。

2　従来の博物館は“観光による発展”を重視していない

さまざまな考え方の博物館があるが、計画経済体制に所属している博物館が多く、保守的な経営管理方法で観光業に目が向いていないのが現状である。

3　博物館サービスの低品質化

博物館の収蔵品や展示方法などの品質は高いといえるが、館内のサービス施設及び従業員の態度が良くないのが現状である。

4　大衆は博物館に行く習慣がない

中国の大衆は、博物館が“非日常の場”として存在しており、また、多くの博物館は現代観光の娯楽性などを満足させられていないのは事実である。

2. 博物館の観光資源の発展戦略

博物館の観光資源としての開発・保護・活用は、経済価値・社会価値・教育価値を高めるのに一役買っている。現代博物館におけるサービスや運営管理は、従来の博物館の形式的な経営を改めないい限り、発展は不可能である。民間企業の経営理念を参考にし、発展させることが、現代博物館の進むべき方向であると筆者は考えている。

中国の博物館の観光資源としての発展方向としては、以下の三つが特に重要と考える。

(1) 博物館の情報発信

博物館に関する様々な情報を発信する目的は、各年齢層の観光客を博物館に誘致することである。近年では科学技術の発展に伴って、観光客の来館を促す方法がたくさんある（収蔵品のデジタル化・ソーシャルメディアの共有化・インタラクティブ化など）。近年、北京や台湾の故宮博物院は観光客を引き付けるため、ミニブログ（微博）・WeChatなどソーシャルメディアを利用し、人々に博物館の最新情報や活動を発信している。また、様々なアプリケーションを開発利用し、院内建築物や収蔵品の修復・大衆に対するサービス・収蔵品や展覧会などの最新情報を発信している。こうしたメディア戦略を通して、観光客数や博物館の知名度を増やすことが可能となる。

(2) 博物館の体験化

博物館の体験とは、館内環境・サービス・展示活動・グッズなどを“ツール”として、観光客の積極的な来館を引き出すことを目的に実践されるものである。体験性は観光資源の重要な要素であり、実際に参加・体験することで、観光客の再来館の可能性も高める。例えば蘇州の六悦博物館では、影絵芝居活動・京劇仮面制作・糖画など無形文化遺産の活動を通し、来館者の視覚的・聴覚的・触覚的な楽しみを満たすことができる。このように文化芸術活動・VR体験・ワークショップなど来館者と交流できる方法は、現代博物館の発展にとって肝心な要素であろう。

(3) 博物館展示の多元化

博物館は知識の普及を目的として、多くの収蔵品を展示する“学習の場”として存在している。しかし、個々の展示方法は静態・単一であり、現代博物館の多様な展示方法が取り入れられていない。来館者の年齢や職業などはそれぞれ違い、多面的な展示方法で各年齢層や階級のニーズを満たすことは非常に重要なことである。また、観光資源を活用するために、博物館は新たな展示理論と実践に基づき、文化遺産・観光客・社会とをつなぐ核となるべきである。

博物館を観光資源として活用するためには、展示内容の企画・広報と館内サービスの改善や観光対象の拡大に注力する必要がある。さらに、多様化する観光客のそれぞれのニーズを把握して、新たな博物館像の構築を進めていくことが必要であると考えている。

3. 考古学博物館の観光性について

考古学博物館は、遺跡文化の発信媒体として設立されたものである。そのため、博物館の観光資源と社会資源の発展、及び一般大衆に対する教育普及を推進するため、考古学博物館の観光性を見出し、また遺跡の整備事業を実施していくことが望まれる。本項では、遺跡や教育の観光資源との関係及び考古学博物館の研究を通し、博物館の観光性と集客力について述べたい。

(1) 遺跡と観光

一般的に「観光」とは、「自己の自由時間（＝余暇）の中で鑑賞・知識・体験・活動・休養・参加・精神の鼓舞等、生活の変化を求める人間の基本的欲求を充足するための行為（＝レクリエーション）のうち、日常生活圏を離れて異なった自然・文化等の環境のもとで行おうとする一連の行動」であるとされる（中村・青木 編著 2016：152)。観光資源の活用による地域文化の特徴を生かした魅力ある観光地の形成を図るため、遺跡や景観、名勝、博物館などの、観光資源としての保護及び発展に有効な対策を構築していくことが必要である。

観光資源の類型は種々あり、主に以下の四種類に区分される（中村・青木 編著 2016：155)。

表１　観光資源の類型

自然資源	人文資源Ⅰ	人文資源Ⅱ	複合資産
山岳 高原 原野 湿原 湖沼 峡谷 滝 河川 海岸 岬 島嶼 岩石・洞窟 動物・植物 自然現象	遺跡・史跡 寺社 城跡・城郭 庭園・公園 年中行事 碑・像	橋 近代公園 建造物 動物園・植物園 博物館・美術館 水族館 テーマパーク・ 遊園地	歴史景観 田園景観 郷土景観 都市景観

遺跡の観光類型は、表１の人文資源Ⅰに所属するが、遺跡整備の活用などは観光資源の発展に対して不可欠である。遺跡とは、基本的に過去の人々の活動の痕跡を留めている場所であり、その活動により生じた構築物の痕跡で、かつ不動産である遺構と、活動の結果生じたあるいは作出された動産である遺物の両者から構成されている。

遺跡の観光地化とは、遺跡を考古学の研究対象としてだけではなく、観光資源としても捉え、保存や活用の方法について、遺跡保存科学を軸に観光学と融合していこうとするものである。遺跡を観光資源とする場合、考古景観などの保存及び環境の美化、遺跡へのアクセス、遺跡の修復方法などを構築していくことが必要である。

観光資源としての遺跡の活用は、地域の振興及び知識の向上・普及に対して重要な価値がある。観光により地域経済の振興を図るには、観光客を増加させ、観光による増収の仕組みを構築することが必要であり、遺跡をテーマとした商品の開発・プロモーション戦略などを企画し、実践する必要がある。そうして、商業・工業・林業・農業・水産業などの様々な産業がつながりを呈し、持続可能な地域となるべく経済基盤が構築される必要があろう（中村・青木 編著 2016：171）。

(2) 社会教育と観光

博物館は公教育機関であり、歴史・芸術・民俗・産業・自然科学などに関する学術知識・資料などを一般大衆に公開している。現代社会が求める博物館の役割は教育であり、資料の収集・保存・展示・調査研究を主な機能とした、社会教育の役割に集約される位置づけとなっている。観光を中心とした博物館は、教育機関（学校など）・観光機関（観光企業・政府の観光部門など）や他の組織との連携・協力を通し、来館者に多種多様な教育活動（講座・ワークショップなど）の支援を積極的に行うことが重要である。

観光の推進及び地域の教育向上のため、各博物館は各自の文化的特徴を明確にした上で、大衆の参加を得ながら地域資源を活用した博物館の教育活動を実施すること等が望まれる。また、学校による博物館を活用した学習・体験活動もまた、博物館の来館者数の増加やその他の教育活動に対して良い影響をもたらしている。

現在の観光は価値観やライフスタイルの変化とともに、旅行の日常化、リピーター比率の増大、体験型レクリエーションの普及など、ニーズの多様化と個性化の傾向が顕著になっている（観光政策審議会 2000）。そのため社会教育と観光事業の連携を目的とした博物館は、各教育機関と協力し、博物館の教育力を高めるとともにその魅力を掘り起こすことで、現代社会のニーズに適った観光に結びつくのではないだろうか。

(3) 考古学博物館と観光

考古学博物館は地域における観光資源として、その経済発展や住民の教育普及等の面で重要である。また、遺跡は地域資源に観光の創意を加えることで、魅力ある観光資源として育てあげることが可能である。したがって、考古学博物館は、この「遺跡の観光地化」に積極的に関わりをもつべきであると考えられるのである。

考古学博物館としての観光要素は、地域の独自性にある。遺跡で発掘された考古資料などは当該地域を象徴するものとして、考古学博物館を通して観光客を誘致するための観光資源ともなり得る。

4. 上海崧沢遺跡博物館を例として

近年、上海地域に考古学博物館の数が徐々に増加しつつある。例えば、良渚文化を中心とした松江区の広富林遺跡博物館、崧沢（すうたく）文化を中心とした青浦区の崧沢遺跡博物館などの考古学博物館がその代表例である。考古学博物館の設立は、遺跡やその文化の歴史研究、文化財の保存、観光資源や社会資源の開発及び大衆教育に対し、積極的な作用をもたらしている。

(1) 崧沢遺跡の形成及び発展

人類活動の痕跡がある遺跡の形成は、主に地形、水文、土壌、動物、植物、気候などの自然地理環境に影響される。上海地域が約6000年前に浅海から陸地に変遷したことで、青浦区・崧沢遺跡は上海で最初に人類が居住した地域と見なされている（譚其驤 1973）。崧沢遺跡の周辺には沼地や湖が分布していることから、灌漑水源・飲用水・魚類など水資源が多く、人類居住地の形成に不可欠な自然条件が揃っている。また、崧沢遺跡の南部は佘山・辰山・天馬山・鳳凰山・北竿山・小昆山などがあり、原始住民の石器製作に石材を提供してきた。

崧沢文化は、上海市青浦区・崧沢遺跡の中層―氏族墓穴の遺存を典型的な特徴とした紀元前3900年頃から前3200年頃にかけて存在した新石器時代（母系社会から父系社会への過渡段階）の文化であり、主に中国・浙江省及び上海地域の長江南部の太湖流域（太湖北部・太湖東部・太湖東南部・太湖南部）に分布している。1950年代に、上海・崧沢遺跡、浙江・呉興邱城遺跡の発掘を契機として、崧沢の墓穴文化研究の幕は開いた。

1957年、上海市文物保管委員会が青浦県（現在の青浦区）崧沢村で崧沢遺跡を発見、その後1961年、1974～1976年と1987年に三回の発掘調査を実施し、『崧澤―新石器時代遺址発掘報告』（上海市文物保管委員会1987）が出版された（倪皓・郝智国 2017）。この報告書では、崧沢遺跡の地層の上下関係を根拠として、崧沢文化の発展序列を早期・中期・晩期・末期の四期に区分した。具体的には崧沢文化の早期は、馬家浜文化の特質を引き継いでいるものの、中期に崧沢文化の基本的な特徴が現れ、晩・末期は良渚文化の様相を呈しているとされる。1962年、崧沢遺跡は上海市文物保護単位に含められた。

図4　崧沢遺跡博物館の外観
（上海市歴史博物館提供）

1970年代には、考古学者は海安県及び常州・蘇州・嘉興地域で数多くの崧沢文化の墓穴遺構（寺墩・草鞋山・張陵山・青墩・圩墩・潘家塘・越城・双橋など遺跡）を発見した。1979年、中国考古学会は太湖周辺で先行した馬家浜文化と、後代の良渚文化の中間期に存在した独自の文化であったことから「崧沢文化」と命名した。

このような、数十年にわたる崧沢遺跡の学術成果に基づいて、上海市青浦区の崧沢区域に崧沢遺跡博物館が設立され、崧沢文化を中心とした活動を展開している。

崧沢遺跡博物館は3年間の準備期間を経て、2014年5月18日に開館した。博物館の建築面積は3,680㎡であり、館内では、崧沢遺跡で発掘された陶器・玉器・土器などを展示している。現在、上海市人民政府は、上海市の地域文化発展及び中国の観光立国のため、崧沢遺跡博物館を架け橋として崧沢文化を世界中に発信している。

(2) 上海崧沢遺跡博物館の展示・活動

上海崧沢遺跡博物館は“歴史の影、群居の村落”を建築設計のテーマとして、来館者に崧沢遺跡の特徴を紹介している。主展示室は“崧沢遺跡の発見”、“崧沢社会の体験”、“崧沢遺産の伝承”の三部分を順列に展示している。考古資料の研究・解読に基づいて、出土品をはじめ二次資料（視聴覚資料を

図5　崧沢遺跡博物館の“古今崧沢”展示室
（上海市歴史博物館提供）

図６　崧沢遺跡博物館の考古体験室（上海市歴史博物館提供）

含む）などを展示し、崧沢遺跡の原始住民の生産と生活方式を来館者に示している。また、“古今崧沢”展示室では、模型・彫塑・3D 映像などを活用しながら、崧沢原始住民の生活環境と考古学者の作業現場を再現展示している。

博物館の娯楽・教育機能を高めるため、館内に考古体験室を設置している。

開館以来、4 年間の来館人数は 30 万人以上に上り、企画展示やモバイル展示会を 16 回開催し、社会教育活動も 44 回行っている。また、観光客を誘致するため、上海のホテルや旅行社など観光機関と連携し、観光ガイドブックの中に崧沢遺跡博物館の観光情報を載せている。

おわりに

近年、中国の博物館は先進的な技術を開発・利用するようになっており、どのように博物館と社会とを結びつけるのか、それは今後の博物館のあり方を考えるうえで重要な課題となってきた。しかし、博物館は純粋なアミューズメント施設ではなく、また技術を過信した展示と過度の娯楽化とならないように、慎重な検討が求められる。そのため、教育機能を中心とした新しい技術や方法を利用し、博物館を改革していくことが、今後の博物館に望まれることであると筆者は考えている。

註

1）中国文物报社长李耀申：博物馆也应致力于自身的可持续发展（http://www.sach.gov.cn/art/2015/5/26/art_1807_121158.html）による。
2）2015 年中国博物馆数量规模统计分析（图）（http://www.chyxx.com/industry/201512/373794.html）による。
3）前掲註 2）

〈参考文献〉

観光政策審議会　2000「21 世紀初頭における観光振興方策～観光振興を国づくりの柱に～」（答申第 45 号）

上海市文物保管委員会　1987『崧澤―新石器時代遺址发掘報告』文物出版社

譚其驤　1973「上海市大陆部分的海陆变迁和开发过程」『考古』1、中国社会科学院考古研究所

中村　浩・青木　豊編著　2016『観光資源としての博物館』芙蓉書房出版

倪皓、郝智国　2017「崧泽遗址古环境浅析」『教育现代化』34、工信部电子科学技术情报研究所

第6章 観光博物館の必要条件

第1節 観光に対応した施設・設備

前川公秀

観光と言っても、ひとり旅や数人のグループで行うものや、バスなどを利用したツアーなど幅広く行われている。それに対応した博物館施設・設備については、一概に定めることは難しいことではあるが、ここでは観光に対応したいくつかのポイントについて述べてみたい。そのためには、観光にとって重要な施設であるレストランやミュージアム・ショップなどについても詳しく述べる必要があるが、その状況については別項にて紹介されるので、ここでは概念について触れるに留めておきたい。

1. 施設（外観）

博物館の外観は、設計者の特徴が発揮されるものであるが、観光地に建てられた博物館においては、周囲の環境を毀すことなく、融合していることが求められる。観光施設としての博物館として最も代表的なのは、城郭（天守閣）の形をしているものであろう。日本人は「城好き」であり、人を呼び込む力は強いようである。城郭博物館には、建築当時のままで残されているものや、後年史料をもとに再現したもの、あるいは史実に依らず一般的な天守閣のイメージで建てられたものなどがある。たとえば、千葉県内には5ヶ所の城郭博物館が存在するが、その大半は裏付ける根拠もないもので、ただ観光目的と思わざるを得ない。本来、歴史的な建造物をそのまま利用しているものは、入館者の意識を過去にタイムスリップさせる効果があり、建築当初の建物ではない城郭博物館であっても、その効果を充分発揮するように思われる。ただ、

図1　古い蔵を利用した
「とちぎ蔵の街美術館」

歴史的な建造物を活用している場合と比べれば、その効果の違いは言うまでもなく、最近は歴史的建造物を活用した数多くの博物館が見られる様になった。たとえば、明治から昭和初期に建築された洋風建築物を活用した博物館が国内各地に広まっている（國學院大學博物館学研究室 2016・2017）。この状況は、美術館では内部の壁面などを改装する必要があるため比較的少ないように思われるが、栃木市のとちぎ蔵の街美術館（図1）のように、約200年前に建てられた市内最古の土蔵3棟を改修し、2003年（平成15）に開館したものなどがある。しかしこのような例は、さほど多くはなく、近代美術、あるいは欧米の美術を取り扱う関係上、新たな建物が建設されることが多いように思われる。わが国の大半の美術館は、新たな設計により新築されているが、周辺環境と調和した外観であることが望ましい。たとえばポーラ美術館は、富士箱根伊豆国立公園の仙石原にあり、地下3階地上2階で外壁がガラス張りのモダンな建物が、周辺森林に溶け込むように建てられている。この美術館は、あえて箱根の仙石原に建築されたが、ここでは外観の問題よりも、立地が火山活動を続ける大涌谷の近くに位置しているため、気象条件によっては火山性ガスが侵入する危険性があり、その対策が入念に検討された（呂 2010）。美術館・博物館の設置においては、単に来館者の誘致を求め

図2　街の雰囲気を保つ
「真壁伝承館」

図3　公園と一体化した
「金沢21世紀美術館」

て候補地を定めることが多いが、予定地周辺の自然条件などにも影響されることが多い。観光地をめざしたものではないが、たとえば古くは千葉県立美術館や近年の富山県美術館の様に、海に隣接する場所なども、資料の保存を考えた場合、周辺環境の対策は重要である。

一方、歴史系の市町村立博物館においては、周辺の歴史的遺産、建築物を参考にしながら、類似した建築設計がなされている例が比較的多いようである。たとえば、茨城県桜川市真壁地区は、国の重要伝統的建造物群保存地区に選定された街並みがあるが、そこに2011年に開館にした真壁伝承館（図2）という複合施設があり、その中に歴史資料館が設置されている。伝承館の建物は、真壁陣屋があった場所に建てられており、陣屋の遺構を看板などで表示し文化財への意識を啓蒙しながら古い街並みのイメージに則した外観を持つ建物である。複合施設に含まれているため決して大きな博物館ではないが、「まち」をテーマにした展示構成がなされ、建造物群巡りのためのコーナーが充実しており、まさに観光に視点をおいた典型的な博物館と言える。今、このような小規模ではあるが、街に融合し、根付いた博物館が増えているように思われる。

しかし、美術館の場合は前述したように性質上、街の歴史を反映した建物という訳にはいかない。それ故、歴史的建造物を再利用した栃木市の美術館などは珍しい例かと思われるが、その一方で近代的でありながらも周辺環境と一体化した美術館が現れている。その代表的な例として、金沢21世紀美術館と横須賀市美術館をあげることができる。ふたつの館ともに、敷地を壁や生垣などで区分することなく、散歩しながら無意識のうちに美術館に入るというコンセプトで設計されている。金沢21世紀美術館（図3）は、金沢市の中心に位置し、「だれもがいつでも立ち寄ることができ、様々な出会いや体験が可能となる公園のような美術館を目指し」、正面と裏側という区別のない円形のデザインで、「展示室やカフェレストラン、アートライブラリーなど、それぞれに個性豊かな各施設はほぼ水平方向に配置」され、「街のような広がり」を生み出している[1)]。また、横須賀市美術館は、海に面した建物の正面には芝生の広場が広がり、また建物の屋上は背面の裏山と一体化した公園となり、森の中への散歩や、森から館内へと散歩路が設けられ、海が眺められる絶好のロケーションである。この二つの美術館は、美術館を特別な場所として聖地化していた従来のイメージを拭い去り、周辺環境からの自由な出入りを可能にしたという共通点を持っていると言えよう。

美術館・博物館の外観は、様々である。特に、近代的な美術館施設においては、設計者の独特なデザインが示されており、一概にその良し悪しを判断することは出来ないが、少なくとも観光地をめざすのであれば、外観のインパクトが重要であることは間違いない。

2. エントランス

エントランスは、来館者が博物館を訪れて最初に入る場所である。そのためエントランスでは、館内の見学をスムーズに行うための情報を提供するとともに、見学のルール、マナーなどを伝え、館内で気持ち良く過ごす準備のための重要な場所である。そのために、様々なレファレンスを行う案内カウンター（あるいは案内人の配置）が必要となる。このカウンターでは、この後に周辺を観光しようとする人々に街に残された文化財の所在地などを紹介する。また、これからの見学に期待を抱かせるような象徴的な展示や仕掛けを行うこともできる。中国の例ではあるが、北京にある首都博物館は、2008年の北京オリンピック開催に合わせ2006年に北京市人民政府により新たに建設された、中国国内の最先端設備を持つ近代的な博物館である。この博物館に入ると広大なスペー

図4　北京首都博物館のエントランス

図5　九州国立博物館のエントランス

スのエントランス（図4）が広がり、見学情報を大きな案内掲示板により確認することができ、ホールの正面にはオープニングなどのイベントにも使用可能な儀礼門が設置され、中国独自の雰囲気を醸し出している。また、九州国立博物館では、広いスペースに、案内カウンター、クロークカウンターなどが隣接して配置されている（図5）。

エントランスは、入場料金の徴収を行う場所でもある。公立博物館の入場料は、博物館法第23条に「公立博物館は、入場料その他博物館資料の利用に対する対価を徴収してはならない。但し、博物館の維持運営のためにやむを得ない事情のある場合は、必要な対価を徴収することができる」とあるように、徴収を原則禁止しているが、それでも但し書きにより徴収が可能であり、法律上は非常に不明瞭な状況である。教育機関としての博物館は、無償であることが望ましいが、料金を徴収することにもメリットはあると言われている。その利点は、入場料を支払うことにより、対価として受けることのできる館内での体験やサービスへの期待感を入館者に抱かせることにある。徴収方法としては、大別すると販売員による対面式と自動販売機、あるいはオンライン・サービスによる機械式になるが、入館者へのサービスの提供は、料金を徴収した時点から始まっていることであり、その意味では販売員が対面し徴収することにより期待感を抱くことができるようになる。しかし、多言語対応という観点からは、海外からの来訪者の利便を考慮すれば、自動販売機やオンライン・サービスによるチケット販売も有効である。

また、エントランスでは、団体客に対してのオリエンテーションにより、博物館見学の動機付けを行い、単に物見遊山ではない効果を求める場としての役割を果たすことも可能である。

3. 休息スペース

博物館館内には、ゆっくりと休息できるスペースが分散して配置されていることも重要である。しかし、どこの博物館においても、休息コーナーにはただ椅子やスツールが置かれているだけの殺風景な所が多い。また、その場所も建物の隅であったり、展示室と展示室の間の小さなスペースであったり、その場所が分かりにくく、奥まっていて入りにくい構造であったり、なかなか理想的な休憩スペースに巡り合わない。中国の陝西歴史博物館を訪れた際、当日が日曜日で入館が無料であった。さらに外気が30℃以上の高温であったため、空調の行き届いた館内は絶好の涼みの場所として大変な賑わいであった。しかし館内には、休息スペースがほとんどなく、大勢の入館者が廊下や階段に直に座り込む姿が見られた（図6）。休息は、鑑賞している合間や鑑賞後に心身のリフレッシュをするために取るものであり、落ち着いた雰囲気で、ゆっくり過ごせる場所が用意されていることが重要である。また、その場所から窓外に自然の素晴らしい景色が眺められるロケーションも必要であり、そのような要件をふまえた上で、当初の設計段階で場所の選定が行われるべきであろう。

また、レストランは、入館者が飲食をするだけではなく、休息をする場所としても活用される。その使用方法は、大別して次の３点であると言われている（塚原 2004a）[2)]。

① 展示に没頭したいので、時間をかけず手軽に食事をすませたい。

② 新たなリズムを呼び起こすため、リフレッシュしながら食事をしたい。

③ 大人数で一緒に食事を楽しみたい。

しかし、現実的には博物館のレストランは、入館者の満足の行くものではない。その原因は、博物館の建物の大きさに対しレストランの占め

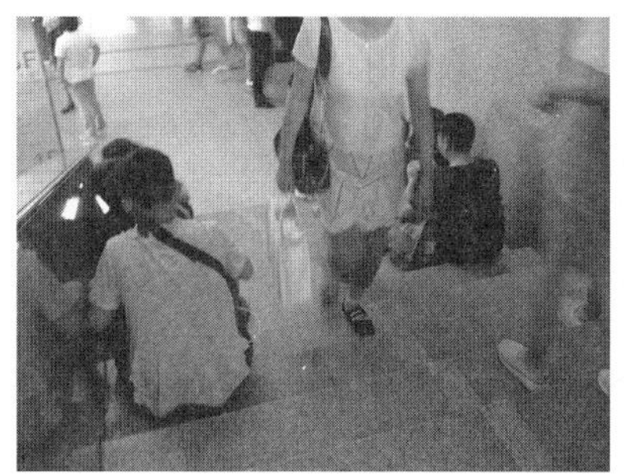

図６　陝西歴史博物館の階段で休息する人々

図７　九州国立博物館の休息コーナー

る割合が小さい所が多く、ゆっくりと長時間かけ占有できるだけのスペースはなく、その他食事内容が充実していない、落ち着いた雰囲気がないなど、十分に目的を果たしているとは言い難い。何よりも、展示物に合わせた雰囲気づくりや、展示作品の特色に合わせたメニューの提供などがなく、意識が現実に戻ってしまうという状況が見受けられる。また、レストランは、一般的には館内の片隅に設置されている例が多いが、九州国立博物館のようにあえて館外に分離し、博物館に入らなくても利用できるようにしている所もある（図8）。また、佐倉市立美術館の様な小規模な施設では、ロビーにテーブルとイスを置き、自由に休息できるスペースとしながら、飲み物と簡単な食べ物を注文でき、レストランとしても活用しているところもある（図9）。

図８　九州国立博物館の館外にあるレストラン

ある地方都市で美術館構想が計画された際、市民の憩いの場「カフェスタイル・ミュージアム」が提唱された。従来の閉ざされた美術館のイメージを払拭し、建物全体を自由なオープンスペースとして、市民が気軽に出入りし、憩い、楽しめる場とするため「カフェ」的なイメージと機能を持たせるというものである。「カフェ」とは、市民がドリンクを

図9　佐倉市立美術館のロビー兼カフェ

飲みながら美術作品を鑑賞し、美術雑誌などを読むことができ、美術の会話ができる場所であり、開放的な美術館のイメージを象徴する言葉である。美術館を「カフェ」とすることにより、従来にはないより開放的な美術館となることが期待されている。そのため、収蔵作品のうち保存条件がクリアーできるものは、従来の展示室内での展示に限定されることなく、館内のいろいろなスペースに展示し、市民の憩いのアイテムとして活用するというものである。いわゆる展示室やレストランの区分なく、展示スペースで飲食を楽しみ、レストランのスペースで作品鑑賞ができるというコンセプトである。これにより、美術館全体を休憩できる場として活用することができ、展示鑑賞を継続しながらの食事も可能となる。

この他、授乳やオムツ替え、あるいは幼児と過ごせるスペースなどの要望も高い。休憩スペースは、従来から建物の片隅に追いやられ軽視されがちであったが、今では重要な設備として多様な対応が求められている。

4. ショップ

博物館のショップは、単に品物を販売する場所だけではなく、博物館の知的な付加価値を提供する場所であると言われている。すなわち、多くの品を揃え、販売するための仕掛けをする場所ではなく、展示室とともに博物館のコンセプトを提示する場所であり、ショップに並べられるグッズは、コレクションの模型、絵はがき、書籍類などが主たるものとなる。これについては、本章の第5節を参照していただきたい。ここでは、観光地にある博物館のショップの意味について、紹介しておきたい。

観光地の博物館のショップでは、地域の代表的な菓子やワインなどの

図10　上海博物館のショップで販売される工芸品

図11　首都博物館で図書を売る北京ショップ

地産品も販売されることが多い。それは、地域振興、地域産業の活性化に大きな役割を果たしていると思われるが、最も効果的なのは「安心感」を与えることである。地域の公的な、公共的な機関である博物館が取り扱う品物は、確かさ、安全性が担保された安心感を購入者に与えている。それだけに、博物館は取り扱う商品を吟味し、生産者との連携を図り、安心安全な品を提供することに心がけなければならない（塚原 2004b）。また、団体客の受け入れのため、ショップ用として大きなスペースを確保することも良いが、あくまで博物館の設備のひとつに過ぎず、本末転倒になるような広大なスペースを確保する必要はない。広さに見合う品数を揃えるのではなく、厳密なチェックを経た品物を、ひとつひとつ丁寧に陳列する工夫も考慮すべきである。

本来ショップは、館内に設置され、入館料を払った人だけが利用できるものであったが、最近、ミュージアム・ショップを目的とする来館者が増えてきており、博物館外の隣接するエリアに設置され、外部からも無料で出入りでき、利用できる所が増えてきている。たとえば、中国の上海博物館では、博物館に隣接したエリアにショップがあり、ミュージアム・グッズやカタログ類とともに、現代作家の書画や工芸品、収蔵品のレプリカなどを置き、さながらギャラリーのような様相である（図10）。しかし反面、入館している人がショップに行くには、一旦退館の手続きをする必要があり、鑑賞の合間に利用するには大変不便である。そのため、館内の有料ゾーンには、各フロアに小規模なショップがあり、当該フロアで展示されている資料関係のグッズやカタログ、印刷物の他、簡単な土産品なども置かれており、そこで購入することができる。

その他、ショップでは、グッズや地域の名産品と共に、博物館のテーマや地域に関する図書を揃え、充実させることも重要である。たとえば、中国の北京首都博物館では、地下に広々としたショップがあり、その半分が書店として確保されている（図11）。ここでは、北京や中国に関する歴史を中心に様々な分野の書籍が販売されており、観光客にとっては一箇所で必要な書籍を選定し購入できるという利便性が高いものとなっている。

美術館・博物館は、基本的に公共的な施設としてのイメージが強く、そこで販売されているものには、安全・安心感がある。それだけに、美術館・博物館の直営・委託営業に関わらずきめ細やかな注意のもと良質の品を提供する義務を負っていると言える。

5. トイレ

観光地の博物館にとって、最も重要な設備はトイレである。千葉県立中央博物館大多喜城分館（1975年開館。当初は、千葉県立総南博物館）は、約20年程前までは多くの入館者が訪れた千葉県内屈指の博物館であった。その要因は、博物館が城の天守閣の形をしていることであったが、それとともに東京からバスツアーで房総半島の外房（太平洋側）に行く団体客にとって、距離的にも時間的にもトイレ休憩をする絶好の場所と言われていた。しかし、1997年に川崎市から東京湾を横断して千葉県の木更津市に至る東京湾アクアラインが開通すると、アクセス状況が改善され、東京から外房までの時間が大幅に短縮したため、休憩目的の来館が減少している。トイレだけが集客する要素ではないが、主要な役割を果たしていることは確かである。

トイレは、建設当初のまま残され、あまり改善されていない所が多いようであるが、時代の流れに則して改装して行く必要がある。

昭和40年代に開館した博物館のトイレは、水洗ではあったが俗に言う「和式」であった。その後、時代とともに「洋式」が普及し、入館者の要望により変更されて行った。今では、「洗浄式」が一般的となり、その改修が急がれる所も多くある。これは、洗面所の手洗いのための蛇口においても同様で、「ハンドル式」から「レバー式」へと変化し、現在では手を翳すだけで水がでる「自動式」へと移っている。これらは、ユニバーサル化の面からも重要であり、常に清潔なトイレは望まれている。

トイレは、入館者だけではなく、地域住民との連携ツールとなり得るものである。1995年（平成7）の阪神淡路大震災の際、西宮市の美術館は一時避難所となった。また、佐倉市立美術館では、街中にあるため、美術館正面の道路は毎年10月に開催される祭礼のメイン通りとなっており、祭礼期間中はトイレスペースのみ夜間開館し、見物人のためのトイレの提供を行っている。この様な利用、活用を考えた時、トイレは多少大きく設置しておく必要がある。町の行事や災害時における美術館・博物館の活用は、地域住民との重要な連携を図る場所となり、特にトイレは必要なツールとなるものである。

6. その他

公園内に施設が設置された時には、公園法の関係で独自の駐車場を設置することができず、公共駐車場の利用となるため、時間制による料金が設定されていたり、入車の際に一旦料金を払い、施設の受付で払い戻しをするという方法も認められる。駐車場の広さは、博物館の立地条件によって定められるが、広大なスペースを確保した場合、閑散期にはあまり駐車する車もなく活気のなさを象徴することになり、なかなか難しい判断が必要である。また、高齢者、障害者へのバリアフリー、ユニバーサル・デザインなどの配慮も、当然重要な要件として忘れてはならないことである。これらについては、第3節で取り上げられているので、そちらを参照いただきたい。

註

1）金沢 21 世紀美術館 HP（https://www.kanazawa21.jp/）

2）レストランについては、この塚原論文に示唆されるところが多くあった。

〈参考文献〉

國學院大學博物館学研究室　2016・2017『近代建築利用博物館事典』全 2 冊

呂　俊民　2010「汚染対策の実施例」佐野千絵、呂　俊民、吉田直人、三浦定俊『博物館資料保存論―文化財と空気汚染―』みみずく舎

塚原正彦　2004a「発見のあるレストランをつくる」『増補改訂版　ミュージアム集客・経営戦略―人を呼ぶ知的ふれあい見世物館づくりのノウハウ―』日本地域社会研究所

塚原正彦　2004b「知と夢を売るミュージアムショップ」『増補改訂版　ミュージアム集客・経営戦略―人を呼ぶ知的ふれあい見世物館づくりのノウハウ―』日本地域社会研究所

第2節　博物館利用者に求められる展示

青木　豊

はじめに

平成15年（2003）に日本政府は、訪日外国人旅行者を平成22年までに、1千万人に倍増させる「ビジット・ジャパン・キャンペーン」を打ち出した。当該施策による結果であろうか、平成27年の訪日外国人旅行者数は、1,900万人超え、この傾向は年々増加の一途をたどっている。

さらに、政府は、「明日の日本を支える観光ビジョン構想会議」第1回会議（平成27年11月9日）さらに、「明日の日本を支える観光ビジョン構想会議」の第2回会議（平成28年3月30日）でインバウンド4千万人を目標に定め、3つの視点、10の施策としてまとめられているが、いくつか具体例を挙げると以下のようになる。①キャッシュレス環境の飛躍的改善、②通信環境の飛躍的向上と誰もが一人歩きできる環境の実現、③多言語対応による情報発信、④ユニバーサルデザインの推進の4点を明示するなかで、博物館を観光客を呼び込む観光資源と位置付けているのが特徴である。

かかる現状を踏まえて、博物館にとっても外国人旅行者を含めた博物館利用者に対しさらなる魅力作りとサービスの提供が喫緊の課題である。

そもそも、“観光”は、儒学の古典である『易経』の中の「観国之光利用賓于王」に基づく漢籍であることは周知のとおりで、即ち観光とは「国の光を観る」ことである。因みに我が国での“観光”の使用は、江戸幕府が幕末期にオランダから贈呈された外輪式木造蒸気船に付けられた艦名が「観光丸」であり、当該事例が用語使用の濫觴であると思われる。

また、太平洋戦争下では、「観光」は不急不要のものとして用語そのものが禁止され、京都では市内観光を「聖蹟巡拝」と呼んだとも伝えられているところからも、戦前には既に“観光”は、軽い響きで捉えられていたことが理解せられよう。

今日、“旅”は“観光”とその呼称名を変じたが、旅と観光は同一のものと把握し、旅が生涯学習であったように、観光も生涯学習であると概念規定するものである。このことは、かつて言いならわされてきた“かわいい子には旅をさせよ”なる格言においても、旅は人間教育・人生教育、即ち生涯学習を意図した面も存在したところからも理解できよう。

したがって、観光は単なる娯楽性に重点を置いた人間行動ではなく、見学地の自然・歴史・民俗・文化である風土との接触による知悉を目的にしている。換言すれば、観光は当該地域、郷土の理解であって生涯学習であると考えねばならないことは以前より記しているとおりである。

人が旅・観光をする動機と目的は、個々に異なるであろうが、いくつかの共通点はあろう。西行や芭蕉はともかくとして、一般的には、日常空間からの脱出の旅、自己発見の旅、逃避の旅、信仰の旅等であろうが観光と称する旅には、日常空間から離脱し、非日常空間での未知との遭遇への欲求が心の根底に必ず存在している。換言すれば、この欲求こそが学習意欲であると把握出来よう。

旅人を受け入れる旅先である非日常空間域では、観光者の欲求に呼応することが人口交流による地域の活性化に直結することは確認するまでもない。

“津々浦々”なる語が明示するとおり、我が国はその地勢からして植物、昆虫、魚類、動物も極めて多元的である特徴を有する。したがって、自然環境とそこに棲息する魚類・動物が異なれば、当然の如くそれぞれの異なった環境下に住む人々の営みも異なり、結果として歴史や文化も異なるのである。つまり、他所からの視点では、我が国の国内のすべての地が非日常空間であり、観点を変ずれば所謂風物・特産を持たぬ地はないであろう。これら当該地域の自然と歴史と文化を凝縮した“場”が、地域博物館なのであって、前述のように多元性に富む我が国に於いては同じ博物館は存在しないのである。

したがって、換言すれば博物館は観光の拠点的観光資源であり、教育資源であり、社会資源であることを認識しなければならないのである。

観光客にとっての当該地域との出会いの“場”は、博物館であり、旅人にとっての当該地域学習の場、即ち当該地域の風土である自然・歴史・民俗・文化等々の学術情報享受の場が博物館なのである。したがって、当然のことながら当該目的を完遂出来得る収蔵品であり、展示でなければならないのである。

たとえば、観光地へ向かうバスの中で、当該地域独特の鳥や蝶・花、祭りや年中行事等の説明があったとする。あるいは、立ち寄った道の駅で同様の情報に触れたりもするだろう。鳥や蝶・花は、何時でも遭遇できるものではないし、祭りや年中行事等の無形の資料も同様であろう。“百聞は一見に如かず”のとおり、実物を見ることにより人は旅の原風景を確認し満足を得るのであるから、これ等の不具合を解決し、資料が内蔵する学術情報を観光する旅人に伝達することが可能な機関は、博物館に限定されるのであるから、その責は極めて大きいと言えよう。

しかし、このことは何も観光客に限ったことではなく、博物館の中でも地域博物館は、当該地の自然・考古・歴史・民俗・芸能・信仰等に関する資料の豊富なコレクションを基盤とする情報伝達を十分果たし、見る者に“驚きと発見をもたらす”展示が必要であることが、博物館展示であることを認識しなければならない。また、博物館は博物館内での活動に留まるのではなく博物館法第３条８項が明示するが如く、博物館は所在する地域の文化財を保護すると同時にそれらを旅の原風景の一コマとなるように整備活用することが重要である。さらに、博物館は観光資源となる地域文化資源のさらなる発見・保存／継承・公開・活用を継続することが交流人口の増加と継続に直結することも忘れてはならないのである。結果として得た知識は、博物館を含めた旅の原風景となる。

旅・観光は、出会いである。人との出会い、自然との出会い、歴史との出会い、異文化との出会いであり、出会いの入り口は博物館であり、さらに詳細な出会いの場である非日常物・非日常空間を紹介するのも博物館であり、博物館は地域社会の社会資源として増殖し続けなければならない観光資源となることが重要であると考える。

1. 博物館展示とは

博物館における展示は、博物館が持つ複数の機能のなかでも最終機能であり、また博物館を他の教育機関と峻別する最大の機能であることは確認するまでもない。

つまり、我々が博物館に行くということは、大半の場合展示室に行くことである。したがって、博物館イコール展示室であると言えよう。この意味でも観光資源としての博物館には、換言すれば博物館の活性化には、博物館展示の充実こそが、集客力の高揚に直截に関与するところからも博物館経営の要点であると考えられる。

ただ、資料の羅列に留まる提示型展示は、我が国の博物館展示においては一般的に認められる状態であるが、考古・歴史・民俗・岩石・化石系博物館等の学術資料を扱う博物館ではそもそも大きな誤謬であり、博物館の“展示”と称する情報伝達手段の範疇に入らないことを認識しなければならないのである。つまり、歴史・民俗・岩石・化石系資料は美術資料とは異なり、無限ともいえる学術情報を内蔵しているのであるから、それらを研究という形で抽出した学術情報を伝える展示形態が説示型展示であり、説示型展示がなければ博物館は教育機関としての使命を果たせないのである。民芸館の如く観念の提示型展示は、学術情報の伝達を目的とする博物館では基本的に否定しなければならない展示理論であり、展示形態と考えられる。

以上の観点を基軸として、本論は学術情報の伝達に基づく“驚きと発見”といった智的娯楽性を深めることにより集客力の高揚、中でも再度の博物館利用者を誘う展示を目的とする種々の展示形態について記すものである。これがまた、観光資源としての博物館であり、生涯学習機関としての博物館の要件であると考えられる。かかる論点は、筆者は観光を生涯学習に位置付ける概念規定によるものである。

展示が変われば博物館は変わる。展示が良くなれば、博物館は良くなるとの信念で、以下博物館に求められる展示論と展示技法について論じるものである。

なお、本稿は筆者が別稿（青木 2003・2013）にて記したものを集成加除したものである。

2. 博物館展示の基本理念

博物館展示の命題に関して最初に記したのは、前田不二三で「學の展覧會か物の展覧會か」と題する論文である。時に、明治37年（1904）のことである。

つまり、博物館展示とは「ものを見せる」「もので見せる」、あるいは「ものを語る」「もので語る」といった博物館展示の根源に関する問題に着眼した最初の論文である（前田 1904）。

東京帝国大學で開催された最初の、換言すれば我が国初の学術の特別展示に関し、展示の命題であるところの「ものを見せる」のか、「もので伝える」のかという点に逸早く着眼し、「情的展覧會」と「智的展覧會」なる呼称をもって展示を区別し、前田の言う“情的展覧會”であるところの美術工芸資料の展示を除いては、「學の展示」でなければならないと決定づけたのであった。

前田の称する「學の展示」とは、言い換えればある一定の思想・史観に基づく展示の必要性を述べたものであり、博物館展示の命題といえるものである。

なお、提示型展示は、美術・工芸資料であるから提示型展示で良いと言うことはけっしてなく、博物館展示の基本理念である「資料が持つ学術情報の伝達」に照らし合わせても、肯定される展示方法ではないのである。この点に関しても棚橋源太郎は、下記の如く記している（棚橋 1950）。

> 芸術作品は、品物それ自体を観衆の眼に訴へんとするにあるから、美術陳列の多くは自然第一目的の下に行はれ、雅致に富むやう上品に配列して、照明の調和と、色彩の配合に意を用ひ、また目障りになるやうな説明札はこれを避けるやうにするのである。（中略）然し歎うは云ふけれども、芸術品と雖も先ず以て観衆によく理解されなければならず、歴史や科学の資料にしても、亦品物それ自体において既に観衆に訴える力を幾分有つてゐるから、何云う品物の陳列にもこの鑑賞と知識伝達の両目的を顧慮しつつ物品の性質に応じ

て、何れか一方に重きを置くに過ぎない。

棚橋は、当然のこととして美術・工芸品に対しても、博物館展示として情報伝達が必要である事を指摘したのであった。

次いで木場は、博物館展示の具体的方法について下記のごとく明言している（木場 1949）。

博物館では、目的物の研究を三次元の物体に結合して取り扱っているが、単に物を見るだけの狭い経験領域にとどまらず、なおこれらの物体を幻燈・写真・映画・図表などの資料と組み合わせて、物および現象に関する理解を深めるように処理しており、機械・模型などは動かしてみることができ、または実物や標本を手に触れてみることによって現実性を得ることに努めている。

木場は、二次資料との併用展示、動態展示、体験展示の三つの要素を博物館展示の基本としているのであった。正鵠を射た展示工学論であると評価するものである。時に、昭和 27 年（1952）のことである。

これに対して筆者の考える博物館展示の基本的展示技法は、形態的には二元展示であり、学術的には総合展示を基本とする。配列に関しては、時間軸展示・組み合わせ展示・比較展示・参加型展示・動感展示を加味したものである。その上で次元は異なるが特別展示を加えるものである。

以下、それぞれの展示の特質について縷々記すこととする。

(1) 二元展示（Dual arrangement）と
二重展示（Double arrangement）の必要性

先ず、二元展示なる当該展示の名称は昭和 25 年に棚橋源太郎がその著書『博物館学綱要』（棚橋 1950）の中で初めて使用した「資料の二元的配置」であり、次いで昭和 28 年に上梓された棚橋による『博物館教育』（棚橋 1953）において詳述されている展示方法である。

ただ、「二元展示」という呼称名の使用こそないが、同様な展示意図での博物館展示を区分すると見られる論文は、棚橋以前にも認められる。先ずは、明治 32 年（1899）に箕作佳吉が記した「博物館ニ就キテ」

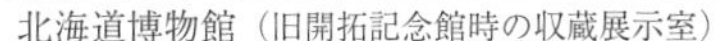
北海道博物館（旧開拓記念館時の収蔵展示室）　　新潟県津南町歴史民俗資料館

図１　収蔵展示

が嚆矢であろうと看取される（箕作 1899）。

次いでは、博物館学を学に位置づけた上で多岐に亘る観点で理論を展開した下元連は、昭和８年に「博物館　商品陳列館」で当該展示形態を言及している（下元 1933）。

箕作と下元は、二元展示なる呼称名を使用こそしていないが、二元展示の形態的基礎理論ともいえる“専門家と一般見学者とは展示を変えねばならない”と明言したのである。

当該理論とほぼ同一視点に立ち、具体的に展示室の場所を二分する考え方を示したのが棚橋源太郎であり、『博物館学綱要』で論究している（棚橋 1950）。すなわち、棚橋の言う「二元的配（排）置」は、従来の展示室における展示のみではなく、それに加え収蔵庫を開放し展示に供する、２つの場所での展示の必要性を提唱したものであった。

つまり、棚橋が明記するように、学者や専門家の研究に資する為の資料と、生徒や一般観衆の観覧に供するための資料との分離による展示を実施することにより、博物館展示が内蔵している基本的問題の解決を試みた考え方であったと評価できよう。

またさらに、収蔵庫を見学者に供する利点は、見学者が有する潜在意識と合致し、満足感を齎すものと十分予想されるのである。つまり、見学者が博物館に対し抱いている基本的なイメージは、幕末期に英語のミュージアムの対訳として使用された百物館・百貨貯蔵ノ館等の訳語からも窺い知れる如く、珍奇なものや古いものが所狭しと収蔵されている状況であると看取されるのである。即ち、実物資料が数多くあることが、博物館の決定的な基本要素なのである。

しかし、資料保存の責務をも有する博物館にあっては、資料保存の観点より原則的には全ての収蔵庫に見学者を招きいれることは出来ない。収蔵庫を見せる方法としては、壁面に見学窓を設えた“蔵のぞき”施設が可能であるが、これも比較的劣化に鈍感な考古学資料や民具資料等の収蔵庫では、現実的であるが漆・紙・布等の光や湿度変化に敏感な資料類に対しては適切でないことは確認するまでもない。

一般的な見学者に対する概説展示と、有識者に向けた分類展示・収蔵展示を同一の博物館や展示室で行うことを二重展示と呼ぶ。ここで言う収蔵展示は、展示室内での収蔵展示である。この場合の収蔵展示は、郷土資料館にありがちな全室が収蔵展示と言ったのではなく、概説展示があっての収蔵展示を必要とするのである。

したがって、分類された収蔵展示がこの場合必要であり、一方は説示型の概説展示を基本とする。これにより、当該学域に知識の無い者は概説展示を、提示資料に関する知識を備え当該資料が内蔵する学術情報を自分で引き出せる者は収蔵展示を見学することにより、見学者にとっての知識の差異によるストレスは解消されるものと考えられる。

(2) 総合学域展示

「総合展示」と同義の展示分類用語として「総合的陳列」が挙げられ、当該用語は棚橋源太郎により初めて使用された用語であることは周知の通りである。

しかし、総合展示理論の萌芽は、歴史的には呼称名ではないが「総合的方法」と記し、総合展示理論を展開した高山林次郎で、総合展示理論は明治32年を濫觴とするとする（高山 1899）。

総合展示の内容には、複数の考え方が存在する。高山や棚橋が意図した総合展示は、資料を単独で提示するのではなく、その資料が存在した環境・状況をまとめて（場合によっては再現）展示することにより、資料と資料の相互関係より発生する情報と臨場感によって、展示の魅力を増幅させる事を目的とした組み合わせ展示とも称せる展示形態である。

一方、加藤有次は資料の組み合わせによる従来の総合展示に対し、一課題に対しあらゆる学域で総合的研究を行い、その研究成果に基づく学際的展示が総合展示であるとした（加藤 1981）。

図2　総合展示

加藤説における総合展示は、各種の学域から当該資料が内蔵する学術情報を抽出して情報伝達するものとなるから、情報伝達の幅が広く見る者に説得力と“驚きと発見”を齎す結果となる。

また、ミュージアム・ワークシートを作成する場合、単一学域展示による各学術専門領域ではどうしても抽出情報は狭く、問題作成に於いても早期に限界を来たすことが予想される。

(3) 時間軸展示

時間軸展示なる用語は、昭和56年に新井重三が提唱した博物館展示形態の呼称名である。本展示形態とほぼ同義語として使用されてきたものとして鶴田総一郎による「歴史的・発達史的展示」（鶴田 1956）や林公義が使用した「時間・発達史的展示」（林 1978）があり、さらに一般に使用されている「時代順展示」・「変遷（史）展示」などの呼称名が挙げられる。これらはいずれの呼称名も新井が記す如く人間の歴史のみに限定した展示形態を指すものである。したがって、当然そこには歴史系と意図した上記の展示形態名称に対し、自然系ともいえる「過程」「行程」展示なる用語が使用されて来たので

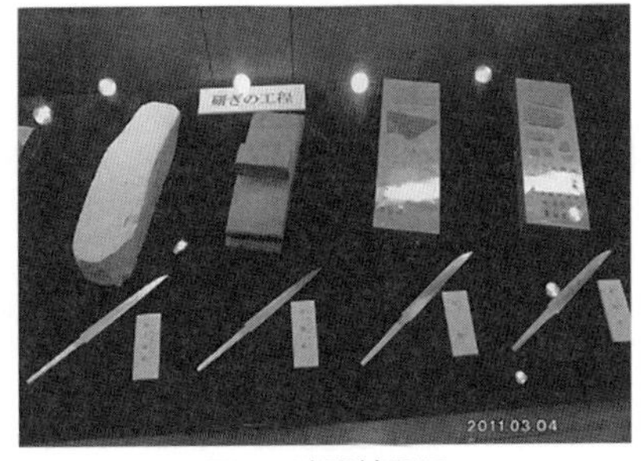

図3　時間軸展示

ある。これに対し新井は、歴史系・自然系の両学域を融合した形で、展示用語として「時間軸展示」を提唱した（新井 1981）。

当該展示の具体は、年代順や変遷順にしたがった配列で見学者にとっては、理解が容易な展示である事を特徴とするところから、基本的展示法の一つに位置づけたのである。

したがって、見る順番、すなわち見学順の必要性が発生するわけであるから、規制動線を採用しなければならないし、当然のことながら文字パネルの読みやすさや巻子装（絵巻・経典等）の描かれている順番からも左回り動線としなければならない。

(4) 比較展示

“比較・分類”は、おおよそいずれの学問においても基本的研究方法であると言っても過言ではない。殊に“モノ”を媒体とする博物館においての資料の比較は、通常的研究方法であると同様にそのまま博物館展示にも共通する基本要因である。多様性を有する資料を比較する事により、共通性や資料の特性を見出すには極めて合理的研究法である。

つまり、博物館展示の場合、見る者にとっての比較展示は、最も視覚により理解しやすい展示方法の一つである。この意味での資料の比較行為は、博物館展示に留まらず広く展示の基本形態であると言えよう。

比較展示による展示資料間の違いの確認は、見る者にとっては印象的であり“注意の喚起”“驚きと発見”“理解度の進捗”に直結する要件と看取される。この意味で博物館展示意図伝達の上で、時間軸展示と並ぶ基本展示形態であると考えなければならないのである。

ただ、比較資料の小異については、実物資料の提示だけでは視認確認が困難なことも十分予想されるところから、パネル等による注意の喚起が必要である。

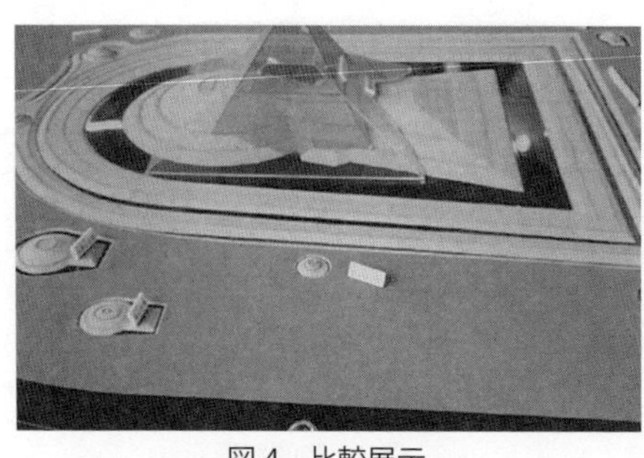

図4　比較展示

比較展示を行うには、比較展示を実施するに十分な資料群が必要である。つまり、明確な収集の理念下において時間軸による変遷や比較の意図に基づき収集された優秀なコレクションの存在が必要なのである。濃密なコレクション無くして比較展示の構成は不可能であり、同様に時間軸展示も不可能であるところから、よく言われるように展示が博物館の顔であるならば、コレクションは、顔を構成する骨格である。

(5) 組み合わせ展示

ここで述べる「組み合わせ展示」とは、棚橋が使用した資料を複数組み合わせることにより資料が本来存在した状況や環境の明示を意図した「組み合わせ展示」(棚橋 1930) とは異なり、筆者が別稿 (青木 2003) で記した実物資料と模型・小パネル (写真を含む) の組み合わせによる展示形態を指すものである。

組み合わせ展示を構造展示と区別する基本的原因は、棚橋の記した組み合わせ展示はジオラマや時代室はもとより、今日で言う情景 (復元) 展示をも包含する分類になるところから、これらの展示を構造展示・ジオラマ・時代室・情景 (復元) 展示と分類し、明解に呼称するものである。

使用方法や環境・状況・情景の明示には、記録写真やイラストはもとより模型が大きな展示効果をあげることは確認するまでもない。展示の基本は、実物資料と模型を組み合わせることが基本であることは、シーボルトのコレクションやモースコレクションからも肯定できる。説示型展示の基本は、模型であることは事実である。模型に更なる臨場感と材

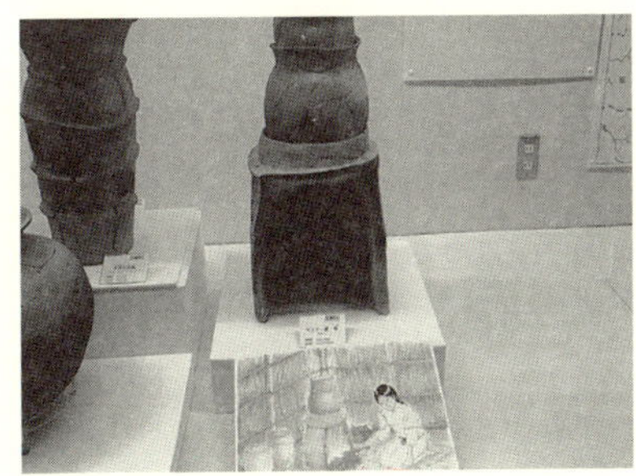

図５　組み合わせ展示

質感と遠近感を持たせたものがジオラマであるが、縮小模型でも十分な展示効果は求められよう。

したがって、情報伝達の上で如何に効率の良い模型を製作するか否かで、展示の良し悪しは決定されると言っても過言ではないのである。

また一方で、実物資料の組み合わせにより空間再現する展示技法として、時代室がある。時代室展示とは、1927年にコールマン（Laurence Vail Coleman）がGroup Exhibitionsの中の一形態としてPeriod Roomを展示法として明示し、この「Period Room」を棚橋源太郎が「時代陳列室」と邦訳したことに始まることは周知の通りであろう。この棚橋の言う時代陳列室に対し、下元連はやや異なったニュアンスで「特殊陳列法」と称している（下元 1933）。

下元の言う特殊陳列法は、組み合わせ展示ではあるのだが、時代室ほど同時代の資料との組み合わせと言った厳密な歴史資料の組み合わせではなく、実物資料による模式的な組み合わせを意図した展示と理解できよう。この点は、実物資料を利用した模式であり、実物資料による状況模型であると看取され、その展示効果は時代室と同等であると考えられよう。

したがって、縮小模型製作が困難である場合や展示の上でワンパターンから脱する必用がある場合は、下元の言う特殊陳列法である状況模型も必用とされる展示であろう。

(6) 参加型展示—受動態から能動態へ—

いわゆる参加型展示については、研究者により幾つかの分類が存在し、統一されていないのが現状であろう。筆者は受動態に対する能動態展示を下記の概念で分類している。

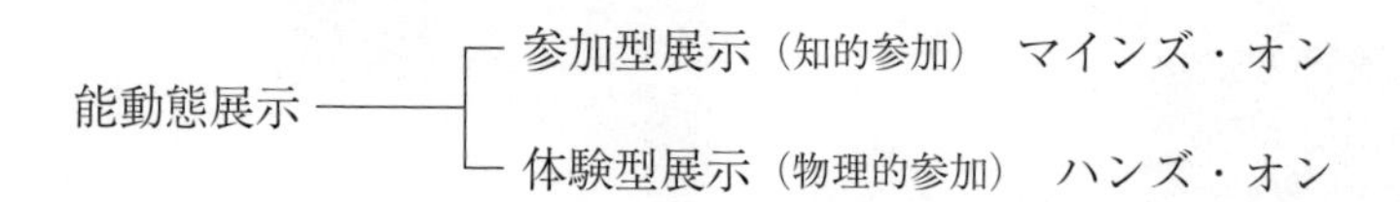

先ず、見学者にとって博物館展示は、人間社会の広義の展示の多くに共通するように、一般に受動態である事を常態としている。

ただ厳密には博物館へ行き、展示を視覚により見る行為自体も見学者にとっては基本的な意味では能動態と言えようが、展示の基本である視覚認知は展示を見る者にとってこの場合は受動態行為であると見做せよう。

つまり、この博物館展示における両者の関係は、商業展示やテーマパーク・遊園地等には介在しない要素であるが、裏を返せば能動態である本要素こそが人間の持つ本能に沿った娯楽性を発生させる根本的要因であると考えられよう。

したがって、通常能動態要素を伴わず常に受動態である博物館展示は、見る者にとっては満足感を大きく欠如した展示形態なのである。ここでいう満足感とは、受動態であるが故に常に受身である為の抑圧より発生する不満に対し、開放感とさらにはある程度の自由意志に基づき、一方的であった展示に参加できると言った双方向性を具体的に指すものである。この能動態である双方向性こそが、テーマパーク・遊園地とは異なる意味での博物館展示における満足感と娯楽性の基盤を成すものであると考えられる。

また、見学者の誰しもが展示室において感じる疲労感は、常なる受け身であるが故による倦怠感の鬱積が精神的疲労を齎す最大の原因であろう。拠って、精神的疲労からの物理的博物館疲労の発生も相まって、長くは展示室には居れず、結果として展示室内での滞留時間が短くなる事と、さらには当該苦痛の経験が博物館を再利用者から遠ざける結果となっているものと観察されるのである。

このような理由から、博物館展示は受動態展示から脱却を図り、見学者が先ず本能的に満足し得る能動態展示の取入れが重要である。この点に関して新井重三は、次の如く記している（新井 1981）。

「博物館というところは、観覧者の手足を縛って眼だけで物を見せようとする。」と言った人がいるが、利用者は、決してガラス越で見る展示には満足していないのである。一寸さわってみたくなる

　というのは、その心理的背景に触覚によって見たい衝動の現れである。物のもつ情報は視覚だけによって伝達されるものではない。

上記引用は、正鵠を射た博物館展示に関する考え方であり、誰しもが賛同するであろう。

具体的な参加型（マインズ・オン）は、あくまで知的参加を目的にしたクイズ形式の展示やミュージアム・ワークシート、ミュージアム・グッズ等から実行されるのである。

一方体験型展示は、視覚以外の触覚・聴覚等に訴える展示で、磨石や石臼によるドングリ・トチ等の堅果類の粉砕・高機による機織・シミュレーション映像での操作・人力作用による発電等々の科学原理に関する展示や氷点下を体験させる展示など様々な展示がある。

科学館の展示資料は、その大半が現在製作された資料であるところから、損壊した場合にも修理が可能であるという性格から、体験型展示（ハンズ・オン）の数は圧倒的に多いのが事実である。これに反し、人文系博物館では資料保存の観点から大きく制約を受けることとなる。したがって、人文系博物館での能動態展示は体験型展示（ハンズ・オン）よりも参加型展示（マインズ・オン）に重点を置かねばならない事は明白である。

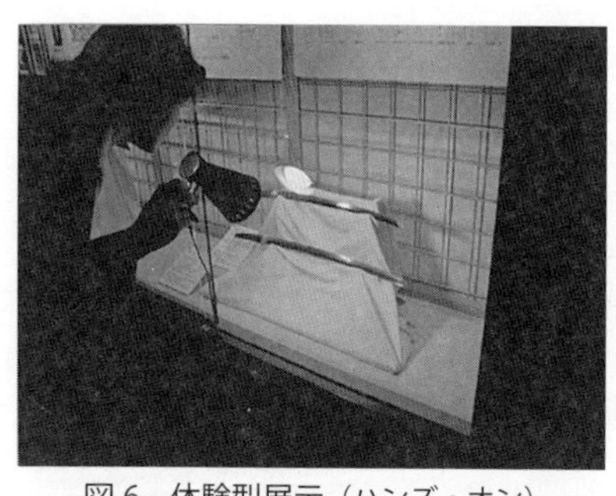
図6　体験型展示（ハンズ・オン）

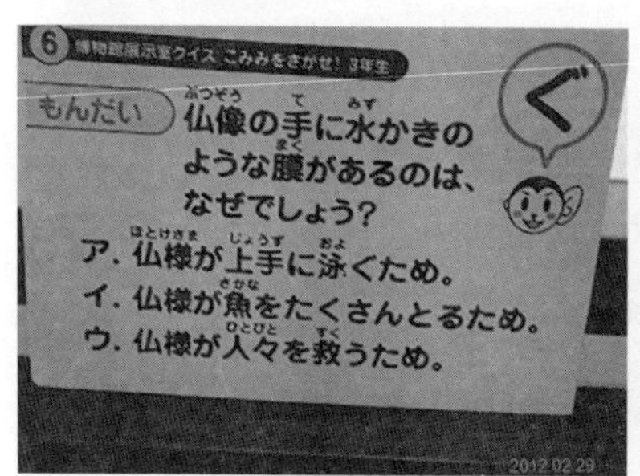

図7　参加型展示（マインズ・オン）

(7) 動態（動感）展示

歴史系博物館の展示は、“時すら止まっている”と揶揄されるが如く、静止状態であるのが常である。広義の展示要素の中に常に介在する展示対象者への注意の喚起を想起するならば、動きや動感は博物館展示における見学者に対する注意の喚起要素の一つである。

本分類の要点は、展示の手法における動感に帰着するのであるから、筆者は直截に「展示の動感の有無による分類」としての基準から動態（動感）展示と呼称するものである。

そもそも静止展示（固定・固着展示）は、展示の中でも最も基本的な展示形態であり、同時に最も一般的な展示形態であると言えよう。本展示の最大の特徴は、静止状態であるが故に見る者にとって、当該資料の法量・形状・色調・材質感等々が心ゆくまで熟覧できる点に尽きるのである。

しかし、静止展示は、動物の生態・行動や生育過程・製作工程・芸能や神事に代表される一連の流れに基づく無形の展示には、あくまで静止であるために時間の経過を具体的に介入させる事が不可能であるといった弱点を有する。

また、静謐の中での資料鑑賞には適しているが、その反面見学者の注意を喚起する要素は脆弱である。

たとえば、写真であれ文字であれ、通常のパネルは静止展示であり、固定・固着展示である。これに動感が加味されればトライビジョン・スライドパネルとなり、工程や変遷の明示に適合した展示形態となると同

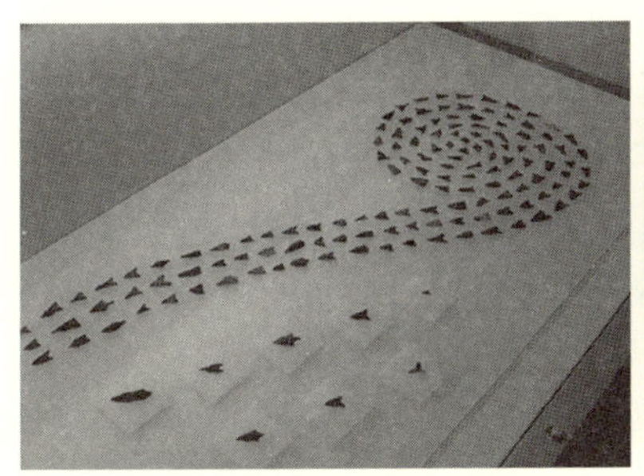
図8　動感のある石鏃の展示

図9　動感のあるジオラマ内のキツネ

図10　動感展示

時に、動きによる注意の喚起が発生することとなる。

この動態展示は、用語名の如く可動あるいは動感を有する展示を指す用語である。また、博物館界で展示形態として従来より分類名として呼称されている動力展示も同義語、あるいはより広義の動態展示に含まれる展示形態と解釈されるが、用語統一を目的に動力展示も動態展示と呼称するものとする。

動態展示の展示効果としての特質は、前述した如く“静”の中の“動”という意味での注意の喚起と、すべてが止まっている博物館展示室内の静謐な状態より発生する重圧に対する“息抜き効果”と、さらには動により増幅される臨場感の3点を挙げることができよう。

なお、必ずしも動きではなく動きを感じさせる展示も、動態展示の範疇に含まれることは前述したとおりである。たとえば、古民家の囲炉裏を含む居間の構造展示の場合、囲炉裏内の熾に電飾を施すことにより真っ赤に熾った状態を創出することで構造展示の部屋全体に動感が発生し、臨場感は格段に増幅されることとなる。この場合の電飾による熾火は、実際には動きは無くとも動感を呈出する原因となる。さらにまた、同様に茶の間の構造展示において、箪笥の上に置かれたラジオからニュースが流れているだけでも、茶の間全体に動感が生ずることにより、臨場感も高揚するのである。この場合の展示全体に齎す動の原因は、音声であることは確認するまでもない。

以上の観点からも、博物館展示には動感展示は絶対に必要である。この動きによる展示が博物館での緊張感を解きほぐすと同時に娯楽性を生み、リピート客を誘引することとなるのである。

(8) 集客と博物館参加を意図する特別展示

ここで述べる特別展示は、企画展示等をも含めた一過性の展示を指し、常設展示とはこの意味で峻別するものである。特別展示は、常設展示に比較して集客が高まることは上野や六本木に所在する博物館群を見れば自明のことである。このことは、いつでも見られる日常的な常設展とは異なる、非日常である期間限定に触発される人間心理によるものである。

そもそも、自然界の広義の展示に立ち返って広く展示を観た場合も、恒久的な常設展示は存在しないのである。つまり、常設である博物館展示以外の展示は、すべて一過性の展示であることからも博物館展示は異例の展示であることを認識しなければならないのである。また、換言すれば常設展示は、以前から良く言われるように晒であることも資料保存の観点からも忘れてもならないのである。

これらの意味でも、常設展示を代替する特別展示が必要である。しかし、常設展示こそが博物館を決定付ける展示である事実から、常設展示の集客力の脆弱さを補填する目的も含めて特別展示を実施しなければならないのである。

したがって、いくつもの特別展示がほぼ年間を通じて行われている状態が、集客を目的とする上では好ましいことは確認するまでもない。ここで言う特別展示とは、先ず博物館が実施する学芸員の研究成果の発表の場としての特別展示や、地域に根ざした特別展示である収蔵資料展示・新着展示等があげられ、さらには自館の収蔵資料を定期的に展覧する居開帳的展示が望まれる。

居開帳・蔵出し展示は、外部からの借用による特別展示ではなく、自館が所蔵するコレクションを用いての特別展示である。つまり、特別展示開催に伴う輸送費をはじめとする経費と他機関との借用交渉等々の仕事量が圧倒的に軽減される展示である。言わば、出開帳ではなく（この場合出てゆくのではなく借りて来るのだが、資料を移動させるとの意味で）居開帳であるからその効率性は、はるかに高い事と資料の保存に関しても好ましいことは確認するまでもなかろう。

自館が収蔵する資料で居開帳的な特別展示を実施するには、多種多量のコレクションがあれば、「蔵出し展示」などと銘打った特別展示が容易にかつ必要に応じて何時でも開催する事が可能となるのである。

さらに、学術の上でも、展示の上でも優秀な資料（群）の収蔵があれば、言わば正倉院展のような年に1度と定めた定期的な特別展示の実施も可能であろう。

例えば、新潟県十日町市立博物館であれば、収蔵する多数の火焔土器のすべてを常設展示するのではなく一部を常設展示とし、年に1回の「火焔土器まつり」などと称する特別展示を、イベントとして行うことが博物館の存在の主張はもとより、多面的な意味で博物館運営にメリハリを与え、集客も高まるものと予想されるのである。

これらを実施するには、収蔵資料の充実と常なる資料収集の必要と複数の特別展示室を必要とすることは確認するまでもない。

また、博物館法第3条8項には、下記の条文が明記されている。

> 当該博物館の所在地又はその周辺にある文化財保護法（昭和25年法律第214号）の適用を受ける文化財について、解説書又は目録を作成する等一般公衆の当該文化財の利用の便を図ること。

上記条文からも明確であるように、地域の文化財展示等も実施する事により、当該地域の風土と歴史の再確認の場としての使命を博物館は有していることを忘れてはならないのである。

さらにまた、個人コレクション展示や卒業制作展示、研究会・同好の士等による生涯学習の成果の展示などがある。これらの展示は基本的には持ち込み展示であるから、市民と博物館を結ぶ意味で参加型博物館となり、集客力の高揚に留まらず地域博物館としての活性化が齎されるものと予想される。

また、博物館への誘引の目的では、ほぼ年間を通しての企画展示の開催は、企画する団体や個人に留まることなく同好の士は元より家族・親戚・知人等々の関係者の来館が期待できるのである。この繰り返しによる利用者の増加から、博物館は地域社会の中に根付くものと期待できるのである。

代表的事例として、前者には大分県立博物館の地域文化財展等が、後者には岐阜県立博物館の個人コレクション展示であるマイミュージアム・ギャラリー等々があげられる。

3. 博物館展示の一押し

(1) パネルの選択と情報の持ち帰り

展示用パネルは、情報伝達の基本となる展示用具で、原則文字パネルとグラフィックパネルに２分される。

パネルの種類とその延長上の同種の情報伝達用具としては、カラーコールトン（内照式パネル・アンドン）・トライビジョン・スライドビジョン・冊子式（ホルダー式）解説・持ち帰り解説シート等が一般的である。

カラーコールトン（内照式パネル）は、通称アンドンと称されてその歴史は古く、夜間の旅籠の看板に使用されたところからも明確であるように、伝達情報は同じであっても内部に発光体を有するところからの注意の喚起を、本能的に見るも者に注意を喚起させる点を特徴とする装置である。

トライビジョン・スライドビジョンの特徴の一つは、伝達情報の増量性である。仮に、１枚のパネルが持つ情報を１とした場合、トライビジョンでは３枚のパネルを持つと同様であるから少なくともその伝達情報量は３倍となる。スライドビジョンでは、当然幕面の数に連動することとなるが情報量は圧倒的に増加する。次いでの特徴は、両者とも動きを伴う動態展示という点である。科学館を除く博物館展示は、一般的に静止展示であり、この静止状態が展示室の時間が止まっている感すら見学者に与える。これも見学者を長く展示室に滞留させない根本的要因の一つになっているので、僅かな動きでも大きな意味を持つ博物館展示室にあってはこの意味で必要な展示装置である。

冊子式（ホルダー式）解説シートは、見学者自身の意思による選択と参加を可能にするために、パネルを冊子式形体に改変したものである。つまり、文字パネルは文字による情報の伝達を目的とするものであって、情報伝達手段としての展示とは異なることは、当初確認したとおりである。原則的には文字や言語による情報伝達は、展示ではないことも記した通りであるが、文字や言語による情報伝達は容易であるが故に、展示室から文字を排除する事はたやすくないこともまた事実である。結果として、美術館等を除くほとんどの博物館では文字パネルが展示室に横溢

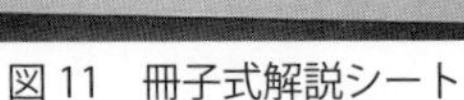
図11　冊子式解説シート

図12　持ち帰り解説シート

し、一般的には見学者の熟覧意欲を殺いでいることも現状であろう。そこで展示室から文字パネルを排除すると同時に、文字による情報を必要とする見学者には冊子式のパネルに比較してより詳細な情報の伝達が可能である解説シートを設置したものである。

持ち帰り解説シートは、上記の冊子式解説シートを見学者が必要に応じて持ち帰れるようにしたものである。この方法は、見学者心理に満足感を齎す方法であると評価できる。ミュージアム・ワークシートの解説との連携をはかれば、さらなる情報伝達効果とリピート客を誘引に直結するものと考えられる。シートの種類が増加すれば、ワークシートと合わせて製本して有料頒布であってもその需要はあると予想される。

(2) 漫画による注意の喚起

漫画は、平成12年（2000）に文部科学省が教育白書において芸術の一分野として位置づけるなど、芸術・文化の対象となっている。サブカルチャーの枠を離脱し、情報伝達を担う１メディアとしての市民権を得たものと看取されるのである。漫画は、広義の絵の中でも見る者に十分な情報伝達力と魅力と注意の喚起力を潜在的に有したメディアであると言えよう。

つまり、根本的に漫画は展示要素の強いメディアであるから、文字に拠る情報伝達とは異なり、この意味で博物館展示と基本的に共通しているのである。

したがって、展示の基本構成に魅力ある漫画を取り入れることは、ア

図 13　漫画による注意の喚起

イキャッチャーとしての注意の喚起と情報伝達が容易になるものと考えられるのである。先ずは、展示の前を通り過ぎようとする見学者の足を止める為の注意の喚起としての目的であり、次いでは容易に楽しみながら、視覚から情報を見る者に伝えることが可能なのである。

具体的な展示の構成は、展示の主体となる実物資料と、これに伴う模型や比較資料等・題簽・漫画によるパネルで、見学者の注意を喚起し学術情報の伝達可能な展示が構成できよう。さらなる詳細情報は、解説シートや情報端末による伝達で可能であろう。また、さらなる伝達情報での注意の喚起は、ミュージアム・ワークシートを併用すればより好ましい形態となろう。

(3) 映像

今日の博物館展示において映像の展示は、一般化している状況であると言っても過言ではない。映像展示の特徴は、多量の情報伝達が可能である点と、見る者にとっての理解の容易さと、映像の摩訶不思議さから発生する人寄せ効果を有する点である。

しかし、筆者が『博物館映像展示論　視聴覚メディアをめぐる』（青木豊 1997）を上梓した平成９年頃は、映像展示のウエイトが今日よりもはるかに高かったのは事実である。マルチ映像をはじめとし、特殊映像であるマジックビジョンやディービジョン・シミュレーション映像が博物館展示の核となっていた時代であり、それはまた前項で記したごとく映像によりジオラマが駆逐された時代でもあった。

しかし、17年前に予測したとおり、特殊映像機器とこれに伴う映像は陳腐化を来たし、見学者の注意を引く事すらなくなっているのが現状であろう。最大の原因は、安易に制作された映像ソフトが飽きられたのである。映像の内容が軽佻浮薄であればあるほど、この傾向は強く表面化することは確認するまでもないであろう。

博物館の根幹は、いかなる場合でも資料である。ゆえに一次映像資料は実物資料と同等の資料価値を有すると捉えるべきものである。映像は「制作」なる用語が使用されるが、本質的には一次映像資料の制作は博物館の第一の機能とも言える資料の収集と考えるべきものであって、当該博物館の専門性の中での理念に照らして制作されるべき資料なのである。優秀な一次映像資料は、過去・現在を記録し未来へ伝わっていくのである。それは、決して陳腐化することなく、むしろ経年がかさむほどに資料価値が増大していくのである。

二次映像資料の目的は、模型や模式図・想像図・復元図等と同様に、資料が有する学術情報の伝達手段としての映像であり、具体的にはアニメーション・CG・VR等による映像が主となる。

したがって、情報伝達の手段が映像以外に無い場合や、仮に他の展示方法がある場合でも映像を何らかの理由で選ばざるを得ない場合以外は、制作すべきでは無いと考えるものである。根本的理由は、今日の社会ではこの種の映像は生活の中に横溢するところからも、決して珍しくはなく見学者を引き止め魅了する事はできないのである。仮に出来たとしても一回限りであると認識せねばならない。映像に対する社会観念が

図14　CG映像

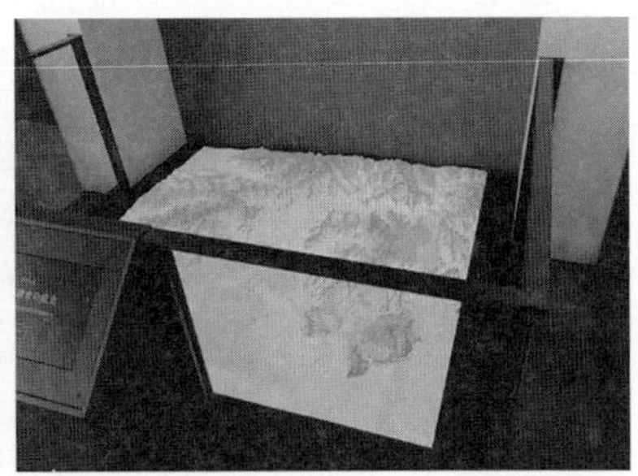

図15　プロジェクション・マッピング

大きく変容したのと同様に、博物館展示における映像展示の受け入れ方も変容したのである。

とにかく軽重浮薄ですぐに飽きられるような映像は制作するべきでないし、映像展示も行うべきではないと考える。

(4) 勢いのある模型・生活感のある模型

博物館展示における模型の必要性については、明治32年（1899）に記された坪井正五郎の「土俗的標本の蒐集と陳列とに関する意見」（坪井1899）が嚆矢であろう。

博物館展示の原理を明記する中で、その具体的方法として模型の効用を述べているのである。厳密には「模型」ではなく、「縮小模造」と「雛形」なる両語を使用しているが両者とも「模型」と同義と理解しても間違いはないと思われる。

我が国では、縮小模型（摸形）である雛形の製作は縄文時代の土製品・石製品をはじめとし、沖ノ島祭祀遺跡出土の金銅製雛型祭祀品や法隆寺献物品である逆沢瀉威鎧雛型等々を代表として、神社に奉納された和船の雛型等は各地で散見されるところからも縮小模型製作は文化的土壌として培われてきた故の、坪井の発想で有ったのであろうと理解できるのである。

模型は、縮小模型・実寸大模型・拡大模型の3種に区分されるが、基本的には縮小模型である事が重要である。微小な資料に関しての拡大模型は、アメリカの自然史博物館等では多用されているが、我が国の人文系博物館では稀であろう。まして、実寸大模型は必ずしも臨場感が伴うとは限らず原則的にはあまり意味は持たないと言っても過言ではなかろう。別項でも記したように可変性のある常設展示室を考える場合は、実寸大模型・拡大模型はもとより縮

図16　勢いのある模型

小模型といえども規模の大きな模型は作製するべきではないと考えられる。

模型は、実物資料の客観的記録を目的とする２次資料の中では異質な記録法である。つまり、地形模型の例からも理解できるように、縮小自体もそうであるのだけれども水平縮尺率と垂直縮尺率が異なるところからも、実物資料の客観的記録では決してない。原則的には保存・研究用の資料ではなく、展示用の資料なのである。

したがって、ある程度の創意工夫を加えることが可能なのであるから、誇張した表現や多数の人物を登場させるなどして、勢いを感じさせる生活感のある、見る者がほのぼのするような模型が必要なのである。この創意工夫による人をして魅了する、あるいはほのぼのさせる力を有する二次資料が模型であるから、この特徴を最大に生かすべきである。

この意味では、韓国の考古学展示や民俗学展示部門の模型は予想以上の人物を登場させることにより、見て楽しい勢いを感じさせる特性を有する模型である。元気あふれる模型を見に行くだけでも良しとするような模型を、見学者の為に作製しなければならないのである。

まとめ

観光資源としての展示は、換言すれば当該地域の確認と紹介展示・集客力を高める展示・博物館の活性化を齎す展示・見学者を魅了する展示等と表現できうる。また、観光資源としての展示は、博物館展示である限り学術情報の伝達でなければならないことは忘れてはならない。観光は、当該地域の自然・歴史・文化との接触・理解を目的とする生涯学習であるとする観点に立脚した場合、まさに博物館展示は観光の核でなければならないのである。

また、博物館展示は広義の展示の中でも教育を目的とする唯一の展示であるところに特殊性があることからも、展示の技法を駆使し展示の目的を達成に努めねばならないのである。

そこで基本的展示法として、二元展示・総合学域展示・説示型展示・時間軸展示・組み合わせ展示・比較展示・参加型展示・動感展示・特別展示についてその必要性を述べきた。

さらには、パネルの種類・アイキャッチとしての漫画・模型の必要性、集客力情報伝達（持ち帰り解説シート）等について記したが、さらにはケース・サイコロ・照明・映像等々に関しても重要々点であることも忘れてはならない。

〈参考文献〉

青木　豊　1997『博物館映像展示論　視聴覚メディアをめぐる』雄山閣
青木　豊　2003『博物館展示の研究』雄山閣
青木　豊　2013『集客力を高める博物館展示論』
新井重三　1981「展示の形態と分類」『博物館学講座7　展示と展示法』雄山閣出版
加藤有次　1981「総合展示」『博物館学講座7　展示と展示法』雄山閣
木場一夫　1949『新しい博物館―その機能と教育活動―』日本教育出版
下元　連　1933「博物館　商品陳列館」『高等建築學』21、常磐書房
高山林次郎　1899「博物館論」『太陽』5-9
棚橋源太郎　1930『眼に訴へる教育機關』寶文館
棚橋源太郎　1950『博物館學綱要』理想社
棚橋源太郎　1953『博物館教育』創元社
坪井正五郎　1899「土俗的標本の蒐集と陳列とに關する意見」『東洋學芸雑誌』16-217
鶴田総一郎　1956『博物館学入門』（社）日本博物館協会
林　公義　1978『博物館概論』学苑社
前田不二三　1904「學の展覧會か物の展覧會か」『東京人類学會雑誌』29
箕作佳吉　1899「博物館ニ就キテ」『東洋學藝雑誌』16-215

第3節　バリアフリー、入館料、多言語対策

二葉俊弥

はじめに

バリアフリー・入館料・多言語化について、近年様々な論争がなされている。代表的な例として「明日の日本を支える観光ビジョン構想会議」の第2回会議（2016年3月30日）などが挙げられる。内容は、①キャッシュレス環境の飛躍的改善、②通信環境の飛躍的向上と誰もが一人歩きできる環境の実現、③多言語対応による情報発信、④オリンピック・パラリンピックに向けたユニバーサルデザインの推進の4点が記されてる。これらの要件は、今後の博物館が観光の面において重要視すべき要件であり、上記を踏まえつつ、バリアフリー・入館料・多言語化について個別に論じる。

なお、本論では、「障害」と「障がい」の2つの言葉を使用しているが、概ね社会的・物理的な障害については「障害」を使用し、個人的・身体的な障がいについては「障がい」を使用している。

1. バリアフリー

バリアフリーの意味は、何らかの障がいがある人が社会において生活する上で、障害となる物事（バリア）を取り除くことの意味であると一般に理解されている。このようにバリアフリーの概念は、社会全体にとって重要な意味を持つが、博物館においても同様であることはいうまでもない。

今日、障がいのある人であっても健常者と同様に社会によるサービスや教育を受ける権利は当然保障されるべきであり、「バリアフリー」や「ノーマライゼーション」「ユニバーサル・デザイン」、博物館においては「ユニバーサル・ミュージアム」などの多くの表現が社会に浸透し、

障がい者の社会参加を促進するための設備・環境が整いつつある。

我が国においては、1949年（昭和24）制定の身体障害者福祉法を嚆矢として、現在まで多くの障がい者や社会的に不利益を受けている人々の社会参加を促す法律の制定や障がい者施策の実施が進められ、また民間においても障がい者雇用や理解を進める運動が盛んに行われており、今日では最早当たり前のこととなっている。こうした社会の潮流に博物館も乗り遅れることなくバリアフリーを推進ることで、障がい者の生涯学習・社会参加の一翼を担うべきであろう。

(1) 博物館におけるバリアフリー要件

博物館のバリアフリーを実施するにあたって、まず、どのような要件が存在するかを明白にしておく必要がある。今日、あらゆる人々が社会に参加することで、社会教育・生涯学習の充実を図られ、障がいがある人々も同様に社会参加の機会が目指されるようになった。

博物館が抱える障害（バリア）は、障がいがある人々のみならず、社会一般においても存在すると考えられている。それは、社会教育施設一般にいえることであるが、代表的なものとしては他の文化施設や娯楽施設と比較すると、気軽に足を踏み入れ難い点である。戦前から戦後にかけて博物館は、専門的であって気軽に立ち入れる場所ではないと認識されていた側面が確かに存在していた。それ故、博物館を利用する人とは、主に専門家や好事家などと考えられ、そうした意欲ある人々に対するサービスを充実させることで、博物館としての機能を全うしていると考えられた。

しかし、今日においては、博物館のみならず社会教育施設はだれもが躊躇することなく気軽に利用出来る環境・雰囲気づくりに注力するべき時が来ていると考えられており、旧態依然とした博物館のイメージが浸透している限り、障がい者の博物館利用が、盛んになるなど全く考えられないといえる。また、博物館特有の雰囲気や一般的なイメージも、一般の来館者のみならず、障がいのある来館者にとって問題となっていることを、駒見和夫は次のとおりに指摘している。

> すなわち社会教育の機関や施設では、だれもが躊躇なく気軽に足を踏み入れ、スムーズに学習へ参加できる体制や雰囲気をつくり出し、そのうえで生涯学習に対応する人々の意識の啓発が図られねばならない（駒見 2008：59-60）。

言いかえれば、博物館において物理的に入りにくい雰囲気が存在することは確かで、資料保存や環境保全の関係からもそれを払拭する限界は各館様々であるが、博物館の雰囲気や地域における活動などを経ることで、来館の心理的ハードルを下げることは可能であり、労を惜しまずそうした努力に注力すべきであることが理解できる。

一方で、障がい者の来館に当たって、来館そのものの心理的ハードルの他に、物理的なバリアやハードルが存在する。一口に障がい者といっても、様々な人々がおり、そうした人々に対しての様々な物理的バリアについて深く理解し、「ユニバーサルデザイン」の推進などの解決策を日々模索していくことが、今日の博物館にとって重要な点である。

一般的に、障がい者といわれる人々が博物館において不便やバリアを感じる要因については、障がいの程度や状況によって様々であるが、概ね５つが挙げられる。以下ではそれらの障がいについて博物館が抱える問題点について論じる。

Ⅰ．運動の障害

博物館における運動の障害とは、一般に運動機能に障害があり、自由に見学や観覧を行うことが出来ない障害の事である。こうした運動の障害に対する施策に関しては、社会全体においても、また博物館においても、比較的充実しつつあると考えられている。具体的な対策として実施されているものとしては、車イスや各種歩行補助具の用意などが挙げられる。複数階に展示室を有している博物館では当然、車イス等に対応したエレベーターや昇降機が必要であるし、単純に車イスを置けば解決する問題ではなく、車イスを利用する来館者が問題なく館内を見学するにあたってのスロープなどの対策を講じる必要もある。もっとも、前述のように、こうした対策は比較的効果を得やすく、また実施されやすい傾向にある。

Ⅱ．視覚の障害

博物館における視覚の障害とは、視覚全般に障がいがある人々が来館した時に、十分に博物館の資料などに接することが出来ず、学習の機会が得られないことである。

博物館における資料の展示は、専ら視覚に頼る場合がほとんどである。これは、資料を展示するという博物館の基本機能を果たすに当たって視覚情報が最も重要である為である。一方で、そうした情報を得られない状況において、障がいがある来館者へ展示物の情報を伝えることは極めて困難であるといえる。例えば、自身が博物館に来館したとして、照明や採光が全くなされておらず、動線や展示ケースすら全く把握できない状況を考えてみると、視覚に頼ることなく博物館資料の情報を伝達することが如何に困難であるか理解することが出来よう。こうした問題に関しての対策としては、接触による展示が最も有効であると考えられる。何故なら、視覚に頼ることが出来ない状況では、触覚や聴覚などに頼ることが有効となるからである。二次資料など複製可能な資料を利用することで、視覚に障害がある人々にある程度対応することが出来ると考えられる。また二次資料であれば、たとえ資料が消耗・破損しても代わりを用意することが出来る。

Ⅲ．聴覚の障害

博物館における聴覚の障害とは、聴覚に障がいがある為に、映像や音声によって提供される情報を得ることが出来ないことである。博物館における情報伝達の方法は、視覚に依存するところが大であるが、聴覚の障害に対して、博物館側の努力次第で完全とはいかないまでも、十分といえる程度の対応は可能であると考えられる。

例えば、映像展示を用いる際に画面に映像と共に字幕を流すことで対応可能である。単に音声を流す場合は、液晶に字幕を流して情報を伝達することが出来る。一方で、学芸員の説明や講演に際しては、手話通訳、要約筆記、議事録・台本等があれば事前に提供することで、十分に必要な情報を伝達することが出来ると考えられる。

Ⅳ．言語の障害

博物館における言語の障害とは、来館者側が身体的、あるいは精神的な事情によって意思が十分に伝えられない問題のことである。具体的には、来館者側が博物館側と言葉を介するコミュニケーションが難しいために、学芸員等に抱いた疑問や質問を伝えられないなどの要素がある。これらに対しては、筆談や手話に対応した設備や人員を整備することで、比較的容易に対応することが可能である。もっとも、そうした対応を形の上で準備したところで、障害がある来館者が利用し易い状況を作ることが大切である。何故なら、健常者であれば気軽に質問出来ることが、出来にくくなり、結果的に学習の機会やきっかけを失う事が予想されるからである。その為、博物館側は極めて気軽にこうしたサービスを利用できる環境・雰囲気づくりを心掛ける必要がある。

Ⅴ．発達の障害

博物館における発達の障害とは、心理的な障害によって学習の機会が失われる、あるいは不十分になる問題の事である。発達の障害に対する博物館の対応としては、その他の障害以上に総合的・多角的な対応が求められる。障害の程度にもよるものの、基本的に博物館側の対応は適宜、柔軟に対応することが求められる。設備面での対応が困難である為に、職員や学芸員が発達の障害に対して知識を有し、そうした障害に対する対応について熟知していることが求められる。勿論専門的な対応までも学芸員や職員に求めるのはいささかか酷である。しかし、博物館として研修やマニュアルを設ける等の対策は最低限必要であると考えられる。

博物館におけるバリアフリーについては、様々な論考が重ねられてきたが、論考内で述べられている多くの解決策も、実際に博物館を訪れた際に実感できる例はそれほど多くはない。一度でも博物館という存在に障害（バリア）を感じ取ってしまうと、自然と敬遠されがちな存在となる恐れは極めて大きい。奥田環は、利用者の精神状態について以下のように論じている。

> 利用者の心にある「行っちゃいけない」を脱し、安心して「行っていいんだ」と思い、「行けばなんとかなる」と信頼して訪れ、そし

て「行ってよかった」と満足できる、という一連の流れを確保することが、バリアフリーとユニバーサルデザインの基本概念の１つであると考える（奥田 2016：252）。

上記引用の様に、博物館における障害（バリア）は確かに存在するため、比較的容易に取り組める物理的な対応も必要ではあるが、対策を講じる前に、一度バリアフリーとは何であるのか、誰のためのバリアフリーなのかについてよくよく考察を巡らせるべきであると考えられる。

(1) 観光地におけるバリアフリー

昨今では観光地においても、博物館はバリアフリー意識を持つことが重要であると考えられている。観光地に所在する博物館は、小規模な資料館や記念館・博物館であっても、観光地やそれに隣接している立地の関係上、博物館の規模に対して来館者の割合が非常に大きい場合が散見される。近年では、観光地においてバリアフリーの拡充が進みつつあるため、観光地にある博物館のバリアフリー化も必須であると考えられる。博物館は、観光地や観光名所で得られる以上の情報を資料などから来館者に提供することが出来る。また、一般的に同規模の博物館と比較して、多少なりとも来館者が多く獲得できる関係上、物質的・人的設備に投資しやすい環境にあるといえ、博物館界において比較的バリアフリーが進んでいるのが現状である。もっとも、歴史的建築物や遺跡などにエレベーターやスロープなどを設置することは、著しくその価値を低下させる恐れもあり、慎重に対応する必要があるため、場合によってある程度バリアフリーを諦めざるを得ないケースもしばしば見受けられる。

2. 入館料

(1) 博物館法の規定

博物館における入館料についての規定は、博物館法第 23 条（入館料等）に定められている。同法の内容は以下の通りである。

公立博物館は、入館料その他博物館資料の利用に対する対価を徴収してはならない。但し、博物館の維持運営のためにやむを得ない事情のある場合は、必要な対価を徴収することができる。

上記の様に、公立博物館に限定されているものの、原則として入館料を徴収してはならないことが博物館法では規定されている。もっとも、この入館料に関する規定は、現在ではほとんど空文化しているといってよいだろう。現実に、入館料に頼ることなく博物館を維持・運営することはほとんど不可能であると予想される。したがって、多くの博物館は、公立・私立問わず入館料を徴収しているのが現状である。

(2) 観光地における入館料とは

博物館法では、公立博物館の入館料の徴収はやむを得ない場合に限定されているが、博物館経営を考えた場合、無料化は困難な課題であるといえる。

一方で、観光地での博物館は、その多くが観光客などの来館者を獲得出来る場合が多く、それ故に入館料を設けることで多くの運営資金を獲得できる場合や、逆に入館料を抑える、または無くす代わりに、ミュージアム・ショップやレストランの運営などで収入を得るなど、博物館経営の要件は一般の博物館と比較して選択肢が多いように考えられる。

しかし、今日の我が国の観光地に存在する博物館の多くが入館料を徴収していることは事実である。確かに入館料は、博物館の維持運営や設備投資などに欠かすことの出来ない資金源であることはいうまでもないが、博物館が果たすべき責務が入館料という障害によって、国民の学習機会を失わせるきっかけとなる事態は避ける必要がある。

(3) 入館料による来館者数抑制

観光地の博物館・資料館においては、あえて入館料を高く設定することで、クオリティの高い学習機会を来館者に提供している。一例として、「四百年式年大祭記念日光東照宮宝物館」を挙げる。

同館は、日光東照宮に附属する宝物館であるが、入館料は日光東照宮の拝観料と合わせると2,000円を超える。この価格設定は、一般的な神社博物館などと比較した場合、非常に高額である。その理由としては、知名度などの点から、入館料を安価に設定した場合、入館者が非常に多くなり、キャパシティーを越えてしまって良好な見学環境を準備することが困難であるとの判断からであろう。入館料を高く設定することで、ある程度入館者を制限し、質の高い学習機会を提供する狙いがここには存在する。この方法は、メリット・デメリット双方を持ち合わせているものの、観光地における入館料の考え方の一類型として大いに参考にすべき事例であるといえる。

(4) 博物館入館料と周辺施設との関係について

観光地における博物館の入館料は、前述のように敢えて高価格を設定することで、その見学環境・学習環境を確保する方法がある一方で、他の施設で十分に運営資金が獲得出来る場合に、入館料を低く抑える場合や、または無料とするケースも見受けられる。

こうした資金面での入館料の在り方は、一概に論じることは困難であるため、その観光地の環境や状況に合わせた入館料を設定するべきであり、観光地における博物館は、他の周辺施設とも綿密に連携をとりつつ運営していく努力が求められる。その上で、本来博物館がなすべき責務を自覚し、社会教育に可能な限り貢献できる環境を作り上げる必要がある。

また、今後の博物館の入館料に関するあるべき姿の要件として、キャッシュレス化が望まれる。今日の博物館は、一部の大規模館を除いてキャッシュレス化があまり進んでいるとは言い難い。国内の各種キャッシュレス決済への対応、諸外国において、スタンダード化しているNFCや各種ICカード決済などのキャッシュレス決済の方法に対応していくことが、グローバル化著しい社会における課題の一つであると考えられる。

3. 多言語化

(1) 博物館における多言語化の現状

博物館における多言語化は、1963年（昭和38）に制定された観光基本法を皮切りに、近年の政府による政策の一環としての外国人観光客の誘致、増加政策によって拍車が掛かったといってよい。立法面では、前述の観光基本法、2006年（平成18）に観光立国推進基本法、翌年に観光立国推進基本計画などの施行がなされている。それと同時に訪日外国人の誘致が政策的に進められている。

我が国において、多言語対応への意識は急速に浸透しつつあるといえる。博物館の多言語化の方法として最も一般的な方法としては、解説パネルや題箋を数カ国語で併記する事例がある。これは比較的容易かつ安価に行える多言語化の一種であり、多くの館が実施している。

一方で、音声ガイダンスなどを用いて多言語化対策を講じる場合も存在する。これは比較的大規模な博物館で行われるケースが多い。大規模な館であれば、それだけ多くの外国人観光客が訪れることになり、必然的により高品質な多言語化が求められる為である。また、学芸員や職員が外国語に堪能である場合などは、ツアーなどで多言語化を図るなどの対策が一般的である。もっとも、ほとんどの博物館では、観光地にあっても解説パネルや題箋に数ヶ国語の表記をする程度に留まっているのが現状であるといえる。

(2) 多言語化の可能性

博物館における多言語化のあるべき姿は、訪日外国人の言語を網羅的、あるいは高い確率で対応し得ることが望ましい。しかし、今日の博物館を取り巻く厳しい財政状況を鑑みると、そうした網羅的な対応を求めることは、国公立の博物館や運営資金が十分にある私立博物館、あるいは観光地に立地していることで多くの来館者が望める博物館でさえも、困難である。それ故、多くの博物館では、主要言語である英語や中国語、ハングルなどを日本語に併記することで対応しているのが現状である。

我が国における訪日外国人は、年々増加傾向にあるものの、訪日の目的として、観光庁の「訪日外国人消費動向調査　平成29年度版」によると、“訪日前に期待していたこと”“訪日前に最も期待していたこと”“次回したいこと”などの項からも、博物館・美術館は上位10番に入っておらず、“今回したこと”の項の10番に入っているに過ぎず、訪日外国人にとって日本食・景勝地・ショッピング等などと比べて魅力が乏しいと考えられていることが見て取れる（観光庁 2018）。

もちろん、商業規模からしても博物館・美術館が上位に来ることは困難であると思われる反面、そうした調査結果を真摯に受け止め、ある一定の指標としつつ博物館・美術館を持続・発展する努力を惜しまず行うべきであると考えられる。

今日、我が国の博物館における多言語化は、多くが数カ国語の解説文を付与する程度である。またその付与する言語も、英語・中国語・ハングルが中心となっており、近隣諸国に配慮した内容となっている。しかし、実際の解説パネル等をみると、情報は名称や来歴が精々であり、内容や本来解説として伝えるべき文章は少なく、あるいは解説自体が存在しないケースも多くみられる。これは、題箋やパネルの紙幅に大きな関りがあるものであると考えられる。文字を多くするとそれだけ展示物を鑑賞する上で障害となることは間違いない。一般的に題箋・解説パネルとしてふさわしいと考えられる大きさでは、多言語化と呼べるレベルの情報量を付与することは困難である。

多言語化に対応する方法として、様々な方法が考えられるが、デジタル機器による対応が昨今有望視されている。近年の著しい技術的発展を背景に、デジタルデータ上で膨大な情報量を内包しつつ、QRコードなどを用いることで専有面積を小さく抑えることが出来る。こうしたデジタル機器を駆使していくことが必要となっていくと考えられる。確かにデジタル機器を多数導入することは初期費用の他、ランニングコストが掛かることが予想される。破損、汚損や故障などのトラブルが発生した場合も費用が掛かる。しかし、他の方法で多言語化に対応した場合の選択肢としては、前述の題箋・解説パネルに可能な限り多くの言語による併記となり、不可能であることは既に述べた。

多言語対応ができる職員を常駐させ、音声ガイダンスを導入するなどの対応も考えられるが、そのような職員を置くことはコストが嵩むことが予想される。音声ガイダンスも特別展などの展示物等がある程度固定されている展示であれば十分であると考えられるものの、常設展などの比較的展示替えなどが行われる場合には対応できない。その点、QRコード等であれば、簡易に設置できる上、変更も比較的容易であると考えられる。

(3) 国軍歴史文物館（台湾）の例

海外の博物館における多言語化についても一部紹介したい。例として台湾の台北市に所在する「国軍歴史文物館」を取り上げる。同館は、台湾軍についての歴史や記念品などを展示している博物館であり、基本的には自国民向けの国威発揚を目的とした博物館である。しかし、同館内には多言語化を試みた形跡が見受けられる。例えば情報量の少ない題箋などは、いくつかの言語（日本語を含む）の解説などが記述されているが、大きなパネルなどには多言語の表記は見られない。引き換えに、フロアやセクションごとに解説文を記載した大きい板パネルが多数設置されており、来館者は自身の母国語のパネルを入り口で選んだ後にフロア内を回る方法をとっている。フロアを観覧し終えた来館者は、出口に設置されているパネル置き場にパネルを戻すという方法がとられている。この方法は、QRコードなどのデジタル機器を使用する場合よりも利便性で劣るものの、安価にかつ柔軟に多言語化が実現できる方法の一つとして利用することが出来る。このパネル持ち回りの形式の優れた点は、来館者が多言語化に自己対応できる点であり、職員や各種機器を使用することなく来館者自身で完結したシステム（補修等は必要）である点が特筆される。

多言語化の進捗は、台湾に限らず日本を含む各国で急速に充実しつつある。もっとも、多言語化対応という意味では、精々が２～３ヵ国語に対応する程度であって、より多くの言語に対応することは未だ持って困難であるといえるのが現状である。

〈参考文献〉

奥田　環　2016「バリアフリー、ユニバーサルデザインの考え方と実際」青木　豊・中村　浩編『観光資源としての博物館』芙蓉書房出版

観光庁　2018　訪日外国人消費動向調査　平成29年度版
駒見和夫　2008『だれもが学べる博物館へ―公教育と博物館学―』学文社

第４節　歴史系アミューズメント施設と博物館

岩下忠輝

はじめに

わが国には数多くのアミューズメント施設が存在する。その中には、時代劇の舞台になる時代をテーマにしたものがある。こうしたアミューズメント施設では、該当する時代の建物を再現している場合が多い。また、施設内ではコスチュームスタッフが働き、施設内では時代劇の舞台、水芸などの伝統芸能の上演やアトラクションが用意され、来場者はあたかもタイムスリップしたかのような没入感を得て楽しむのである。

対して博物館では、教育機関としての機能を有すると共に、娯楽施設としての機能を有するが故に、古い建物を再現した再現展示や体験展示、様々なワークショップを設け、来館者に楽しんで学ぶことのできる環境を提供している。他方で、歴史系アミューズメント施設の中には、展示形態を有した施設も存在する点を考慮すると、教育機能を有していると看取することもできる。こうした場合、博物館と歴史系アミューズメント施設との違いが不明瞭となっていると言えるだろう。本稿では、博物館と歴史系アミューズメント施設の違いと、博物館における娯楽に関して考察するものである。

1.　博物館の機能としての娯楽性─博物館法とUNESCOの勧告

今日の博物館では、各種再現展示や体験型展示などを行い、来館者が楽しみながら学べるように工夫し、学びながら楽しむという機能を有した博物館が存在する。対して、歴史系アミューズメント施設は、娯楽施設として楽しみを提供する機能は勿論だが、先に述べたように、歴史系アミューズメント施設内に展示施設が設けられる場合があり、一見すると同じような施設にとれる。さらに、博物館という施設自体が、テーマパーク同様にテーマ化された施設であり、テーマ化した施設に類似、すなわちテーマパークと類似してきていると指摘されている。この現象は日本だけではなく世界各国で見られる現象であるという（ブライマン 2008：103-106）。

そもそも、博物館はなぜ楽しみを提供する機能を有しているのか。改めて、博物館の機能、目的に関して確認する必要がある。1960年にUNESCOにより採択された「博物館をあらゆる人に開放する最も有効な方法に関する勧告」及び、2015年に改めて採択された「ミュージアムとコレクションの保存活用、その多様性と社会における役割に関する勧告」（日本博物館協会 2017：24-25）と博物館法における博物館の定義を引用し、確認する。

「博物館をあらゆる人に開放する最も有効な方法に関する勧告」には、博物館の定義について次のようにある。

> 本勧告の趣旨にかんがみ「博物館」とは、各種方法により、文化価値を有する一群の物品ならびに標本を維持・研究かつ拡充すること、特にこれらを大衆の娯楽と教育のために展示することを目的とし、全般的利益のために管理される恒久施設、即ち、美術的、歴史的、科学的及び工芸的収集、植物園、動物園ならびに水族館を意味するものとする。

「ミュージアムとコレクションの保存活用、その多様性と社会における役割に関する勧告」（日本博物館協会 2017：6）では博物館は勿論の事、美術館などを含むミュージアムの定義を次のように明記している。

> 当勧告において、ミュージアムという語は、「社会とその発展に奉仕する非営利の恒久的な施設で、公衆に開かれており、教育と研究と娯楽を目的として人類と環境に関する有形無形の遺産を収集し、保存し、調査し、伝達し、展示するもの」ii(ママ)と定義される。

1960年と2015年に採択されたUNESCOの勧告のいずれにも博物館、あるいはミュージアムの定義として必ず、博物館の目的として教育とともに娯楽が挙げられている。対して我が国の法律では、博物館の目的及び定義はどのように定められているのか。博物館法の第二条を以下に抜粋する[1)]。

第二条　この法律において「博物館」とは、歴史、芸術、民俗、産業、自然科学等に関する資料を収集し、保管（育成を含む。以下同じ。）し、展示して教育的配慮の下に一般公衆の利用に供し、その教養、調査研究、レクリエーション等に資するために必要な事業を行い、あわせてこれらの資料に関する調査研究をすることを目的とする機関（中略）

レクリエーションという言葉は、精神や肉体の疲労を癒すために娯楽などを行うことを含むため、娯楽と捉えて間違いないだろう。駒見和夫の論文でも、博物館における「娯楽」「慰楽」「レクリエーション」は同じ意味として捉えても良いとする見解を示している（駒見 2003：31-32）。本稿では、これらをまとめて娯楽と称することとする。

以上のUNESCOによる勧告及び我が国の博物館法には、博物館の目的に教育と娯楽が明記されていることが確認できるのである。博物館における機能としての娯楽については、従来から指摘されている事でもあり、棚橋源太郎は自身の代表的な著書の一つである『眼に訴へる教育機關』で博物館の職能について、すなわち博物館が有する機能に関して次のように記している（棚橋 1930：47）。

（前略）博物館は社會のあらゆる階級に對し、すべての年齢のものに對して教育と娯樂との設備とを有つてゐる。そして社會のあらゆる人にその門戸を開放し、彼等をして自己を稗益し愉快を感ぜしめることが出來る。（中略）

このように棚橋もまた、博物館の機能は教育と娯楽にある事を示している。以上の事から博物館は教育と娯楽を提供する施設であることが理解できる。駒見の行ったイメージ調査（駒見 2003：23-27）からも分かるように、一般には教育施設としての堅苦しいイメージが浸透してしまっている現状であることを考えると、博物館が一般大衆に対して娯楽、楽しみを社会に提供することは、博物館の重要な機能であるということを再認識する必要があるといえる。

2. 歴史系アミューズメント施設と博物館の違い

先に述べたとおり、博物館は学習と共に娯楽を提供する場である。しかし、歴史系アミューズメント施設においても展示施設を有し、学術情報伝達を目的とする展示を行っている施設も散見される。目的はともあれ、歴史系アミューズメント施設もまた、教育を行っていると見なすことができるだろう。対して、歴史系アミューズメント施設は純粋な娯楽施設であるのに対し、先に挙げたUNESCOの勧告や博物館法からも分かるように、博物館の目的に教育が挙げられていることから、博物館は教育機関であり、娯楽の提供はあくまでその機能の一つに過ぎないのである。

この点から歴史系アミューズメント施設と博物館には大きな違いが生じる。歴史系アミューズメント施設の場合、娯楽を提供することが第一の目的である。そのため、史実や研究成果を忠実に反映することが少ないと言えるだろう。ここで、日光江戸村のアトラクションを例に挙げる。

日光江戸村では、アトラクションの一つとして、江戸職業体験というものを行っている。5歳から12歳の子供を対象としたアトラクションで、江戸時代に存在した3種類の職業の内の何れかを体験するというものであり、史実に基づいた本格的なものである旨がホームページ上では記している[2)]。この内、「岡引体験」というものがある。時代劇でお馴染みの岡引になりきって、犯人逮捕に挑むというものだが、このアトラクションは管見の限り、史実に基づいているとは言い難い点が幾つか見受けられる。例えば、指示を与える同心、あるいは与力と思われる人物や参加している子供たちの姿並びにコスチュームスタッフの「岡引」の装いは、史実とはかけ離れたものである（石井1995：19-20）。また、史実の「岡引」は公然と賄賂を受け取っていた他、博徒やスリの元締めなどが「岡引」を務めていたため、到底ヒーローとは言えないものであり、時代劇で一般に知られている姿とも大きく異なる（稲垣1997：117-131）。史実に正確に則った場合、娯楽として楽しむことは難しいことが理解できよう。つまり、歴史系アミューズメント施設においては、学術研究の成果が忠実に反映されている保証は無いのである。

対して博物館の場合、事実に反した展示などは好ましいものではない。再三述べることであるが、博物館は教育機関であり、調査・研究・学習の場である。様々な再現展示や体験型展示が豊富な江戸東京博物館を例として挙げる。江戸東京博物館では江戸時代の街並みを再現したジオラマや再現された建築物の展示が目を引き、レプリカを用いた体験型展示が用意され人々を楽しませている。江戸東京博物館で行われているこうした展示は、調査研究に基づきできるだけ忠実に再現されたものである。むろん、展示品についても実物、あるいは精巧なレプリカである（江戸東京博物館編 1997：6）。このことからも歴史系アミューズメント施設のアトラクションと博物館の展示はその根本から異なっていることが理解できる。

以上のことから、歴史系アミューズメント施設は娯楽の提供を優先するために、アトラクションの内容は学術成果を鑑みないものも含まれている。いわば、歴史系アミューズメント施設は、フィクションの世界を提供している。対して、教育機関である博物館において、展示は博物館の調査研究の発表の場でもある。そのため、建築物の再現展示を始めとして、レプリカやジオラマなどの展示物は、調査研究の成果を反映したものである。博物館はノンフィクションの世界を提供しているのである。歴史系アミューズメント施設と博物館の違いを一言で言い表すならば、フィクションかノンフィクションかの違いであると言えよう。

3．博物館における娯楽の必要性

博物館の定義と機能には、教育と娯楽がある事がUNESCOの勧告及び博物館法に明記されている。その上で、歴史系アミューズメント施設と博物館における娯楽の違いは先述の通りである。しかし、教育を主目的としノンフィクションにこだわるのならば、博物館は学術研究の成果に基づいた展示を行うだけでよいのであり、博物館において娯楽は不要であるとも考えられる。一方で、UNESCOの勧告と博物館法に定義されている娯楽やレクリエーションに関する記述、そして学術研究に基づいた人々を楽しませる工夫がなされた展示はなぜ存在するのか。これは、博物館教育の特徴に起因し、博物館が社会教育施設としての役割を果たすために必要不可欠なためである。

博物館教育の特徴は学校教育と異なる。博物館教育の特徴について駒見は次のように説明している（駒見 2016：217）。

> （前略）博物館教育の特徴は、人びとの来館によってはじめて成立することにある。同じく公教育機関の学校の場合、学習者が登校することは前提条件であり、そこを出発点として教育の内容が工夫される。（中略）

つまり、博物館へ行くこと自体には何の義務も存在せず、まして強制されるでもない。博物館が教育的役割を果たすためには、人々が博物館へ足を運ぶ必要がある。同時に駒見は、博物館における学習や教養の獲得は"楽しさ"を伴わなければ成立しないと述べている（駒見 2016：218）。

この点に関して青木豊は、『集客力を高める博物館展示論』（青木 2013：39）で駒見と同様に、博物館教育を行うためには、来館者が居なければならないことを指摘し、「閑古鳥すら居ないような利用者の少ない博物館は、社会教育機関ですらない」と述べ、博物館が社会教育機関としての役割を果たすためには、人々が博物館へ足を運ぶ動機となる"楽しみ"が第一義に位置づけられるべきだとしている。

また棚橋は、『眼に訴へる教育機關』（棚橋 1930：47）で、博物館の職能を述べるにあたり、その特色を次のように示している。

> （前略）博物館の特色は觀覽者になんの强制も壓迫（あつぱく）もなく、全く自由の意思で娯樂半分に何んの抵抗もなく、愉快に見學させることの出來る點にある。かくして民衆をして最も容易く自己教育を行ひ得しめる教育機關である。（ルビ筆者）

この論述で棚橋は、博物館を娯楽半分に利用することが、自然に学習につながるのだとしており、博物館は"教育"と"娯楽"が両立する場であるべきだと主張している。

さらに、一般の人々が博物館をどのような時に利用するかも考慮に入れる必要がある。倉田公裕と矢島國雄は、大衆は歴史や科学に関する本を読むことや芸術鑑賞など「学習」や「勉強」を連想させるものを敬遠する傾向がある事に加え、博物館を利用する人々の多くが余暇の時間を利用する点を指摘し、「教育」「普及」といった大上段に振りかぶった堅苦しいものではなく、教育性と娯楽性の両立を追及した展示が行わなければならないと述べている。加えて、両氏は博物館が他の娯楽施設と競合しており、教育性を損なわない配慮をした上での娯楽性のある展示の追及がより一層必要になるとしている（倉田・矢島 1997：59-61、183）。

博物館が社会教育機関として機能するためには、その特性からして、来館者が博物館に足を運ぶことが第一条件であり、同時に来館者の多くは自身の余暇を利用する場合が多く、博物館教育を成立させるためには、「教育」という一般大衆に敬遠されがちなものではなく、余暇を楽しむための娯楽を動機として大衆に来館を促す必要があるのである。つまり、博物館において娯楽とは、社会教育機関としての機能を果たすために必要不可欠な要素なのである。

おわりに

本稿では、歴史系アミューズメント施設と博物館の共通点と娯楽の違いについて述べてきた。UNESCOの勧告並びに博物館法を確認すると、博物館は娯楽施設としての機能を有していることが明記されている。その上で、博物館における娯楽と歴史系アミューズメント施設の娯楽を比較し、ノンフィクションとフィクションという点で博物館と歴史系アミューズメント施設の娯楽には根本的な違いが存在することが確認された。

そして、博物館における娯楽とは何かを検討し、社会教育機関として博物館がその役割を果たすためには、余暇を利用して博物館を訪れる一般大衆に対し、娯楽を提供し博物館を訪れる動機を作らなければならず、博物館にとって教育という大きな命題を果たすには、娯楽という機能が不可欠であるという結論に達した。今後、博物館はその機能を果たすためにも、教育という理念に基づいた、来館者を楽しませる工夫をした展示が必要とされる。

近年では、若い女性を中心とした刀剣ブームにより、日本刀の展示を見るために博物館へ若い女性が足を運んでいる。この刀剣ブームは刀剣を擬人化したソーシャルゲームの「刀剣乱舞」に起因するものであり、ソーシャルゲームを楽しむ延長としての博物館利用なのである。これらの現象は、娯楽に起因した博物館利用であり、博物館での教育と娯楽の機能を同時に果たしている事例と判断できよう。今後は、さらに当該事例の如くの娯楽に起因した博物館利用が望まれるだろう。

註

1）博物館法第二条　抜粋

2）日光江戸村 HP（http://edowonderland.net/experience/job/）より

〈参考文献〉

青木　豊　2013『集客力を高める博物館展示論』雄山閣

アラン・ブライマン　2008『ディズニー化する社会―文化・消費・労働とグローバリゼーション―』明石書店

石井良助　1995『増補新訂版　江戸町方の制度』新人物往来社

稲垣史生　1997『〈江戸時代考証叢書〉考証「江戸町奉行」の世界』新人物往来社

倉田公裕・矢島國雄　1997『新編博物館学』東京堂出版

公益財団法人日本博物館協会　2017『ユネスコ勧告集　2015年「ミュージアムと収蔵品の保存活用、その多様性と社会における役割に関する勧告」1960年「博物館をあらゆる人に開放する最も有効な方法に関する勧告」』

駒見和夫　2003「博物館における娯楽の役割」『和洋女子大学紀要』43（文系編）

駒見和夫　2016「博物館と教育」中村浩・青木豊編『観光資源としての博物館』芙蓉書房出版

棚橋源太郎　1930『眼に訴へる教育機關』寶文館

東京都江戸東京博物館編　1997『江戸東京博物館要覧 1997』東京都文化財団

第 5 節　ミュージアム・ショップ論、レストラン

田中　彩

はじめに

観光は“非日常”体験であり、博物館に行くということもまた、多くの人々にとって非日常の体験である。特に観光の一環としてであれば尚更であろう。すなわち、観光で博物館を訪れる人々は、通常は行くことのない地域の博物館へ何かしらかの理由を持って足を運び、非日常体験を受容するのである。

そういった人々を受け入れる博物館は、非日常体験・種々の世界観を提供する場でなければならない。また、そこに併設するミュージアム・ショップやレストランもそうでなければならない。

観光とは、時間とお金のかかるものであり、限られた時間・予算の中で博物館に行くことを選び、そのうえで博物館内のミュージアム・ショップやレストランを利用する観光客に、訪問したことを後悔させない魅力的な体験を提供する必要がある。

1. ミュージアム・ショップ

(1) オリジナルグッズの必要性

博物館は、社会教育施設として教育普及の役割を担っており、「教育的使命」（能見 2002：12-15）を持って活動をしている。その中に置かれるミュージアム・ショップは、館の持つ使命を利用者に伝達する施設として、単に地域の特産物を販売する土産物屋や、雑貨屋とは一線を画さなければならないのである。

さらに、博物館での非日常体験を利用者に向けて演出するためにミュージアム・ショップは、「博物館のテーマやコンセプトと一体化をはかる必要がある」と塚原は述べている（塚原 1999）。

ミュージアム・ショップにおけるオリジナルグッズは、開発する館の立場からすると、博物館の基本的な機能である「教育普及の役割を商品に託することが可能である」(能見 2002：12-15) という点を考慮する必要があるため、かかる目的に基づいて製作されなければならない。

一方、利用者にとっては、オリジナルグッズは他では購入不可で、「そこに足を運んだから」買うことができるという「優越性・希少性」が魅力であり[1)]、利用者は博物館での感動や思い出を持ち帰ることができるのである。

(2) あらゆる利用者層の考慮の必要性

アメリカ合衆国のミュージアム・ストア協会は、ミュージアム・ショップの商品選定のガイドラインのひとつとして「ショップを訪れる様々な年齢層の利用者に対応したものでなければならない」(ミュージアムストア協会 2005) 点を掲げている。

家族連れでの利用が多いと思われる科学博物館や水族館・動物園のショップは、デフォルメ化された動物のぬいぐるみやキーホルダー、文房具、子供向けの学習書の取扱いが主である。一方、利用者の年齢層が高い美術館で、いわゆる子供向けの商品の販売を見かけることは稀である。

当該現象は、科学博物館や水族館・動物園は、子どもの利用が多いことから子供向けのグッズを主力にするのは勿論のことであろうが、子どもの利用が多いということは、子どもを連れてくる大人の集客も当然見込めるのである。故に、子どもが楽しめる場所であり、大人も楽しめる場所にふさわしい商品のラインナップも必要要件としなければならないと考える。大人も子どもも楽しめる博物館であることは、全ての博物館に共通して求められる役割であり、その一翼として併設されるミュージアム・ショップも例外ではなく、むしろ博物館の娯楽と教育の一要素を構成する施設として把握しなければならないと考える。

アメリカ合衆国ニューヨーク市にあるニューヨーク近代美術館 (通称MoMA) は、我が国に直営店である MoMA Design Store を出店している。インターネット販売も行っているため、ホームページにて、取扱っているグッズを確認できる。注目すべきは、キッチン＆ダイニングというような11ある項目の中にキッズという項目が設けられていることである。「多様な年齢のお子様を対象に」をコンセプトとして、乳児から小学生向けと思われるグッズが243点あり、中には大人も楽しめそうな商品も販売されている。

愛知県名古屋市にある名古屋ボストン美術館のミュージアム・ショップには、キッズ用のグッズを集めたスペースが設けられている。筆者が当該館を訪れた際、幼児とその父親と思われる男性が売り場前におり、グッズを手に取り遊ぶ幼児の後ろで男性が見本品の立体パズルに真剣に取り組んでいる姿を目にしたが、その光景は印象的であった。

自然科学系博物館や水族館・動物園とは反対に、家族連れの利用よりも大人のみの利用が多い美術館では、どうしてもミュージアム・ショップに置かれるグッズは大人向けのものが多数を占める状況であろう。だが、少数派であっても子ども連れの利用者や、家に帰れば子どもがいる利用者、孫を持つ世代の利用者が、子どもが使えるものをと、子ども向けのグッズを手に取ることは十分に考えられるのである。

松永久は、「ミュージアムショップは、通常館内の展示を見た後、最後に立ち寄る場所であ」り、「ミュージアムショップの充実度は、来館者の最終的な満足度を決める上で非常に重要な要素として機能する」と主張している（松永2005：50-54）。

2. レストラン

(1) 博物館のコンセプトとの提携の必要性

日本博物館協会翻訳の『博物館の基本』（Ambrose・Pain 1994）の中では、博物館におけるレストランにはテーマの設定が重要であると記されている。

テーマを持たせることは、食事や飲み物を取る場所を楽しい場所にする。食事や飲み物を提供する場所に特別な感じやテーマを持たせる方法として、博物館のコレクションやサービスに関連させることがある。

館内の雰囲気は洗練されたものであるのに、レストランはなぜか社員食堂のようでは台無しである。

ミュージアム・ショップと同じく、レストランも、非日常体験の提供の場として博物館の掲げるコンセプトを引き継がなければならないと考える。したがって、室内の装飾からメニューまで、博物館の展示テーマや資料に関連することが望ましい。

(2) 宗教・アレルギー対応の必要性

観光庁は、外食産業の向上・充実を図る目的の一環として「多様な食文化・食習慣を有する外国人客への対応マニュアル」を作成している[2)]。マニュアルには宗教・嗜好（ベジタリアン等）別、各国・地域別の食文化・食生活に応じた接遇を解説している。

政府は、「明日の日本を支える観光ビジョン構想会議」第1回会議（2015年11月9日）でインバウンド4,000万人を目標に定めている。博物館は、観光客を呼び込む資源であり、そこにあるレストランも宗教的配慮を講じるべきである。LCCの就航やビザ要件の緩和によるマレーシアやインドネシアからのムスリム旅行者の増加や、アラブ人（ハラール）とユダヤ人（コーシェル）に対する対応が各地方自治体でも中心的な課題になっているからである。

飲食を提供する場である以上、アレルギー対応も極めて重要な課題である。飲食店でのアレルゲン表示は、義務化されていないもののアレルギー事故を防ぐためにも、アレルゲンの表示・低アレルゲンメニューの提供等の対策を講ずる必要があるだろう。

また、ファミリー向けにベビーフードの提供を行うなど、利用者すべてが口にできる料理の提供ができることが望ましい。

おわりに

以上、観光博物館のミュージアム・ショップ、レストランの必要要件を纏めてきたが、そのなかでは両者に共通すると思われる事項については触れなかったため、ここで記しておきたい。

前述した「明日の日本を支える観光ビジョン構想会議」の第2回会議(2016年3月30日)で示された具体的な方策の中で[3)]、①キャッシュレス環境の飛躍的改善、②通信環境の飛躍的向上と誰もが一人歩きできる環境の実現、③多言語対応による情報発信、④オリパラに向けたユニバーサルデザインの推進という4点は、ミュージアム・ショップ、レストランにおいても対応するべきものであると考える。

①は、2020年までに、主要な観光地における「100%のクレジットカード対応化」などを実現するという内容である。現在、ミュージアム・ショップでは現金のみ対応のところが少なくない。クレジットカードが使えるところでも、～円以上からと制限を設けてしまっているところがある。

府中市美術館では、図録は現金のみ、そのほかのグッズはクレジットカードでの支払いに対応している。4月30日に筆者が聞き取りを行ったところ、図録は府中市美術館の作製であり、グッズは民間企業の作製したものを委託販売しているとのことであった。市民の税金でつくった物の売り上げの数%が手数料としてクレジットカード会社に支払われることを良しとしないために、このような対応を行っているのかもしれない。しかし、クレジットカード支払いに対応し利益をあげ、それが市民に還元されるほうがより望ましいことではないだろうか。

クレジットカードのみならず、デビットカードや電子マネー、モバイル決済など幅広い決済方法に対応することが、利用者のニーズに対応することになるのであろう。

②についてはミュージアム・ショップ、レストラン内でも無料Wi-Fi環境を整備し、すべての利用者が情報を享受できることが望ましい。

③は、訪日外国人の増加に伴い重要な事項であるが、特に前述のアレルギー対応については命に関わる問題であり、多言語対応が求められる。

東京都福祉保健局は、都内の飲食店における食物アレルギー対策支援としてアレルギー・コミュニケーション・シートを作成している。これは東京都福祉保健局のホームページから誰でもダウンロードが可能である。言語は、英語・中国語(簡体字・繁体字)・韓国語・タイ語・フランス語・スペイン語・ドイツ語・ロシア語に対応している。

④については年齢・国籍・障害の有無を問わず、すべての人が使いやすい施設・設備であることは、当然ミュージアム・ショップ、レストランにも求められるものである。

そのうえで、いずれも常に「接客」という意識がなければならないことを忘れてはいけない。これは、ミュージアム・ショップとレストランにおける「おもてなし」を披露する最大の要素となるのである。もっとも店の評価は「接客」によって決まるところが大きい。また、通常ミュージアム・ショップ、レストランは展示を見て回り、最後に寄ることが多いのが常である。そこでの「接客」は、博物館そのものの最終的な評価に直結する可能性が大いにあるからこそ、無視してはならないのである。

註

1）2001 『月刊ミュゼ』50、アム・プロモーション

2）観光庁 「多様な食文化・食習慣を有する外国人客への対応マニュアル」（2010年7月1日最終更新）［http://www.mlit.go.jp/kankocho/shisaku/sangyou/taiou_manual.html］（2018年5月7日最終閲覧）より

3）首相官邸 「明日の日本を支える観光ビジョン構想会議」［http://www.kantei. go. jp/jp/singi/kanko_vision/］（2018年5月7日最終閲覧）より

〈参考文献〉

Timothy Ambrose, Crispin Paine 日本博物館協会訳　1994『博物館の基本 MUSEUM BASICS』

塚原正彦　1999「知と夢を売るミュージアムショップ」『ミュージアム集客・経営戦略』日本地域社会研究所

能見栄子　2002「ミュージアムショップとは？～その役割と先進事例～」『博物館研究』37-11

松永　久　2005「21世紀におけるミュージアムショップ」『博物館学雑誌』全日本博物館学会、30-2

ミュージアムストア協会　2005『ミュージアム・ショップワークブック―ミュージアム・ショップの新規開店、拡張、改装のためのガイドブック―』アム・プロモーション

第7章 利用者を主体とする博物館学芸員の諸点

青木　豊

はじめに

博物館法が制定されて、67年を迎えようとしている。この間に“博物館”なる語は勿論のこと、“学芸員”なる職業名も社会に認知され浸透するに至ったことは、喜ばしい限りである。

しかし、博物館・学芸員の詳細内容に至っては、まだまだ知られていない点や誤認が社会に多々存在することも事実である。今回、本論で記す内容は、論題でも明らかなように具体的には、専門職員としての「1. 学芸員の職名使用に関する問題」、「2. 無資格学芸員の配置問題」、「3. 養成学芸員の博物館知識の向上に関する問題」、「4. 学芸員採用条件における“大学院修了”要件に関する問題」、「5. 博物館学を専門とする専任教員の配置と大学教員の博物館学的知識の向上問題」の5点に関して、現状を踏まえて広く博物館学芸員に望まれる点、および博物館学芸員の養成について論及するものである。

ただ、学芸員問題は必ずしも学芸員に関する単独的問題ではなく、より広範囲な博物館問題として把握せねばならない場合も存在するが、本稿では博物館問題はさておき、上記5点の博物館の専門職員である学芸員問題に限定して記すものである。

また、論題である「利用者を主体とする博物館学芸員の諸点」での“利用者”とは、当該地域の住民に留まらずビジターである観光者をも含めた概念であるが、“観光は、当該地域の風土の理解を目的とする生涯学習である”との考え方による把握に基づいている。交流人口の増加により、少しでも地域の活性化を計るためには、先ずは博物館の活性化であり、これを支えるのが専門知識は勿論のこと、さらには博物館学知識と博物館学意識であるとする考え方で論を展開するものである。

本論での提言が、いささかでもこれからの利用者主体の博物館学芸員と養成学芸員を取り巻く環境改善の足掛かりになることを期待するものであり、延いては我が国の博物館が利用者を主体の一つとする博物館へと改善に向かう基本要件であると考えて論考するものである。

なお、本論は平成29（2017）年に記した「学芸員の諸問題」（青木2017）を基本に大きく加除筆したものである。

1．学芸員の職名使用に関する問題

“学芸員”なる職名は、博物館法（昭和26年制定）第四条３項である下記の条文により規定された国家資格に基づく職名であることは周知のとおりである。くどいようであるが、以下に条文を抄録する。

（館長、学芸員その他の職員）

第四条

３　博物館に、専門的職員として学芸員を置く。

４　学芸員は、博物館資料の収集、保管、展示及び調査研究その他これと関連する事業についての専門的事項をつかさどる。

以上の条文からも明確であるように“学芸員”は、博物館法に基づく博物館に配置される職名であることは確認するまでもない。また、そうでなければならないのである。

しかし、博物館とは全く異なる機関・施設である教育委員会・埋文センター・文化会館等々の文化財等の機関に勤務する職員の職名に於いても、「学芸員」を使用しているのが現状である。

つまり、博物館の学芸員と所謂文化系機関・文化系施設の学芸員との混交がここに始まり、この博物館法の精神の逸脱による不明瞭化が、一般社会での学芸員職に関する錯綜を齎す原因であると考えられるのである。

過日、山本幸三地方創生大臣（当時）による「一番のがんは文化学芸員という人たち」（下線筆者）なる発言[1)]が物議を醸したことはまだまだ記憶に新しい。恐らく山本大臣の学芸員認識も当該不明瞭性に起因するものであろうと推測されるのである。事実、“文化学芸員”なる資格も専門職も無く、また具体的には博物館ではなく二条城の職員を指していたところからも頷けよう。二条城は、京都市文化市民局文化芸術都市推進室元離宮二条城事務所であり、博物館とは異なる施設である。決して、山本大臣の肩を持つわけではないが、このような基本的問題があるにも拘わらず一般的には些細な思い違いともいえるような誤認は、山本大臣個人に留まるものでは決してなく、社会に通底する一般的誤解とも言えようし、あるいは常態化したとも言える誤った認識であることを確認しておかねばならない。原因は、当然の如く上記の混淆による結果であり、早急に改善を要する点であると考える次第である。

なお、山本大臣の文化財保護に関する意識は、明らかな誤認であり、決して山本大臣の言う“観光マインド”が文化財保護を優先するものでないことは衆目の認めるところである。文化財保護は、絶対保護を原則とし、形あるものはいずれは滅ぶことも世の常であるが、しかしその無常観に逆らってまでも保存しようとするのが文化財における保護思想である。したがって、人命に次いで貴重なのは、文化財であると言っても過言ではないと考える。

本論に立ち返る。当該学芸員職名問題の発端は、当時東京都教育委員会技術主事であり、その後法政大学教授に転出された段木一行氏の発案により、昭和47年（1972）の東京都教育委員会の文化財専門職員の職名を学芸員とする東京都条例に始まった[2)]。おりしも昭和47年に、時の内閣総理大臣田中角栄による“日本列島改造論”なる政策綱領が出され、全国で急増した開発に伴う遺跡破壊に対処する目的で、昭和40年代初期から埋蔵文化財の専門職員が多数採用された。同職員の採用当初の職名は、“技師”なる職名を以って配置されていたが、人文系職での技師は不自然であることもあって、技師から学芸員への職名変更は東京都教育委員会を前例として全国へ拡散し、さらには埋蔵文化財関係機関・施設以外にも広がり、今日に至っているのである。当時としては、職務内容に整合したかに思える画期的な専門職名であったのである。確かに、現在でも当該職名に変わる妙案はないことも事実であろう。

なお、学芸員名称を採用した「東京都教育委員会文化財課」は、平成10年に「スポーツ文化課」となり、文化財係を廃止し、昭和49年頃22名所属していた学芸員も現在僅か1名であるという[3)]。

ただ、昭和の終盤から平成の極初期にかけての頃、全国大学博物館学講座協議会（以下、全博協）委員長をなさっていた関西大学教授の故網干善教先生は、この矛盾点に関して全博協の大会時に複数回に亙り反対意見を述べて居られたことはいまだに鮮明に記憶している。しかし、全博協では、網干委員長の意見に対しては冷ややかであり、是正に至る決議には到底至らなかったこともまた記憶している。

理由は、博物館学芸員の就職が少ない中で、学芸員養成側としては学芸員として就職できるところから、出口の確保である就職と言う点では誠に有りがたい社会的風潮であった為である。かかる理由に拠って、網干教授に同調する全国大学博物館学講座協議会加盟大学の教員は一人もなく、異論を唱えることが出来なかったと見做せるのである。事実この問題に関しては、筆者も四半世紀以前に気が付いていたことも事実であるが、狡猾にも前述の就職との関係で改善策を意識したことは無かった。

また、当時は埋蔵文化財関係者以外に当該風潮の拡散は予想しなかったこともあって、恥ずかしながら網干先生にも表面だった同調を成し得なかったことも、今となっては後悔している。

しかし、前述のとおり現代社会において、混和錯綜による社会的誤解による現実的な被害が認められるに至った現在では、矢張り改善しなければならない問題である。

また、根本的に博物館の学芸員と広義の文化財担当者とでは、それぞれの意識と技能が大きく異なる場面が存在する等のことからも、職名の呼び分けは必要であると今更考えるしだいである。

また、東京国立博物館等をはじめとする独立行政法人による博物館での専門職員の職名は、学芸員では無く研究員であることは、東京国立博物館は博物館法ではなく文化財保護法に基づく機関であるから当然であるが、一方で博物館法に拠る登録博物館でありながらも、従来通りの

“学芸員”を使用せずに研究員を使用している博物館が複数存在する点も、社会に於いてはさらに不明瞭性を深める原因となっていることも指摘できよう。

つまり、我が国の社会は成熟が進み、分化・専門化が進化していることも事実である。故に、博物館に於いても職名としての“学芸員”は、博物館法に準拠した博物館の専門職員に冠する職名に留めることが必要であり、教育委員会をはじめとする博物館以外の広義の文化財関連施設等の職員は、“主事”や“研究員”なる職名を以って呼称する事が適当であると考えられる。

また逆に、県立の登録博物館でありながらも専門職員の職名として“学芸員”を使用せず“研究員”“専門員”等の職名を使用している博物館も存在している。この点も、お考えは有るにせよ博物館法に準拠し、基本的に博物館を名乗る機関である限りはいたずらに社会的混迷を増幅するのではなく、“学芸員”の職名使用を熟考して戴かなければならないのである。

2. 無資格学芸員の配置問題

(1) 無資格者配置の現状

本章でいう無資格学芸員の配置とは、前章とは異なり国家資格である学芸員無資格者を博物館の学芸担当の専門職として配置している事例である。

当該観点について筆者は、「博物館法改正への経緯と望まれる学芸員資格と学芸員養成」(青木 2007a)「学芸員有資格者の採用を求めて」(青木 2009) で縷説して来たが、上記2稿をはじめとする論考を加除し以下に再度記すものである。

博物館法第四条第三項には、「博物館に専門的職員として学芸員を置く」と明示されていることは周知の通りである。しかし、現実に学芸員に相当する専門職員として従事している人物が、学芸員資格を持たない無資格者である例を県立博物館等で多々目にしている。

例えば、県立博物館や自然博物館の年報等の組織表を見る限り、「調査員」「研究員」「主事」等と称する学芸員資格無資格者の学芸員に相当する職員が数多く存在しているのは事実である。なお、前章で述べた博物館での“学芸員”の職名不使用の例は、当該博物館の職種欄に“学芸員”が基本的に存在しないのであり、ここでのケースとは異なるものである。

学芸員無資格者配置の原因は、県立博物館に於いてはその採用が学芸員採用ではなく、教員や埋蔵文化財職員として採用した職員の博物館への配置転換が常套化している結果と看取される。そして、博物館学芸員相当職へ配置転換された元教育職員や埋蔵文化財関係等の職員の多くは有資格者でない職員であるが故に、当然ながら「学芸員」の職名は使用できず、研究員・主事等々の職名を冠しているのが常であると見られる。

しかし、その職務内容は正に学芸に関する職務であろうところからも、無資格者の任命とこれに伴う実務への従事と言うことになる。この不法とも表現できる行為は、「博物館法」第四条第五項に記された以下の条文に起因するものと看取される。

（館長、学芸員その他の職員）

第四条

5　博物館に、館長及び学芸員のほか、学芸員補その他の職員を置くことができる。（下線筆者）

6　学芸員補は、学芸員の職務を助ける。

無資格者を学芸員補その他の職員に相当させることにより、合法としているのであろうが、如何なものであろうか。ならば、職名も学芸員補とすべきであるが、組織内での所謂配慮でもあろうか、学芸員補の職名を使用していないこともまた共通する事実である。

また、教育職員・埋蔵文化財センターからの配置転換とは別途に、博物館自体が独自採用する場合に於いても、その採用条件に要学芸員資格（学芸員資格取得見込み）が加えられていないケースも決して珍しくはないのである。中でも自然史系博物館では、「自然史博物館では、学芸員資格は不要である」と公然と言い放つ専門職員の言を異口同音で複数回聞いたことがある。事実、約10年前になるが滋賀県立琵琶湖博物館や横浜市美術館の専門職員採用条件に学芸員資格は記されていなかった点は印象に残っている。

学芸員無資格者を良とする考え方は、是非博物館側にご賢察戴き是正願わねばならない点である。抜本的には、県立博物館をはじめとする公立博物館の専門職の採用は、学芸員資格有資格者に限定する旨の厳格な指導を文部科学省に切望する次第である。

(2) 学芸員有資格者採用の要望に基づく博物館法第六条の改正案

我が国の成熟した社会では、車の運転は勿論の事、医師、教師、美容師等々のいずれに於いても無免許、無資格は許されない社会情勢下にあって、生涯教育・文化の拠点である博物館に無法が存在すること自体がゆゆしき問題なのである。よって、法の遵守からしても有資格者の配置を徹底して戴かねばならないのである。

それが何故、かかる不具合な事態が出現したのかを考えると、具体的には下記の博物館法第六条（学芸員補の資格）が無資格者の博物館専門職としての採用を許す法的根拠となっていると看取される。

博物館法　昭和二十六年　法律第二八五号　（学芸員補の資格）

第六条（学芸員補の資格）学校教育法（昭和二十二年法律第二十六号）第九十条第一項の規定により大学に入学することのできる者は、学芸員補となる資格を有する。（下線筆者）

条文のとおり「大学に入学することのできる者」、換言すれば即ち原則として高等学校を卒業した者は、学芸員補になることが出来るのである。昭和26年（1951）の博物館法制定時から昭和40年頃までなら兎も角として、今日の社会では高校卒業者が学芸員補として採用されることは、現実的でないと言って良いであろう。博物館法制定初期の学芸員有資格者の少なかった時代とは異なり、年間1万人もの有資格者が養成されている現状では、不必要な条文であることは自明の通りであり、本条文の存在が前述した無資格者採用の温床であると指摘できるのである。

よって、当該条文の内容は今日の社会情勢に鑑みても、早急に撤廃すべき条文であると考えるものである。更に、短期大学での学芸員養成に意義を持たせる為にも、上記の改正案を再度提案するものである。

(3)「学芸員補の職と同等以上の職等の指定」（平成8年8月28日文部省告示第151号【最終改正】平成20年6月11日文部科学省告示第91号）の廃止の提唱

さらにまた、文部省告示である「学芸員補の職と同等以上の職等の指定」[4]は、まさに学芸員養成科目の単位習得なしでの学芸員補の許容に関する告示である。告示日が平成8年（1996）であるところからも矛盾を内蔵した学芸員補に関する問題を駄目押した告示であるとも解釈できようし、平成20年6月に最終改正を実施している点には驚かざるを得ない。

つまり、平成8年はもとより、平成20年においても我が国の社会では多くの学芸員有資格者が存在しているにも拘らず、何故にこれほどまでに学芸員補の職を認定しなければならないのかは極めて疑問である。

中でも同告示二項で意図する、独立行政法人国立文化財機構において文化財保護法に規定する文化財の収集・保管・展示及び調査研究に関する職務に従事する職員や、三項の「文部科学省（文化庁及び国立教育政策研究所を含む。）及び国立大学法人法大学共同利用機関法人並びに独立行政法人国立科学博物館及び独立行政法人国立美術館において博物館資料に相当する資料の収集、保管、展示及び調査研究に関する職務に従事する職員」である専門職員を学芸補として指定する必要性が不明である。

そもそも、上記に明記されている機関は博物館法の埒外であるのに、何故に学芸員補の資格認定が必要なのであろうか。また、具体的に当該機関の専門職員が“学芸員補”を積極的に名乗るのであろうか、甚だ疑問である。

さらにまた、四項の地方公共団体の教育委員会の職員、五項の学校における教職員、六項の社会教育施設の職員、七項の社会教育主事、八項の図書館司書を、学芸員補と指定することは乱暴であるとしか言いようが無いのである。なかでも、四〜六項は、「博物館資料に相当する資料の収集、保管、展示及び調査研究に関する職務に従事する職員の職」と条件が明示されているが、7項の社会教育主事と図書館司書には、上記の条件すらないのである。

また、業務経験内容についても疑問が存在する。"「博物館資料」に相当する資料"についても、四〜六項の機関・施設では不明瞭である。さらにまた、博物館類似館・施設をはじめ、民間での関連業務者は埒外に置かれている点も大きな疑問である。具体的には、博物館建築業者・博物館資料製（制）作者・博物館資料修復者・博物館資料輸送梱包者等々である。

以上の如く、文部科学省告示第91号「学芸員補の職と同等以上の職等の指定」は、現実乖離の条文が多数存在すること、内容にも齟齬が認められることと、何よりも"学芸員補"に関して更なる混乱を齎す告示と考えられるところから、本告示の廃止を提唱するものである。

3. 養成学芸員の博物館知識の向上に関する問題

昭和26年（1951）に公布された博物館法での学芸員資質問題に関しては、公布初期の時点から既に指摘されていた。具体的には、公布5年後の昭和31年3月28日の社会教育審議会答申に於いて『社会教育施設の方策はいかにすべきか』では、下記の指摘がなされている。

(2) 学芸員資格制度の改善

博物館に置かれる専門職員としての学芸員の任務は博物館の目的を実現するために最も重要なものであって、博物館の教育活動の中核となるものである。

従って、学芸員の資格設定及び賦与に当っては、特に慎重な考慮を払い、その資質の確保並びに向上について適切な措置が行わなければならない。以上の見地から現行学芸員資格制度を考慮すれば、特に現職者に対する資格賦与制度は改善する必要がある。

即ち、短期間の講習による資格賦与のあり方は、学芸員としての専門知識及び技術の習得には不当であり、特に分化された専門知識についての学識経験は全く閑却されている。これらの諸点を改善するため、従来の講習は廃止し、これに代わって学芸員にふさわしい専門知識及び技術並びに実際経験を適切に評価し得るような国の資格認定制度を研究すべきである。これが、全国に散在する博物館の職員の現状から考慮しても、また学芸員の資質を向上するためにも適切な方法と考えられる。

大学の博物館科目の修得による学芸員の養成は今後共助成されるべきであるが、当該科目修得後所定の経験年数を加味することが必要と思われる。（下線筆者）

つまり、①博物館における学芸員の必要性とその重要性、②短期講習による学芸員資格の付与と学芸員の資質の向上、③大学での学芸員養成による資格取得後の所定経験年数の加味の3点である。

昭和31年のことであり、経ること60余年を数えるが明確に改善はなされていない。

我が国の地域博物館の多くは、明治100年を記念して建設が開始され、初期に建設された資料館・博物館は、半世紀近くが経過した。また、バブル期に建設された博物館も既に四半世紀以上を経て、老朽化が顕著に認められる博物館も数多く存在しているのが現状である。同様に学芸員も定年を迎え、後任人事の時代であるからこそ新たに着任する学芸員には、博物館学知識と博物館意識の高度化が求められるのである。

(1) 学芸員養成科目の現状

筆者は、養成学芸員の資質の向上に関しては、平成19年（2007）に「博物館法改正への経緯と望まれる学芸員資格と学芸員養成」（青木2007a）および「博物館法改正に伴う資質向上を目的とする学芸員養成に関する考察」（青木2007b）として『博物館学雑誌』や『全博協研究紀要』に記し、また「学芸員の資質向上を目的とする養成科目・単位数の拡充案」（青木2007c）と題し、全日本博物館学会の研究大会等で発表を重ねて来た。その成果は、平成21年の『学芸員養成の充実方策について（第2報告書）』[5)]に反映されているが、本稿では現行の文部科学省による所謂法定

〈昭和30年改正時科目〉

No.	科目名	単位数
1	社会教育概論	1単位
2	博物館学	4単位
3	視聴覚教育	1単位
4	教育原理	1単位
5	博物館実習	3単位

（5科目10単位）

⇨

〈平成9年～23年〉

No.	科目名	単位数
1	生涯学習概論	1単位
2	博物館概論	2単位
3	博物館経営論	1単位
4	博物館資料論	2単位
5	博物館情報論	1単位
6	視聴覚教育メディア論	1単位
7	教育学概論	1単位
8	博物館実習	3単位

（8科目12単位）

⇨

〈平成24年4月施行〉

No.	科目名	単位数
1	生涯学習概論	2単位
2	博物館概論	2単位
3	博物館経営論	2単位
4	博物館資料論	2単位
5	博物館資料保存論	2単位
6	博物館展示論	2単位
7	博物館情報・メディア論	2単位
8	博物館教育論	2単位
9	博物館実習	3単位

（9科目19単位）

科目を踏まえて、さらなる養成学芸員の資質の向上を目的とした科目数の加増と単位数について論究するものである。

博物館法制定66年を経る中で、博物館学知識と博物館学意識を有する学芸員を養成できなかった原因は、文部科学省令が定める、博物館に関する科目の単位（法定科目）の不足に起因し、また当該点は博物館学の体系的教授が実施されてこなかった点にも共通する。

昭和31年から平成8年までの学芸員資格取得者は、5科目10単位であり、博物館学の専門科目では博物館学（4単位）と博物館実習（3単位）の僅か2科目7単位であった。これが博物館法制定以来、平成12年度の卒業生までのおおよそ半世紀に亙り実施されて来たのが事実であり、極論すれば2科目7単位の基礎知識で博物館を経営して来たことになる。また、現在博物館に勤務する約40歳以上の中堅もしくは中心的な学芸員は、この2科目7単位での資格取得者である。

さらにまた、平成9年度から平成23年度までの間、8科目12単位に養成科目が増強された履修者は未だおおよそ28歳であり、9科目19単位での取得者は25歳をやっと数える年齢であるところからも、平成24

年の入学生からの増強による現行養成科目の教育効果が、博物館経営に発揮されるのは概ね30年後であろうと予測される。

当然のことながら博物館教育の効果が博物館に現出するのには、概ね四半世紀を必要とすると予想される。したがって、より良き博物館を求める為の基本方策としての養成科目の決定は、一刻も速く成されなければならないと考える次第である。

(2) 日本学術会議史学委員会の提言に対する大いなる疑問

平成29年（2017）7月20日付で、日本学術会議史学委員会　博物館・美術館の組織運営に関する分科会から出された、提言「21世紀の博物館・美術館のあるべき姿―博物館法の改正へむけて」の中の、要旨2現状及び問題点　(4)には以下の文面が記されている[6)]。

> ⑷改正学芸員科目の施行により、学芸員資格要件の科目・単位数が増加により、①関連科目開講大学数が減少した。加えて、学芸員資格の求める要件と現職学芸員に求められる②学術的専門性・実務能力との間に乖離を生じさせるような経緯があったため、③多数の博物館が博物館法第4条4項に掲げる職務を貫徹できないような状況になった。（下線筆者）

下線①の“関連科目開講大学数が減少した”に関しては、全国大学博物館学講座協議会に於いても当初より十分予想していたことであり、養成大学の減少が我が国の博物館学芸員の資質の低減や学芸員不足に陥る原因となるなどの不都合は全く無いと考えていた。現時点でもこの考えに変わりはなく、また現に当該点に関して不都合が発生していないのが事実であろう。

文部科学省によると、平成19年（2007）4月1日時点での博物館学課程・講座開講大学数は、大学・短期大学を合わせて331大学であったのに対し、平成25年4月1日には300大学とされている。確かに、31大学が減じたことになるが、全国大学博物館学講座協議会加盟大学では加盟180大学中0大学であった。閉講理由は、大学／短期大学の閉校・学部の改組・担当教員の退職などがあげられている。

下線②の“学術的専門性・実務能力との間に乖離を生じさせるような経緯があった”に付いては、行間を読んでも真意は理解し難く、ここで言う“乖離”とは如何なる乖離なのかも具体的には示されていない。この点に関する詳細は、同提言の「(3)学芸員資格制度の問題と学芸員の位置づけ」の10頁で説明しているようであるが、指摘のある養成学芸員の科目・単位数の増加との関係はやはり不明である。

博物館における学術的専門性の必要性は、否定する者はいないでであろう。しかし、この点は文部省令による「博物館法施行規則」（昭和30年文部省令第16号）で文部科学省が定める養成理念と科目と単位数の埒外であることは確認するまでもなく、科目・単位数の増加と何らの関係は無いものと考えている。

次いで、下線③の“多数の博物館が博物館法に掲げる第4条4項の職務を貫徹できないような状況になった”と記された法第4条4項には、「学芸員は、博物館資料の収集、保管、展示及び調査研究その他これと関連する事業についての専門的事項をつかさどる。」と明記されており、専門的事項の完遂が貫徹できないと記している。ここでも、“職務を貫徹できない”とあるが、どう貫徹できないのかが抜け落ちているから不明である。

さらに、大学での科目と単位数の変更は、平成24年度の入学生からで、1年生から開講している大学では平成27年度、2年生からの開講大学であれば28年度となる訳であるから、新課程修了者で博物館に勤務する学芸員は果たして何名いるのだろうか。ますます不可解である。1951年から今日に至るまでを想定しているのであろうか。

文部科学省令による、9科目19単位への科目と単位数の増加の目的は、養成学芸員の資質の向上であることは、既述のとおりである。

当該、日本学術会議史学委員会による提言における論点の齟齬は、鷹野光行が指摘する（鷹野2018）とおり、日本学術会議史学委員会の構成委員には博物館学研究者が含まれていないところから、上記の点に限らず多くの誤認が表出したものと看取される。

学術会議は、「人類文化の未来に貢献する独創的な研究にも従事できる」学芸員の必要性を提言していることは正鵠を射たものと賛同するが、我が国の地域博物館に於いてはほど遠い展望であることには違いがないのである。

したがって、筆者は博物館法第3条4項が明示する条文である「博物館資料に関する専門的、技術的な調査研究を行うこと。」同じく5条の「博物館資料の保管及び展示等に関する技術的研究を行うこと。」や文部科学省告示である「博物館の設置及び運営上の望ましい基準」の第7条（調査研究）で記されている「博物館は、博物館資料の収集、保管及び展示等の活動を効果的に行うため、単独で又は他の博物館、研究機関と共同すること等により、基本的運営方針に基づき、博物館資料に関する専門的、技術的な調査研究並びに博物館資料の保管及び展示等の方法に関する技術的研究その他の調査研究を行うよう努めるものとする」と記されているところからも、先ずは上記の法と文科省告示を履行することが重要であり、そのためには博物館学の理解の深化を目的としたさらなる養成科目の増設が必要であると筆者は考える。

これにより、我が国全体の博物館の研究も含めた質の向上がなし得るものと考えられる。この基本的な点すら成就出来なかったことは「2. 学芸員養成科目の現状」でも前述したように偏に昭和30年～平成8年までの40年余の養成科目の希薄性（博物館専門科目　博物館概論4単位・博物館実習3単位）に起因する事実を認識した上で考慮する必要があろう。

(3) 新たな養成科目の提唱

本項で、新たに提唱する新設科目は、①「博物館学史・博物館史」（2単位）、②「博物館設置論」（2単位）、③「地域博物館論」（2単位）、④「博物館資源論」（2単位）の4科目8単位である。

また、この25単位については、参考までに示した免許・資格単位数比較を見ても、無理の無い科目数と単位数であることは理解できよう。

そもそも、現行で図書館司書資格が24単位であるのに対して、学芸員資格が19単位で、5単位も少ないことに驚かされるのである。比較する問題ではないであろうが、博物館学芸員は図書館司書と比較してそ

〈平成24年4月施行 現行科目〉

No.	科 目 名	単位数
1	生涯学習概論	2単位
2	博物館概論	2単位
3	博物館経営論	2単位
4	博物館資料論	2単位
5	博物館資料保存論	2単位
6	博物館展示論	2単位
7	博物館情報・メディア論	削除
8	博物館教育論	2単位
9	−	−
10	−	−
11	−	−
12	博物館実習	3単位

（9科目19単位）

〈提唱科目〉

	科 目 名	単位数
⇨	生涯学習概論	2単位
⇨	博物館概論	2単位
⇨	博物館経営論	2単位
⇨	博物館資料論	2単位
⇨	博物館資料保存論	2単位
⇨	博物館展示論	2単位
新設科目	博物館学・博物館館史	2単位
⇨	博物館教育論	2単位
新設科目	博物館設置論	2単位
新設科目	地域博物館論	2単位
新設科目	博物館資源論	2単位
⇨	博物館実習	3単位

（12科目25単位）

・高校教員免許	67単位
・社会教育主事	24単位
・図書館司書	24単位
・学芸員	19単位

免許・各資格の単位比較表
（平成29年現在）

「博物館学史・博物館史」（2単位）	○欧米博物館論史
	○日本博物館論史
	○明治時代博物館学史
	○大正・昭和時代前期博物館学史
	○昭和時代後期博物館学史
「博物館設置論」（2単位）	○基礎調査論
	○展示構想論
	○博物館建築論
	○博物館設備論
	○展示構想論
「地域博物館論」（2単位）	○郷土博物館論
	○地域博物館論
	○観光博物館論
	○地域創生論
	○地域社会連携論
「博物館資源論」（2単位）	○自然・文化資源論
	○世界遺産等指定資源論
	○博物館社会資源論
	○博物館観光資源論
	○野外博物館論

提案科目と内容

んなに簡単な職種であるのだろうか、甚だしい疑問が付きまとうのは筆者だけであろうか。

よって、新たに提唱する科目は、12科目25単位であり、科目の詳細内容については下記の如くである。

(4) 削除を要する科目

また、逆に削除を提唱する科目は1科目で、「博物館情報・メディア論」(2単位) である。削除理由は、科目内容が「博物館資料論」「博物館展示論」「博物館教育論」「博物館経営論」等と内容が多々重複する点であることは確認するまでもない。また一方で、情報機器の種類やコンピュータ使用の技術的な授業は、恐らく各大学に於いて今日一般的に開講されているのが現状であろう。例えば、文化系大学である國學院大學では、総合教養科目の中で「コンピュータ基礎」「コンピュータ技術入門」「コンピュータと情報 (活用入門)」「コンピュータと情報 (エクセル入門)」等々が開講されているところからも、敢えて学芸員養成科目に「博物館情報・メディア論」(2単位) を設定しなくとも目的は果たしているものと考えられる。

(5) 障がい者支援科目について

上記を目的とする科目については、教職課程においては「特別支援教科」1単位以上を必修とすることが決定されたことは周知の通りであり、図書館学課程では「図書館サービス論」の中に障害者サービスが設置されていることも厳然たる事実である。

したがって、博物館養成科目においてもバリアフリー論・ユニバーサルデザイン論を含めた「障がい者特別支援」を、設けなければならない事は確認するまでも無く、これらは新設提唱科目の「博物館設置論」の中での建築論・設備論内で、また従来の科目である博物館教育論・博物館経営論内での確保が可能であると予想されるところから実施しなければならない授業項目であると考えられる。

4. 学芸員採用条件における“大学院修了”要件に関する問題

学芸員公募資料を見た場合、応募条件として「大学院修了者もしくは同等以上」とする条件が明記されている点が近年一般的となっている。当該趣旨は、専門性に秀でた優秀な学芸員もしくは学芸員経験者の雇用を目的としているのであろう点は、充分に理解できると同時にそうあらねばならないと筆者は考えている。理由は、前者はより高度な専門知識を有する人材の確保を、後者の同等以上は主として博物館経験者を目的とするのであろうから、即戦力となる人材の確保を目的としていると推定される。

しかし、再度考えなければならない点は、学芸員資格があくまで学士の資格であることは博物館法に準拠する厳然たる事実である点であり、決して修士の資格ではないのである。したがって、国家資格である学芸員資格を有する者、もしくは取得予定者に、受験資格が無いこと自体が極めて異なことであると指摘せねばならない。

また、ここで問題となるのは、今日社会的に指摘され異口同音に希求される学芸員像は、博物館の専門学術領域にかたよった学芸員ではなく、博物館学を含めた広い知識を有する人材であることを博物館側も確認しなければならない。当該観点に関して、小西美術工芸社社長のデービッド・アトキンソン氏は、下記の如く述べている[7)]。

> 日本の戦後の経済成長は人口増加に支えられてきた。だが今や人口は減り始め、学芸員が自分の興味のあることにだけ従事できるようなぜいたくな時代は終わった。

今日に於いても大学は、我が国の最高教育機関であることは間違いなく、学士を有する者は当然それぞれの学術領域での専門知識を有した人物であるはずであり、またそうでなければならないのである。博物館学芸員は大学卒業者で十分なはずである。大学院修了者の多くは、それぞれの学術領域においてのさらなる専門者であり、同時に研究者を目指す人たちであることは確認するまでも無い。かかる思考と目的を持った研究者が、博物館学芸員として必ず適するかどうかは複数の専門職員を有し、職務機能も明確に分離されている大規模博物館ならともかく、我が国の多くの小規模地域博物館では甚だ疑問であり、現在の博物館運営の不具合の一因はこの点に内在されているものと看取できよう。

確かに、博物館は研究機関であり、そうあらねばならない点に異論を差し挟む余地はないが、しかし今日の社会情勢下に置かれた博物館を見た場合、資料の保存や博物館展示・教育諸活動がその重要さを増しているところからも博物館経営の上でより必要となるのは、むしろ後者の博物館学知識と熱心な博物館学意識なのである。

なお、人文系博物館、なかでも考古・歴史・民俗等では、そこに介在する資料群は過去の遺産であるから未来へ伝える保存行為こそが、歴史・民俗・美術系博物館の第一義であるところからも博物館学意識は不可欠なのである。かかる博物館知識の脆弱さ、意識の希薄な点が今日の社会下での博物館経営に影を落としているものと看取されるところから、博物館学の研究者の養成、学芸員の博物館学知識・意識の向上に直結すべき養成制度と体制が必要であると考えねばならない。

しかし、博物館学芸員に求められる学術領域での２面性を有する学芸員養成教育の基本面である、専門学術分野は大学終了時に習得しているとしても、応用実践面とも言える博物館学知識は現在の大学での養成教育の内容からは不十分である。かかる観点から、博物館教育に関しては学部での不足を補う目的で、大学院での教育を必要とすると考える次第である。矛盾染みたことを述べているが、博物館学芸員志望者には大学院での博物館教育が必要であると考えるものである。

すなわち、大学院においての博物館学研究者の養成は、我が国の博物館が、同時にまた社会が必要としているという点を、採用者側も十分理解せねばならない要件なのである。

しかし、平成19年（2007）６月に纏められた『新しい時代の博物館制度の在り方について』[8]の３や平成21年２月『学芸員養成の充実方策について（第２次報告書）』[9]Ⅳの中で学芸員養成課程における高度化と実務経験の充実を図るために、大学院における専門教育の必要性が指摘されていたにもかかわらず、「博物館法施行規則の一部を改正する省令」（平成21）でも実現に至っていないことは極めて残念である。

5. 博物館学を専門とする専任教員の配置と大学教員の博物館学的知識の向上問題

(1) 専任教員の配置

専任教員の配置について、『全国大学博物館学講座実態調査報告書』によれば、僅かながら増加傾向が認められることは学芸員養成の上ではまだまだ不十分ながら喜ばしい限りである[10)]。現在、団塊の世代とこれに続く教員が定年を迎えていることが遠因であり、平成24年度の入学生から適用された、文部科学省令による養成科目数の増加を原因とするものと予想される。さらなる専任教員増加の為にも法定科目の増加を必要とする。“養成学芸員の資質の向上”“専任教員の増加”“法定科目の増加”の3点は、三位一体の関係にあることは理解できよう。

養成学芸員の資質の向上には、博物館学の体系の教授と理解による博物館学知識の涵養の必要性については前述してきた通りであるが、それには先ず担当教員の専任化が重要である。つまり、非常勤教員は、あくまで担当科目に限っての責任であるところから、学生に対し授業以外で接して指導することは先ず無く、すべての面で限界があることは確認するまでも無かろう。

したがって、学芸員養成教育には全体を見渡し、常に履修学生が必要に応じて接触することの出来る専任教員が必要であることは、他の講座・課程を見るまでも無い。この問題は、図書館学課程では2人の専任教員の配置が文部科学省より義務付けられているにも拘らず、博物館課程では0人であることに端を発する大きな問題である。

この件に関しても筆者は、「学芸員の養成に関するワーキンググループ」委員として、再三専任教員の必置義務に関する明文化を求めてきたが、平成21年2月に出された『学芸員養成の充実方策について（第2次報告書）』には、「Ⅱ、大学において習得すべき『博物館に関する科目』の見直し」の「6、各大学における取組の充実」で、残念ながら下記の通り記されたに留まったのである[11)]。

また、学芸員養成課程を開講する各大学においては、「博物館に関する科目」に係る専任教員の確保・配置に努めることが必要不可欠である。大学設置基準等においては、各大学は教育内容等の改善のための組織的な研修等を行うものとされており、大学における博物館に関する科目についても実施されることが望ましい。（下線筆者）

したがって、この専任教員の配置が先ず重要であり、大学における博物館学芸員養成の充実は、この点から開始されるものと考える次第である。

この件は、前述した科目数と単位数の増加が実現すれば、文部科学省においてもより現実的に捉えられるであろうし、現場である開講大学でも非常勤のみでは運営が不可能と思われる故に、この点からも科目数の増加を急がねばならないと考える。

(2) 大学教員の博物館学的知識の向上

先ず、筆者を含めた大学教員の博物館学知識の向上が基本的要件であることは明白である。この件に関しては、何度も述べ記しているところであるが、山種美術館の学芸課長から北海道立近代美術館長へ転じ、さらに明治大学の教授となり今年の２月にお亡くなりになった博物館学者倉田公裕は、その著『博物館学』の中で次の如く記している（倉田 1979）。

> その教授或いは講師に、過去博物館に勤務していたという人などを迎え、その人の過去の博物館での体験を博物館学とか、博物館概論と称しているのではないか、（略）これで果たして良いものであろうか。勿論、中には優れた探求と業績をあげられている人も少なくないが、それにしても博物館学に関する研究発表の少ないことをどう説明するのであろうか。博物館学とはそんな狭い体験やほんの片手間にできる浅薄なものであろうか。

倉田は、上述のごとく厳しい視座で博物館学の将来を憂慮し、各大学で博物館学を講ずる大学教員の資質に疑問を投げかけたのであった。昭和 54 年（1979）のことである。それからおおよそ 40 年を経た今日、残念ながら改善された気配は認め難いのが現状ではなかろうか。

全博協への加盟大学 181 大学をはじめとし、非加盟大学約 150 大学を合わせた博物館学課程開講大学は全国で約330大学を数えている。

全博協が刊行している『博物館学文献目録』（全国大学博物館学講座協議会 2018）等によると、各大学で博物館学に関する科目を担当する教員で博物館学に関する著書・論文等を著している人数は驚くほど少ないことも現状である。

かかる現実を鑑みると、先ず博物館学を専門分野に置く専任教員の配置が必須要件であり、急務である。ただ単に、博物館での館長経験や勤務経験、教育委員会での文化財担当・生涯学習担当経験者といった一要件のみの実務教員の審査形態に依るのではなく、担当授業科目と整合性のある論文審査による教員資格審査を実施することが、直截に受講生の資質の向上に反映するものと筆者は考える。

一方で、博物館学は、理論ではなく技術学であるから学芸員の無経験者による授業について、“泳げない者に水泳を習っても、効果なし”なる言葉は、格言の如く常に言われ続けてきた例えでもあった。

しかし、ここで再度熟考しなければならないことは、泳げると言っても“犬かき”しか出来ない人に水泳を習っても、上達に限度があることは誰しもが知るところである。一理はあるが博物館学は、技術に始終するものでは決して無いことは、今更確認するまでも無い。博物館学を技術学であるとする学芸員こそ、博物館学の体系的知識の受容と意識の改革を必要とするのであって、そのような学芸員により教育をうけて養成される学芸員の博物館学的知識・意識は十分とは言えないであろう。

平成24年度に開始された学芸員課程新カリキュラムは、平成27年度で既に完成年度を迎え、2年目を迎えている。しかし、未だ専任教員の配置なしで非常勤のみで学芸員養成課程を維持している大学が数多いことは前述したとおりである。

さらには常に問題視されてきた『博物館実習』の外部実習館・施設は各大学の担当者に一任されているところから、極端な例ではあるが博物館は勿論のこと類似機関ですらなく学芸員資格を有する担当者もいない教育委員会で学外実習行をおこなっているケースも認められる。そもそも当該事例の場合、教育委員会事務局は決して博物館でもなく類似施設でもないのである。まして、有資格者すら存在しないのであるから論外と言わざるを得ないのである。この点も早急な改善がのぞまれる。

まとめ

以上、「1. 学芸員の職名使用に関する問題」、「2. 無資格学芸員の配置問題」、「3. 養成学芸員の博物館知識の向上に関する問題」、「4. 学芸員採用条件における“大学院修了”要件に関する問題」、「5. 博物館学を専門とする専任教員の配置と大学教員の博物館学的知識の向上問題」の5点に関して縷々述べてきた。

中でも、「2. 無資格学芸員の配置問題」では、県立博物館等における当該問題の解決策として問題発生の温床である学芸員補に関して、根幹である博物館法“博物館第六条の改正案”と文部科学省告示である“学芸員補の職と同等以上の職務の指定”の廃止を提唱した。

「3. 養成学芸員の博物館知識の向上に関する問題」では、新設科目として、①「博物館学史・博物館史」(2単位)、②「博物館設置論」(2単位)、③「地域博物館論」(2単位)、④「博物館資源論」(2単位) の4科目8単位を新たに提唱した。また、逆に科目内容が「博物館資料論」「博物館展示論」「博物館教育論」「博物館経営論」等と内容が重複する点から、「博物館情報・メディア論」(2単位) の削除の必要性を記し、結果として博物館学芸員の養成科目と単位数は、12科目25単位への増加を提唱したのである。

「4. 学芸員採用条件における“大学院修了”要件に関する問題」では、今日社会的に希求される学芸員像は、博物館の専門学術領域にかたよった学芸員ではなく、専門領域は勿論博物館学を含めた広い知識を有する人材の登用であることから、専門学術分野は大学終了時に習得しているのであるから、応用実践面とも言える博物館経営に関しては学部での不足を補う目的で、大学院での教育を必要とする点から大学院での博物館教育が必要であるとの考えを明示した。

「5. 博物館学を専門とする専任教員の配置と大学教員の博物館学的知識の向上問題」では、専任教員の配置と大学教員の博物館学的知識の向上について記した。上記2点は、養成学芸員の資質向上の基盤となる要件であるところから、是非とも実現しなければならない要点である事を強調したのである。

註

1）2017年4月17日『毎日新聞』朝刊より。

2）段木一行先生に直截お聞きした話である。

3）元東京都教育委員会文化財課学芸員であった、川崎義雄先生のご教示より。

4）学芸員補の職と同等以上の職等の指定（平成8年8月28日文部省告示第151号 【最終改正】平成20年6月11日 文部科学省告示第91号
博物館法（昭和二十六年法律第二百八十五号）第五条第二項及び博物館法施工規則（昭和三十年文部省令第二十四号）第五条第二号の規定により、学芸員院補の職に相当する職又はこれと同等以上の職を次の通り指定する。

一 博物館法（昭和二十六年法律第二百八十五号）第二十九条の規定により
文部科学大臣又は都道府県の教育委員会が指定した博物館に相当する施設において同法第二条第三項に規定する博物館資料（以下単に「博物館資料」という。）に相当する資料の収集、保管、展示及び調査研究に関する職務に従事する職員の職

二 独立行政法人国立文化財機構において文化財保護法（昭和二十五年法律第二百十四号）第二条第一項に規定する文化財の収集、保管、展示及び調査研究に関する職務に従事する職員の職

三 文部科学省（文化庁及び国立教育政策研究所を含む。）及び国立大学法人法（平成十五年法律第百十二号）第二条第三項に規定する大学共同利用機関法人並びに独立行政法人国立科学博物館及び独立行政法人国立美術館において博物館資料に相当する資料の収集、保管、展示及び調査研究に関する職務に従事する職員の職

四 地方公共団体の教育委員会（事務局及び教育機関を含む。）において博物館資料に相当する資料の収集、保管、展示及び調査研究に関する職務に従事する職員の職

五 学校教育法（昭和二十二年法律第二十六号）第一条に規定する学校において博物館資料に相当する資料の収集、保管、展示及び調査研究に関する職務に従事する職員の職

六 社会教育施設において博物館資料に相当する資料の収集、保管、展示及び調査研究に関する職務に従事する職員の職

七　社会教育法（昭和二十四年法律第二百七号）第九条の二に定める社会教育主事の職
八　図書館法（昭和二十五年法律第百十八号）第4条に定める司書の職
九　その他文部科学大臣が前各号に掲げる職と同等以上と認めた職
附則（略）

5）これからの博物館の在り方に関する検討協力者会議　2009『学芸員養成の充実方策について』（第2次報告書）より。
6）日本学術会議史学委員会　博物館・美術館の組織運営に関する分科会　2017　提言「21世紀の博物館・美術館のあるべき姿―博物館法の改正へむけて」より。
7）デービット・アトキンソン　「文化財と学芸員の役割」2017年6月28日『毎日新聞』朝刊より。
8）これからの博物館の在り方に関する検討協力者会議　2007『新しい時代の博物館制度の在り方について』より。
9）前掲註5）
10）前掲註5）

〈参考文献〉

青木　豊　2007a「博物館法改正への経緯と望まれる学芸員資格と学芸員養成」『考古学研究』154-2（通巻240号）、考古学研究会
青木　豊　2007b「博物館法改正に伴う資質向上を目的とする学芸員養成に関する考察」『博物館学雑誌』33-1
青木　豊　2007c「学芸員の資質向上を目的とする養成科目・単位数の拡充案」（全日本博物館学会の研究大会で発表。於、明治大学）
青木　豊　2009「学芸員有資格者の採用を求めて」『全博協研究紀要』11
青木　豊　2017「学芸員の諸問題」『國學院雑誌　特集國學院大学博物館学講座開設60周年記念特集―博物館・博物館学の諸問題Ⅱ』國學院大学
倉田公裕　1979『博物館学』東京堂出版
全国大学博物館学講座協議会　2017『全国大学博物館学講座実態調査報告書（第13回）』電子版
全国大学博物館学講座協議会 2018　『全国大学博物館学講座協議会60周年記念　改訂増補　博物館学文献目録』雄山閣
鷹野光行　2018「博物館登録制度の行方―日博協報告書と学術会議提言をめぐって―」『東北歴史博物館研究紀要』19　東北歴史博物館

終章　観光博物館の課題と展望

第Ⅰ節　博物館批評

中島愛美

はじめに

近年博物館法で法令化されたこともあり、「博物館批評・評価」を行っている博物館は多く、山梨県立博物館のように一般の来館者にも評価（アンケート評価ではなく、博物館の学芸員や職員が行っているものと遜色がないもの）を行ってもらっている館もある。

しかし、評価をすることが展示や解説、ワークショップ等の改善に役立っているか、来館者にとってみれば疑問であることも多く、「博物館評価」を行うメリットが生かされていないように感じられることも少なくない。

本稿では、日本国内の博物館評価の歴史に触れつつ、今後の「博物館評価」はどうあるべきかについて論述するものである。

1．博物館評価の歴史

博物館評価の歴史については、先の筆者による研究ノート「博物館評価の研究史」（中島 2018：139-146）においても記した通りあるが、管見の限りでは1889～1890年に記された坪井正五郎による「パリー通信」が最初となる。当該論文で坪井は、1889年開催のパリ万国博覧会における人類学の展示部の紹介や評価、問題点の指摘を以下のように行っている（坪井 1889～90）。

> 博覧會場中人類學の部分の様子　本館に向つて右の舘の入り口に近いところが人類學の部分でござります、廣大な建物のうちへさら

に十六七間四方高さ四間程の一搆を作り中を庭として此所には開化幼稚時代の生活の有様を示す實大の活人形を列べ周圍の廻廓様の所に諸物品が陳列してござります、（中略）萬國博覧會人類學部物品陳列の評、棚の片隅に鉢植えの五葉松有り次に藁にて根を包みたる萬年青あり（中略）一千八百八十九年のパリー府開設萬國博覧會人類學部物品陳列の模様は之に似たる所無しと云ふ可からず、緣日商人の植木棚に似たる所無しと云ふ可からず（坪井 1889～90）

以上のように1889年のパリ万国博覧会人類学展示部における展示は、縁日での植木屋のようであり、学術的な分類分けがなされておらず稚拙なものであったと縷々指摘しているのである。

またこの不備に対し、どのように改善すべきであるかについても以下のように述べている。

然らば如何に列べるべきが宜しきか、物品の列べ方は各部區々では宜しからず、一主義を貫徹しなければ不都合なり、當局者の輿論がTopinard氏の言を容れるならば第一に縦覧の巡路を示す札を掲げ人躰解剖比較解剖の諸標品、人躰測定人骨測定の諸器械、（中略）犯罪人に關する人類學上の諸標品と順に列べ各部に属する圖書は各正當の場所に置き一般に關する書や雑誌、雑書は終の部へ纏めて置くが宜しいと思はれます（坪井 1889～90）、

以上のように展示は、同一分野ごとにまとめ展示を行うべきであるとの厳格なまでの指摘を行っている。この坪井の言は、現在の博物館でも忘れてはならないものであることは間違いない。

次に登場するのは、同じく坪井の「ロンドン通信」（坪井 1890）である。坪井は、当該論文で大英博物館（「ロンドン通信」内ではブリチッシ、ミュージアムと呼ばれている）の紹介、批評を以下のように行っている。

ブリチッシ、ミュージアムは人類學に志有る者の行きて見る可き博物館でござります、（中略）物品の事を申しませうに是等は實に好く集まつては居りますが其分類に至つては甚服し兼ねます、ブリチッシミュジアム（原文ママ）編輯に成りました案内書に因て表を作れば藏品の分類は左の通りでござります、（中略）私は世界に名を轟したるブリ

チッシ、ミュージアムにして、斯く不道理な分類を用ゐるは何の故たるを解す事が出來ません、貨幣以下種々性質の異なつた物を總括するに土地と時代とに關せず小さき物品とは實に思ひ掛け無い呼方ではござりませんか（坪井 1890）、

以上のように、大英博物館においても展示されている物品の分類分けが正しく行われていないと批判を行っている。他にも坪井は「人類學標本展覧會開催趣旨設計及び効果」（坪井 1904a）「人類學教室標本展覧會に關する諸評」（坪井 1904b）においても、展示に関する評価を述べており、現在の日本における博物館評価の源流であると看取される。

坪井以外にも明治期には前田不二三による「學の展覧會か物の展覧會か」（前田 1904）があり、反省点や来館者の様子が以下のように述べられている。

學の展覧會か物の展覧會かといふ問は、言ひ換へれば學術の展覧會であるか、學術の資料たる物そのものゝ展覧會であるかといふ事である。（中略）先生はじめ其他の關係の諸君には無論初めから一定の考へを有せられたに相違ないけれども、私は愚にも第二日目の午後になつてからふと腦裡に此問題が沸いて來た、大變に遅かつた。（中略）要するに、第一室の終りで、まさに第二室に入らうとする時に、「これから陳列してありますものは、今お話したやうな目的を達する爲の材料である、たゞ目新しいから集めたものではない、故に箸一本と雖も非常に大切なものがあります。どうぞ其のおつもりで御覽下さい」、と斯ういふと、第一室における最後の氏の言葉を聞いて、なるほどと云つて、此學問なるものを大に感心した様であった（前田 1904）。

この論文は博物館評価だけでなく、ギャラリートークにも生かすことのできる重要な論文であると言えるだろう（しかし、前田の論文にあるように、「この物品は貴重なものである」と強調してしまうと来館者にバイアスがかかってしまう可能性があるため、アンケートを行う際には注意をする必要がある）。

明治・大正・昭和期にはこれ以外に主だった論文はなく、現在のように多くの論文や館報（ここでは勿論のことだが、博物館評価をした結果などが

載っているものを指す）が発表されるようになるのは平成期に入ってからである。本稿ではそのあまりの多さから紹介を行う事はしないが、日本における博物館評価の黎明期といえる明治・大正に比べ、博物館自体による評価が増えているのが特徴である。要因としては博物館批評・評価自体の隆盛、第三世代の博物館の台頭などが考えられる。

2. 現在の博物館批評

「はじめに」で述べた通り、「博物館法」第9条[1)]では、

> 博物館は、当該博物館の運営状況について評価を行うとともに、その結果に基づき博物館の運営の改善を図るため必要な措置を講ずるよう努めなければならない。

と明記されている。さらに、「博物館の設置及び運営上の望ましい基準」第4条[2)]においても、点検及び評価について次の条文が認められる。

> 博物館は、基本的運営方針に基づいた運営がなされることを確保し、その事業の水準の向上を図るため、各年度の事業計画の達成状況その他の運営の状況について、自ら点検及び評価を行うよう努めるものとする。

博物館は、博物館批評・評価を行わなければならないとされている。また、文部科学省でも2010年にガイドライン[3)]が作成されており、博物館評価・批評の必要性や意義、評価に関する留意点等が述べられている。

しかし、文部科学省のガイドラインには具体的な評価項目はなく、日本博物館協会が作成した基準となる博物館自己点検システム[4)]もあるが、作成されたのが10年近く前であることもあり、今となってはある事が当たり前（喫茶店やミュージアムショップ等）の施設があるかどうかが評価項目となっており、反対に外国人観光客に対する多言語対応など現在の博物館に必要とされているものは評価項目に織り込まれていない。

その為、各館が独自の評価項目を作成し評価を行っていることが多い。もちろん、博物館には総合博物館や科学博物館、美術館、公立と私立など様々な種類があるため、独自の評価項目を持つこと自体が悪いわけではない。むしろ杓子定規で統一化してしまうことにより、各館の独

自性が失われてしまう懸念もある。

だが、多言語対応や飲食等のサービスを向上させるために基準の刷新や項目の追加が必要である。

例えば、世界最大の閲覧数を誇る旅行口コミサイト「トリップアドバイザー」の調査によれば、2017年における「外国人に人気の日本の観光スポットランキング」[5)]のトップ30には、「広島平和記念資料館」「箱根彫刻の森美術館」や「沖縄美ら海水族館」「東京都江戸東京博物館」といった博物館施設がランクインしている。2016年と比べるとその数は増えており、今後も博物館への外国人観光客は増大していくであろう。

しかし、キャプションや音声ガイドにおいて、いったいどれだけの館が対応できているだろうか。多くの館では英語や中国語、韓国語に対しては（訳が適切か否かは別として）、日本語のキャプションの下や横に設けるなど対応しているだろう。しかし、勿論のことだが世界の言語はそれだけではない。母語として話している人数が世界で2番目に多いスペイン語や、多くの地域で話されているフランス語、ポルトガル語等数千ものことばが世界には存在しているのである。当然のことだが、そのすべてをキャプションや音声ガイドに収録することは、努力するまでもなく不可能なことである。そもそも、日本に翻訳者がいない言語の方が多いであろう。

また、先に挙げたスペイン語、フランス語、ポルトガル語のみを日本語、中国語、韓国語、英語に加えたとしても、あまりに長大で自分の母語があるにも拘わらず理解困難な現象が起こることが容易に想像される。

ではどうするべきであろうか。博物館評価に「外国人観光客の人数と出身国の内訳」の項目を設けるのである。そうすれば館ごとにどのような言語がキャプションや音声ガイドに必要であるのかが分かりやすくなり、来館者中の外国人の比率も把握でき、展示の見直しにも役立つであろう。

また、博物館業務とは、一見関係が無いように思えるため見落としがちだが、ミュージアムレストランやカフェ、ミュージアムショップの充実・向上も評価項目として外すことが出来ない。なぜならレクリエーション目的で来る大半の来館者にとって、同規模・同種・同質かつ、来館者のいるところから同じ距離であれば、レストランやショップといった付加要素を重視することが容易に考えられるからである。地元の菓子店等に協力してもらう事で地域交流や、活性化を行う事も出来るであろう。

言うまでもない事ではあるが、上記の事は館の運営目標に則った上で行うべきである。展示や解説が杜撰であるのに、多言語対応やミュージアムレストランやカフェ、ミュージアムショップの充実を行っても全く意味がない。展示に関する評価項目の細分化が重要な課題である。

おわりに

現在、はじめにで述べたように多くの博物館で博物館評価が行われている。博物館評価を行う事は、来館者のニーズや満足度を調べたり、博物館が見せたいモノのみを展示したりしていないか、来館者が見たいモノのみを展示したりしていないか、最新の研究結果が取り入れられているかなどを客観的に判断する上で重要である。

しかし、現在は人々の趣味嗜好のめまぐるしい変化や、研究スピードの驚異的な向上、グローバル化が起きている時代である。そのような時代に、今ある博物館批評・評価はどれだけ対応できているのであろうか。折角の博物館批評・評価を「形式として、やらなければいけないもの」などとの消極的なものへとしない為に、「博物館批評の批評」を行っていく必要があることは間違いないであろう。

註

1）電子政府の総合窓口 e-Gov 法令検索による。http://elaws.e-gov.go.jp/search/elawsSearch/elaws_search/lsg0500/detail?lawId=326AC1000000285（最終閲覧日 2018 年 4 月 13 日）

2）文部科学省 HP による。
http://www.mext.go.jp/a_menu/01_l/08052911/1282457.htm（最終閲覧日同上）

3）文部科学省 HP による。

http://www.mext.go.jp/a_menu/01_l/08052911/1282228.htm（最終閲覧日同上）

4）日本博物館協会 HP による。
https://www.j-muse.or.jp/04links/jikotenken.php（最終閲覧日同上）

5）トリップアドバイザー HP による。
http://tg.tripadvisor.jp/news/ranking/inboundattraction_2017/

〈参考文献〉

坪井正五郎　1889～1890「パリー通信」『東京人類學會雜誌』第四十三～四十八號（青木豊 編 2013『明治期博物館学基本文献集成』雄山閣 pp.31～54）

坪井正五郎　1890「ロンドン通信」『東京人類學會雜誌』第五十號（青木豊 編 2013『明治期博物館学基本文献集成』雄山閣 pp.55～60）

坪井正五郎　1904a「人類學標本展覧會開催趣旨設計及び効果」『東京人類學會雜誌』第二十九號（青木豊 編 2013『明治期博物館学基本文献集成』雄山閣 pp.165～176）

坪井正五郎　1904b「人類學教室標本展覧會に關する諸評」『東京人類學會雜誌』第二十九號（青木豊 編 2013『明治期博物館学基本文献集成』雄山閣 pp.177～184）

中島愛美　2018「博物館評価の研究史」『國學院大學博物館學紀要』第42輯

前田不二三　1904「學の展覧會か物の展覧會か」『東京人類學會雜誌』第二十九號（青木豊 編 2013『明治期博物館学基本文献集成』雄山閣 pp.159～164）

第2節　観光資源としての博物館、特に美術館のあり方

前川公秀

現在、バスを利用したツアーが盛んに催されている。低料金で、おいしい食事が付き、しかも最新鋭のバスに揺られてガイドが案内してくれる日帰りのコースは、大変人気があるようだ。そのコースの主たる訪問先として、美術館が取り上げられることも少なくない。たとえば、鳥取県安来の足立美術館のように、多少アクセスの悪い美術館であれば、そのツアーは更に魅力的なものとなる。しかし、このような観光目的のバスツアーなどでは、歴史系の博物館が対象となることは少なく、美術館が多いようである。美術館は華やかで、日常生活にはない異空間を提供しており、精神的な安らぎを得ることの出来る場所であると考えられているからであろうか。反面、歴史系の博物館は、どうも教育的な場所のイメージが付きまとい、日常から解放されたいと思い参加したツアーでまで、学びたくないという気持ちが働くからかもしれない。しかし、一人旅では、少し傾向が異なってくる。美術を好む人が、各地の美術館を巡ることもあるが、明確な目的もなく旅に出て、はじめての土地を訪れた時、まず博物館を訪れることが多い。今、この「町めぐり」も、ブームになっていると言う。

最近は、国内の地方都市にも多くの外国人の姿を見ることができる。はじめての土地では、博物館において土地の歴史や風俗、産業など様々な情報を得ることができる。そこには、江戸期の城下町や商業町の街並みがあり、あるいは織物や製陶、漆木工、醸造などの地場産業を行っており、その関連する場所や建築、遺跡、遺構などについて知ることができる。その情報をもとに見学のコースを計画する。国内には、数多くの地域の博物館が設置され、観光に訪れた人々への導入口になっている。あるいは地場産業の拠点でもある工場などが、そのまま博物館として使

用され、重要な見学施設となっている。このような地域に残された文化財を活用して、経済効果をあげ、「観光立国」をめざそうとする国の政策がすすめられている。

2017年4月16日、大津市のホテルで開催された滋賀県主催の地方創生セミナーにおいて、当時地方創生担当であった山本幸三大臣は文化財観光の振興をめぐり見学者への案内方法やイベント活用が十分でないことを指摘し、「一番がんなのは学芸員。観光マインドが全くない。この連中を一掃しないと」という発言をした。これは、セミナーの講演後に、藤井勇治長浜市長から「インバウンド観光振興」についての助言を求められ答えたものであった[1)]。さらに、セミナー後の記者会見において、

> 例えば二条城でも、大政奉還の時のパフォーマンスをやったらいいじゃないかとアイディアを出してもそんなものはいりませんよと。あるいは花を活けたり、あるいはお茶をやって当時の生活を見せたりすることのほうがインバウンド（訪日外国人）の海外の人なんかは非常に興味をもたれるんだけど、そんなことをやったら大変なことになると全部反対するんですね、学芸員の人たちは。
>
> そういうことで学芸員だけの文化財という形になっていると、まさにこれから観光立国として生きていく時の、そういう歴史資源が活きませんので、そういう人たちのマインドを変えてもらわないと、とてもうまくいかないと思っていまして。
>
> それは、ちょっと…全部クビにするというのは言い過ぎですけども、全く理解してなかったら変わってもらうということは、当然考えてもらわないと、というぐらいの気持ちでやらないとできないし、実際にイギリスのロンドンでは、そういうことが起こったり。
>
> 学芸員の人たちも、ようするに観光マインドを持って、観光客に対してきちっと説明をする、あるいは観光客が喜ぶようなパフォーマンスをやるとか、そういうふうに考えて、プロだけの部分じゃないということを理解してもらわないと困ります。

と述べている。この時には、世界遺産の二条城（京都市中京区）も「過去、

全く英語の案内表記がなかった」と語り、「国宝、重要文化財（重文）では昨年まで水も火も使えなかった。法律では禁止されていないのに、学芸員の判断で一切だめだった」とも語っている。このような文化財に関する山本大臣の同様の発言は、3月9日の参議院内閣委員会においての、「2012年のロンドンオリンピックの際に、大英博物館では観光マインドのない学芸員は全部首にした」というものがある。

山本大臣の「博物館学芸員はガン」発言は、博物館の現状に対する認識も理解もない状態でなされたものであり、博物館現場にとっては失望感に陥るものであった。19日に衆院地方創生特別委員会において、「文化財を地域資源として活用するため、学芸員にもいっそう観光マインドを持ってもらいたいという思いで発言した」と釈明したが[2)]、依然として我が国の博物館の状況について学ばれた痕跡もなく、何ら反省もない釈明であった。この一連の発言は、海外からのインバウンドに利便を図り、「観光立国」をめざす安倍政権の意向に沿うもので、アベノミクスの取組の下、新たな有望成長市場の創出と拡大をめざし、「文化で稼ぐ」という文化を活用した経済政策が検討されていることが背景となっている。その施策に対し、意の通り反映しない地方の文化行政への苛立ちを、担当大臣として内閣を代表し表現したものであろう。しかし、山本大臣の発言内容には、二条城や大英博物館の例の如く全く根拠がなく、その大半がデービット・アトキンソンの著書から転用されたものであった。大臣の地位にある人が、法に定められた博物館の役割についての知識もなく、短絡的に学芸員が文化財の活用を阻害しているという発言は、ある意味国の文化への意識の低さを如実に露呈したものであろう。このような状況下において、2017年12月27日付けで『文化経済戦略』[3)]が施策としてまとめられた。

『文化経済戦略』は、同年6月に法改正された『文化芸術基本法』により、従来の文化振興にとどまらず、観光、まちづくり、国際交流、福祉、教育、産業等との施策連携による総合的な文化政策をめざし、内閣官房と文化庁によりまとめられたもので、「文化と産業・観光等他分野が一体となって新たな価値を創出し、創出された価値が、文化芸術の保存・継承や新たな創造等に対して効果的に再投資されることにより、自立的・持続的に発展していくメカニズムを形成することを目的として策定されました」と述べている。このなかで、文化について、「文化は、我が国の国際プレゼンスを高めるとともに、経済成長を加速化する原動力にもなる重要な資産として、無限の可能性を秘めており、心豊かな国民生活や、創造的で活力ある社会を実現し、世界に冠たる文化国家として国家ブランドを形成していく上でも、極めて重要な役割を果たすものである」と位置付け、2020年の東京オリンピック・パラリンピックの開催は、我が国の文化を世界に発信するチャンスであり、「文化による新たな価値を創出して広く示していく好機」としている。

この『文化経済戦略』では、「日本の文化力」は世界に誇る最大の資産とし、この施策を推進することにより、「多様性に対して理解ある寛容な国民性が育まれ、文化国家に生きる国民一人ひとりの誇りや尊厳に根差した「国民文化力」が醸成され、心豊かな国民生活や、ときめきや感動に満ち溢れた創造的で活力ある社会を実現する」と述べている。そのための基本となる考え方や重視すべき観点等を「6つの視点」としている。そのなかで美術館・博物館として記載されている箇所を拾ってみると次のとおりである。

〇文化財の価値や重要性を理解するには、国民がそれらを鑑賞する機会を多く作ることも必要であり、特に、その役割を担うのが、美術館・博物館である。美術館・博物館が、各地域の社会的・文化的な背景に適応した形で文化財の収集や調査研究を行い、適切に保存した上で積極的な活用を推進することで、文化財の価値やそれらを継承することの大切さを多くの人々に伝えることができ、保存に対する認識も高まっていくという好循環を生み出すことができる。

とあり、さらに「6つの重点戦略」の〈主な取組（例）〉においては、以下のようである。

◆個人所有の特定の美術品（中略）について、適切な保存・活用や確実な継承を促進するため、美術館・博物館に寄託され、公開されるものについて、相続税の納税猶予の特例を創設する。【文化庁】

◆新たな取組として、全国の文化財所有者・管理団体や地方公共団体、博物館・美術館等からの文化財の公開・活用等に関する相談に一元的に対応する文化財の公開・活用に係るセンター的機能を整備する。【文化庁】

◆新たな取組として、地域の美術館・歴史博物館を中心とした文化クラスターを創出し、地域の文化財の魅力発信、観光振興、多言語化による国際発信、ユニークベニューの促進など、地域文化資源の面的・一体的整備を推進する。【文化庁】

◆国内外の美術館・博物館と連携し、我が国の文化財の海外交流を通じて日本文化の魅力を広く海外に紹介するとともに、諸外国の文化関係機関と文化財の海外交流・協力推進に向けた調整等を実施する。【文化庁】

◆美術館・博物館の魅力向上のため、学芸員等を対象としたミュージアム・マネジメント研修及びミュージアム・エデュケーター研修を実施するとともに、重要文化財等の修理及び保存に関する研修を実施することにより文化財に適した展示・保存環境などに関する新たなカリキュラムの開発・提供等を行う。また、国宝・重要文化財（美術工芸品）の公開に関する企画展の支援等を実施する。【文化庁】

◆（前略）企業が設置した美術館等を活かした商品開発・販売促進の推進、従業員への文化研修や文化芸術活動支援を通じた「働き方改革」の推進など、企業の本業と文化活動が密着した新たな企業経営を促進する。【経済産業省】

このように列記すると、美術館・博物館は、文化財の公開の場としての認識しかないようである。この施策は、内閣官房の主導のもとで定められたものであり、前述した山本大臣の発言は、閣僚のひとりとして、観光のために文化財を活用するという考えしかなく、博物館の文化財保護の役割を担う学芸員に、文化財を公開、活用するための意識改革を促す共通の意図が見えて来るのである。

この戦略の内容について、本稿では細かな指摘は行わないが、少なくとも美術館・博物館の役割として求めていることは、元々美術館・博物館の現場で取り組んできたことであり、今さら新たな課題として提示されるものではない。文部科学省や文化庁は、国立の博物館・美術館を統括するが（それすら独立行政法人化し、自らの経営を回避しているが）、地方自治体の博物館に対しては僅かな補助金・助成金や研修の実施を行う程度に止まり、その実態について何ら掌握していないことを表明しているにすぎない。それ故、戦略のなかで〈主な取組（例）〉として提示されている具体例ですら解決策、あるいは実行方法と言えるものではない。それどころか「地域の美術館・歴史博物館を中心とした文化クラスターを創出」とある様に、戦略の至るところに地方任せの体質が現れている。

日本における美術館・博物館は、前述したように文部科学省・文化庁が所管してきた。現在の博物館制度は、社会教育法第５条及び第９条に基づく博物館法により教育機関として、資料の収集・展示・保管・調査研究を行い、教育的配慮のもとで活動すると規定されている。しかし、博物館の制度や活動が、現状と乖離していることは事実である。とは言え、即座に教育機関として活動してきた歴史と実績に目を瞑り、観光に視点を向けようとするのは早計ではなかろうか。しかも、『文化経済戦略』は、日本文化をアピールするために古くから継承されてきた文化財を重点とした施策であり、日本の新しい文化として世界に発信している現代美術やアニメなどは、「伝統工芸、近現代アート、舞台芸術、メディア芸術、生活文化など、人々が様々な文化芸術活動を積極的に鑑賞し、これに主体的に参加し、または創造することができる環境を整備する」や、「国際的な芸術祭やコンクールの開催、アートフェアの拡大、世界的なアーティストやキュレーター、ギャラリストの誘致等、我が国の文化芸術資源や文化芸術活動とアート市場が共に活性化し、持続的に成長・発展していくための新たな取組を推進する」などの記載があるだけで、美術館の果たすべき具体的な役割は示されてはいない。戦略において「美術館・博物館」とひと塊に捉えられてはいるが、なぜか美術館は、博物館とは異なる認識がされているように思われる。その理由は定かではないが、恐らく日本の美術館が、民間と県立館が中心となり形成されてきた結果に由来しているのかも知れない。そこで、日本の美術館史について、簡単に触れておきたい。

わが国の美術館の起こりが、寺社や個人のコレクションの公開にあるという出発点は、博物館と同様である。1930年大原孫三郎の西洋絵画コレクションの大原美術館、1934年嘉納治兵衛の中国古美術の白鶴美術館、1935年尾張徳川家の代々伝継品を公開する徳川美術館、1940年根津嘉一郎の根津美術館など、1930年代から40年代にかけ著名な美術館が設立された。

しかし、急速に増加したのは、高度成長下での明治百年記念事業あるいは自治体確立百年事業として県立から市町村立までの公立館の設置がモニュメントとして促進されたことにあると言えよう。

県立美術館は、1960年代後半頃から設置されはじめた。すなわち、1965年の長崎県立美術博物館のように、美術と歴史を併設する美術博物館から出発し、1967年に設立された北海道立美術館をはじめとし、1970年代に入ると兵庫、福島、栃木、奈良、群馬、千葉などが明治100年、県政100年などの記念モニュメントとして大規模な美術館として設置され、その後の県立美術館設立ブームの先駆けとなった。次いで、1980年前後になると、前述のモニュメントとして計画され、社会の好景気を背景に実現したものとして、東京都美術館の新築をはじめ熊本、北海道（新館）、大分、福井、山梨、山口、富山、宮城、三重、埼玉、岐阜、佐賀、石川（新築）、滋賀、福島など全国の都道府県に美術館設置が広がりを見せ、その波は市立美術館へと広がって行った。市立の美術館も県立館に引けを取らない規模であり、北九州市、福岡市、いわき市、倉敷市、下関市など多くの館が設立された。その他、単一の分野や作家を対象とした大阪市立東洋陶磁器美術館、岡山市立オリエント美術館、井原市立田中美術館なども設置され、東京の渋谷区、目黒区、練馬区などの区立の時代が到来した。その後も全国各地で美術館の整備は続き、県立美術館が設置されていない県は、山形（財・山形美術館が代行）、大阪、鳥取（鳥取県立博物館で美術を取り扱う）、鹿児島（鹿児島市立美術館が代行）の4県のみとなった。さらに、福山市、広島市、横浜市、平塚市、郡山市、千葉市、宇都宮市など県都、政令指定都市などの設置も促進され、一県あるいは一市に複数の公立美術館がある状況下にある。

また民間においても、70年代から特徴的な施設としてデパート内に設けられた美術館が登場する。その先駆けとなったのが、1975年に池袋西武に設置された西武美術館（のちにセゾン美術館と改名）で、コレクションを持たず現代美術の企画展を行う独自のスタイルを示した。この後、新宿の伊勢丹美術館、横浜そごう美術館、池袋の東武美術館、新宿・小田急美術館など次々と誕生し、様々な企画展を開催して、まさに我が国の美術振興を担う大きな役割を果たした。しかし、1972年の大阪の千日デパート、翌年の熊本の大洋デパートの火事により文化財の公開規制が厳しくなりデパート美術館は衰退することとなった。その後、1980年代からは大型化するようになり、MOA美術館、DIC川村記念美術館、ベネッセアートサイト直島、MIHO MUSEUM、大塚国際美術館、ポーラ美術館、森美術館など特徴のあるコレクションと独自な活動を行う民間の美術館が次々と設置され、国や地方自治体の文化行政に刺激を与え続けている。

以上のように、我が国の美術館は、民間と地方自治体が主体となって形成されてきたと言っても過言ではない。すなわち日本の文化は、民間と地方自治体により維持されてきたのである。戦略において、美術館の役割を十分に表現できない理由は、国が日本の文化を民間や地方自治体に任せ、蔑ろにしてきたことにあるように思われる。それは、日本の文化予算が、国家予算の0.1%にすぎない1043億であり、たとえばフランスの0.899%（4238億）、韓国1.09%（2525億）、イギリス0.15%（1773億）などと比較しても明らかである[4)]。この比率を高めるために、「文化で稼ぐ」施策を行い、その収益を「文化に還元」するという。2018年には国際観光旅客税（出国税）の導入も決まり、その歳入は観光地の多言語対策に使用するとのことであるが、新たな税制が来日観光客の減少とならないのか、『文化経済戦略』からの一連の「文化で稼ぐ」施策には不信感を抱かざるを得ない。

そもそも美術館・博物館は、教育機関であり、文化財を保存・継承する役割を持つ施設であり、観光という視点は無かった。ただ、貴重な資料を多くの人々に鑑賞して貰うために、来館者の誘致を図り、観光にも取り組んできたものであり、法的な規定はなかった。特に、日本の美術館には、ルーブル美術館や大英博物館のように世界から人を集客できるほどのコレクションもなく、観光の目玉施設としてはほど遠いものである。確かに、岡山県倉敷市の大原美術館、山梨県立美術館、徳島県の大塚国際美術館、安来の足立美術館のように観光ルートに組み込まれ、多くの観光客が訪れている美術館が存在している。しかし、大半の美術館は観光の対象からはかけ離れたものと言わざるを得ない。美術館は、美術好きか、あるいは展示されているコレクションの鑑賞を目的に訪れるものであり、関心のない人も訪れるという観光的な存在ではない。イギリスの「The Art news paper」によれば、世界で最も多くの入館者のあるルーブル美術館は年間約740万人、2位のメトロポリタン美術館約700万人、3位の大英博物館が約642万人である。アジアで最も多い台湾の故宮博物院は、世界7位で約466万人で、日本で一番の国立新美術館が約262万人で世界20位、東京国立博物館が約192万人で31位、国立西洋美術館が約116万人で53位となっている。国立新美術館は、主たる美術団体展と新聞社などの企画による大規模な特別展を開催している美術館であり、大半が国内からの見学者と思われる。東京国立博物館は、日本の国宝・重要文化財を多数保有する国内最高峰の施設であるが、それでも世界で31位という実績である。国が、この点を重視し、「さらなる入館者数の増加のための魅力ある美術館・博物館の機能強化など、文化芸術資源を活かした我が国の経済社会の活性化のためにも果たす役割は極めて大きい」と考え、『文化経済戦略』を策定したのは理解できなくはない。しかし、それが地域の美術館・博物館まで波及していくのかが問題である。

我が国の美術館においては、独自の課題を抱えているように思われる。前述したように国内の美術館には、人々を引き寄せるほどのコレクションを所有している所は殆ど無いと言わざるを得ない。すなわち、人を引き付ける美術性の高い作品がある訳ではない。にもかかわらず美術館は、「観衆に鑑賞の機会を供する」場として、「深い感動を覚えることにより、豊かな感性を育てる」という考えのもとで運営され、美術愛好者だけを対象にしてきた傾向がある。展示方法も、博物館の説示型展示に対し、美術館では知的理解よりも作品そのものの鑑賞を重視した提示型展示（鑑賞展示）を主流として行っている。すなわち美術館では、説明を最小限にとどめ、作品そのものの「美しさ」のみを提示し、日常生活では味わえない空間的な雰囲気を演出する。そのため詳細な解説はつけず、その成果は鑑賞者に任せる。一方、博物館では、資料に内包される情報について解説パネル、解説シートなどで提供し、鑑賞者が成果を得るための手助けを行うということになる。

美術の作品は、鑑賞するための美的価値しかない訳ではない。大原美術館長の高階秀爾は、美術資料が持つ情報について、一つは見る者に喜びを与え、精神を活発にし、新しいものを作り出す力を生み出してくれること、もう一つは歴史の記憶や遺産を受け継いで今日まで伝えてくれるものであると述べている。そのため、美術は、その生まれた場所、地域、社会、いうものを反映しており、それは作家個人であったり、町、国、場合によっては広い地域の伝統、風土を反映していると述べている[5)]。これと同様に、世田谷美術館長の酒井忠康は、「いかなる芸術といえども人間の文化的所産であるかぎり、それは人と人との出会いや物事を共有する場の問題（性格）を度外視しては語りえない」とし、「わたしたちが、よく口にする画家の出身地や縁をもった場（町や村など）にみられる一種の気性・気風のようなものも有形無形に画家の創造性とむすびついていることが多いのです」と述べている。そして「要するに美術史は、その史的展開があとづける時代の流れ（変遷）を縦軸とし、それぞれの土地の創造の固有性を横軸とする視座において形成されるのだ」とより具体的に指摘している（酒井 1999）。このふたりに共通することは、美術資料には、美的価値としての芸術性の他、時代性、社会性や風土性など（以下「歴史性」と称す）という両義性が存在するということである。酒井の指摘する視点では、たとえば、郷土の風景を描いた絵画などは、その景観の変遷、描かれて人々の姿、風俗の移り変わりなどが端的なものとして考えられるが、資料に内包された情報として芸術性という美的価値とともに、歴史性という面も有している。これは、ひとつの資料に内包された二面性というべきものである。

しかし、美術館において、美術資料の歴史性を提示する館は皆無に等しいと思われる。大半の館が、日本あるいは世界の美術の流れを基本とし、その視点で収集し、展示しているため、歴史系博物館よりも「金太郎飴」的な傾向が認められる。確かに、「郷土」を重視し、「郷土ゆかりの作家」をテーマに取り扱う美術館も多く認められるが、それにしても美術史に位置付けられる作家であることが多く、郷土出身を重視しているに過ぎず、地方色を提示しているとは言い難い。すなわち、美術資料は、鑑賞者の主観的な美的価値の享受にとどまり、それが生み出された時代の表現として、歴史性への解明にまで踏み込んだ展示を行う美術館は皆無と言わざるを得ない。美術館は、鑑賞を重視するあまり、「鑑賞には正解を必要としない」という立場にたち、言語による解説を嫌ってきたという傾向を生じている。『博物館学事典』の〈美術品〉の項での解説においては、美術資料は「歴史の中で「美術である」という評価・価値を与えられたもの」とし、「美的鑑賞のために作られた作品も存在するが、本来、それぞれが発生した背景や使用目的などの史実と切り離されて、美術資料として扱われている場合もある。こうした資料は歴史資料でもあり、民俗資料でもあるという複合的な価値を有するのである」と述べられている（全日本博物館学会編 2011）。ここでは、美術的鑑賞から対象外となったものを「美術資料」と定義付けし、もはや美術館の作品とは別の価値観を与えているような考え方をしている。

現状の美術館では、資料の美的価値だけが求められ、歴史性の視点に立って活動している例は少ない。確かに、美術資料を通して時代精神まで掘り起こすことは、現状ではその方法論が確立されておらず難しいと思われるが、せめて作品に内包される歴史性を解明し、それを提示することは出来るのではなかろうか。それにより、美術の提示型展示を妨げることなく説示型展示を共存することが可能であると思われる。美術好きの人を対象としてきた従来の美術館とは異なり、広く人々に働きかけることの出来る新たな美術館であり、広く人々に興味を抱かせる観光的な要素を持つ美術館活動であるように感じている。ただ、美術館の活動、特に美術作品の展示においては、美学的、美術史的な見地で行われるべきであることは言うまでもない。ここで述べたいのは、美術館が広く人々に受け入れられるためには、入館者の感性だけに頼らず、理解のできる美術鑑賞もあるのではないかということである。これにより、地方の美術館の特性を示すことができたならば、地域美術館としての価値が生まれ、観光施設としての可能性も考えられるのではないであろうか。

図１「歴史・文化交流の家」入り口
（長谷川邸表門）

図２　長谷川良雄作品室

より多くの人に美術について興味を抱かせ、美術館に人を集めるために、美術作家を歴史の流れに位置付けて研究を行い、その成果を説示型展示として反映させるという、従来の感性による鑑賞だけではない試みがすでに為されている。しかし、この展示方法は、鑑賞の導きをすることを疑問視する美術館にとっては、恐らく違和感のあるものかも知れない。では、美術作品は、どのような展示をすればよいのであろうか。ここに、一例を紹介しておきたい。

京都市南区東九条に「歴史・文化・交流の家」という小さな施設がある。ここは、厳密には美術館ではないが、長谷川良雄という画家の作品が展示されるギャラリーを有している。長谷川は、1902年（明治35）年に設立された京都高等工芸学校（現、京都工芸繊維大学）の図案科二期生として入学し、日本の近代洋画の先駆者のひとりと称せられる浅井忠に学んだ。浅井の水彩画の遺鉢を受け継ぎ、水彩画家として京都画壇に名を残している。この小さな施設は、棟札から1742年（寛保2）に建てられた歴史的な建造物であり、長谷川良雄の生家でもある。長谷川家は、東九條に長らく住み、農業を家業としていた。そのため“京町家”ではないが、町家の影響を受けつつ農家住宅として独特の佇まいを持つ特徴的な建物である。長谷川良雄は、その9代目の三男として生まれたが、兄たちの相次ぐ死去により11代目を継いだため、家業の傍ら水彩画を描き続けた。画家が本業ではなかったが、家業の庄屋を営みながら、絵を描き、京展に出品を続け、京都の洋画壇を支えたひとりである。その画業は、1996年に京都市美術館において、また2002年には佐倉市立美術館において回顧展が開催され、大きな評価を得ている。画家ではなかったため、作品の大半は散逸されることなく遺族の元に残されている。この家の二階の一角にある厨子を、そのままの姿を残し水彩画を展示する部屋として使用している。良雄が、生まれ、死去するまで生活した建物に設置された展示空間は、画家の生きていた時代に鑑賞者をタイムスリップさせてくれる。その特別な空間での鑑賞は、作品と共に作家の生活感や空気が伝わり、作家とともに居るような特別の思いにかられる。それは、美術館における展示では味わえない、生活空間での作品の提示である。作品は、描いた人の生活、社会などを背景として生まれて来たことが実感できる場であるからである。

近代美術館では、ホワイトキューブの展示室に作品を展示する。白い壁面の何の装飾もない四角の部屋での展示は、どのような作品にも対応できる理想的な展示スペースと考えられている。確かに客観的な視点で作品を鑑賞するには適しているが、時には作品が生み出された時代の様相のなかで鑑賞することも重要であると考える。時代的な、生活的な空間に作品を置くことにより、鑑賞者は作品に対して新たなイメージを供与できるのではないだろうか。

『文化経済戦略』は、「文化で稼ぐ」経済施策である。そのために、文化財保護法を改正し、文化財の公開日数の延長や現状変更の緩和、あるいは地方での文化財を所管する教育委員会の縛りを失くし、知事部局に移行することも出来るようにし、より活用しやすくすることまで検討されている。この波をうけ、『博物館法』第19条の教育委員会所管の規定の改正も検討されている。美術館・博物館において、文化財の活用は保存を念頭に入れながら、展示という方法で行ってきた。『文化経済戦略』は、博物館の重要な機能である文化財の後世への継承という役割を取り去ろうとしている。そのために、活用した文化財の修復の必要性を述べているが、いくら完璧な修復をしても、後年に別人の手が加わったことに変わりなく、元の形とは異なったものであるという認識が必要である。「文化は、我が国の国際プレゼンスを高めるとともに、経済成長を加速化する原動力にもなる重要な資産」という言葉の裏に、文化財の継承を妨げているという事実が存在していることを忘れてはならない。

文化財・文化を活用した観光に反対している訳ではない。この施策により美術館・博物館が活性化されるならば、それほど望ましいことはない。ただ、将来を見据えた施策であるとは言い難いと思っている。文化財の活用頻度を増やし、損傷させることは、今日まで活動してきた美術館・博物館の存在意義を否定することになるのではないかと危惧している。

博物館は、特に歴史系の博物館においては、その成り立ちから教育や地域産業の振興という視点が重視され、かつ地域精神の継承をめざして設立されてきた。そのため地域博物館は、地味な存在であるが故に、ツアー観光の目的地とはならずに存在してきた。一方、美術館は、経済の高度成長期に、公的なモニュメント、シンボルとして高額な資金による作品の収集や大規模な最新の建築で設立された。また、私立の美術館においても、公立美術館に劣ることのない立派な施設で設置されている。そのなかの数館は、たとえば山梨県立美術館のミレー作品、あるいは足立美術館の庭園、大塚美術館の陶板による原寸大の世界名画の復元など、特徴的な話題になるものがある。一方、大半の美術館は、観光とは無縁のものとして存在している。

美術館・博物館は、法に定められた機能がある故に、観光には消極的であった。しかし、これからの博物館は、「地域の歴史や文化を調査・研究することにより、これまで気付かれていなかった新たな資源の発見や地域の再認識に貢献することが可能である」という（和泉2016）。

同様に、美術館においては、作品を歴史的、社会的、思想的な背景など様々な要素と共に提示するという新たな鑑賞方法を取ることにより、美術好きの場だけではなく、広く来館者を生み出す可能性を持っていると思われる。作品の背景になる要素を歴史系博物館が担い、その成果の下で美術館で展示が行われたならば、地域の独自性、特異性が表現され、美術館・博物館に何か新たな価値を生み出すことになると考える。決して文化財の活用の頻度を増すことだけが、観光に結び付くことではないであろう。

註

1）2017年4月16日『朝日新聞』夕刊より。
2）2017年4月20日『毎日新聞』より。
3）内閣官房・文化庁　『文化経済戦略』（平成29年12月27日）文化庁HPより。
4）毎日フォーラム〈特集「稼ぐ」文化財　経済価値創造で地方創生〉2018年1月10日より。
5）高階秀爾　「視点・論点「美術館の役割と文化」」NHKのHP（/http://www. nhk.or.jp/kaisetsu-blog）より。

〈参考文献〉

和泉大樹　2016「地域の振興と博物館」中村浩・青木豊編著『観光資源としての博物館』芙蓉書房出版
酒井忠康　1999「画家たちのふるさとについて一考察」『中津の洋画家たち』中津市制70周年記念展
全日本博物館学会編　2011『博物館学事典』雄山閣

おわりに

1900年パリ万国博覧会には、日本から多くの人が訪れ、パリを中心にヨーロッパ諸国を巡歴して博物館・美術館を見聞している。その体験は、日本の博物館が急速に発展する原動力となった。国文学者として名高い池辺義象もその一人で、博物館について「天下諸国の古今にわたりて、いろいろな物を集めて、そこに入れば、僅の間に、何でも見て智識を得られるやうに工夫したものである」と、その重要性を述べている(池辺義象『世界読本』弘文館、1902年)。当時の日本人は、新たな文化に触れることをめざして、30日以上の船旅を経て、ヨーロッパの地に赴いたのである。

それから120年近くも経ち、交通アクセスも飛躍的に進化し、ヨーロッパにも12時間程度のフライトで行けるようになった。時間の短縮は、人々の旅への思いを、変化させたように思われる。昔と同様に新たな知識を求め、あるいは非日常的な時間を求めて旅をする人も少なくないが、一方では「インスタ映え」という言葉が流行するように、見た目の美しさ、奇抜さを求める傾向が見られ、日本に訪れる外国の人々も、SNSでの情報をもとに猿が露天風呂に入る光景など、特段観光地ではない場所にも多くの人たちが訪れている。

2017年12月、国は『文化経済戦略』を発表し、「文化で稼ぐ」ことをめざすと宣言した。これは、文化財の活用により、外国観光客の地方への誘致を図り、地方の創生をめざそうとするものだが、その戦略に掲げられた取組例は従来の行政的発想の範疇にしかなく、あまりにも現状と乖離している感が拭えない。しかもこの戦略が、日本の文化財行政を「保護中心」から「活用重視」へ方向転換しようとしていることは、博物館としては看過できない問題である。「文化で稼ぐ」とは言え、すべての文化財が稼げるものでもなく、稼げる文化財を保有する地域に偏ってしまう恐れも懸念されている。まして、日本の文化財行政は、一極集中型であり、指定文化財の多くが国の施設に所蔵されているのが現状である。

この戦略は、2020年の東京オリンピック・パラリンピック前の施行をめざしている。そのため、博物館は、観光というテーマと対峙することを求められている。博物館は、今までも観光と向き合って来た。しかし、その向き合い方、その活動に積極性が欠けていたのではないかと問われている。博物館は、文化財の活用を考えた時、常に保存意識が強く働いたことは確かである。それは、文化財を保護し、後世に継承することは、博物館法で定められた重要なミッションのひとつであると学んできたからである。しかし、今、国は「保護中心」から「活用重視」への方向転換をめざしており、そのために博物館法の改正も検討されている。あらためて文化財の「活用」のあり方を考え直す必要に迫られている。

本書は、様々な視点から博物館と観光との関連性について論じている。博物館の活動について、執筆者それぞれの考え方が表現されている。そのため一貫性に欠ける内容となったことは歪めないが、その多様性が博物館の観光化と文化財保護とを考える際の、多彩なヒントとなることを期待している。最後に、本書を編むにあたり、ご多忙ななか御執筆いただいた執筆者の方々に厚くお礼を申し上げるとともに、刊行していただいた株式会社雄山閣ならびに編集部の桑門亜紀氏に感謝申し上げます。

2018年7月

前川公秀

■編著者紹介

青木　豊（あおき　ゆたか）

1951年　和歌山県橋本市生まれ。
國學院大學文学部史学科考古学専攻卒業。
現　　在　國學院大學文学部教授　博士（歴史学）
主な著書　『博物館技術学』『博物館映像展示論』『博物館展示の研究』
『集客力を高める 博物館展示論』（以上単著）、
『史跡整備と博物館』『明治期 博物館学基本文献集成』
『人文系博物館資料論』『人文系博物館資料保存論』
『人文系博物館展示論』『神社博物館事典』
『棚橋源太郎 博物館学基本文献集成　上・下』（以上編著）、
『博物館学人物史　㊤・㊦』
『大正・昭和前期 博物館学基本文献集成　上・下』
『博物館学史研究事典』（以上共編著）、
『博物館ハンドブック』『新版博物館学講座1　博物館学概論』
『新版博物館学講座5　博物館資料論』『新版博物館学講座9
博物館展示論』『新版博物館学講座12　博物館経営論』
『日本基層文化論叢』『博物館危機の時代』（以上共著）、以上雄山閣
『和鏡の文化史』（単著、刀水書房）、
『柄鏡大鑑』（共編著、ジャパン通信社）、
『博物館学Ⅰ』（共著、学文社）、『新編博物館概論』（共著、同成社）、
『地域を活かす遺跡と博物館─遺跡博物館のいま─』（共編、同成社）、
『観光資源としての博物館』（共編、芙蓉書房出版）
他論文多数

中村　浩（なかむら　ひろし）

1947年生まれ。博士（文学）。
立命館大学文学部史学科日本史学専攻卒業。
現　　在　大阪大谷大学名誉教授、和歌山県立風土記の丘館長
主な著書　『和泉陶邑窯の研究』（柏書房）、
『和泉陶邑窯出土須恵器の型式編年』（芙蓉書房出版）、
『観光資源としての博物館』（共編著、芙蓉書房出版）
など

前川　公秀（まえかわ　まさひで）

千葉県佐倉市在住。
國學院大學文学部史学科卒業。
現　　在　國學院大學大学院客員教授
主な著書　『水仙の影　浅井忠と京都洋画壇』（京都新聞社、第5回倫雅美術
　　　　　奨励賞受賞）、『京都近代美術の継承』（京都新聞社）、
　　　　　『新潮日本美術文庫26　浅井忠』（新潮社）、
　　　　　『1902年の好奇心』（共著、光村推古書院）、
　　　　　『楽浪漆器』（共著、美学出版）、『浅井忠全作品集』（共著、求龍堂）、
　　　　　『博物館学講座3』『新版博物館学講座12　博物館経営論』
　　　　　『博物館学事典』（以上共著、雄山閣）、『新編博物館概論』（共著、同成社）
　　　　　など

落合　知子（おちあい　ともこ）

長崎県佐世保市在住。
國學院大學文学部史学科・國學院大學大学院文学研究科史学専攻卒業。
現　　在　長崎国際大学教授　博士（学術）、お茶の水女子大学
　　　　　上海大学特別研究員
主な著書　『野外博物館の研究』（加藤有次博士記念賞受賞）『野外博物館の研究
　　　　　改訂増補版』（以上単著、雄山閣）、『博物館実習教本』（単著）
　　　　　『博物館実習教本　中国語版』（共著、長崎国際大学）、
　　　　　『史跡整備と博物館』『博物館学人物史　㊤・㊦』『博物館学事典』
　　　　　『人文系博物館展示論』『人文系博物館資料保存論』
　　　　　『人文系博物館教育論』『神社博物館事典』（以上共著、雄山閣）、
　　　　　『観光考古学』（共著、ニューサイエンス社）、
　　　　　『人間の発達と博物館学の課題』『地域を活かす遺跡と博物館
　　　　　―遺跡博物館のいま―』（以上共著、同成社）、
　　　　　『観光資源としての博物館』『考古学・博物館学の風景』
　　　　　（以上共著、芙蓉書房出版）、
　　　　　『中国の戸外博物館研究』（共編著、陝西省西安市文物局）
　　　　　他論文多数

執筆者一覧（掲載順）

栗原祐司（くりはら ゆうじ）	京都国立博物館 副館長
井上洋一（いのうえ よういち）	東京国立博物館 副館長
桝渕規彰（ますぶち のりあき）	鎌倉市教育委員会文化財部長 兼 鎌倉市歴史まちづくり推進担当担当部長
中島金太郎（なかじま きんたろう）	長崎国際大学人間社会学部 助教
高橋真作（たかはし しんさく）	鎌倉歴史文化交流館 学芸員
金子節郎（かねこ せつろう）	小山町教育委員会生涯学習課
落合広倫（おちあい ひろみち）	京都国立博物館
伊東俊祐（いとう しゅんすけ）	國學院大學大学院博士課程後期
松永朋子（まつなが ともこ）	長崎国際大学大学院博士課程前期
鐘ヶ江樹（かねがえ いつき）	長崎国際大学大学院博士課程前期
牛　夢沈（NIU MENG CHEN）	上海大学博物館
鄒　海寧（CHAU HOINING）	國學院大學大学院博士課程後期
陳　維新（CHEN WEI XIN）	國學院大學大学院博士課程前期
樊　子杰（FAN ZI JIE）	國學院大學大学院博士課程前期
二葉俊弥（ふたば としや）	國學院大學文学部 助手
岩下忠輝（いわした ただてる）	國學院大學大学院博士課程前期
田中　彩（たなか あや）	國學院大學大学院博士課程前期
中島愛美（なかじま なるみ）	國學院大學大学院博士課程前期

2018年 9月 25日　初版発行　《検印省略》

博物館と観光 —社会資源としての博物館論—

編著者　青木　豊・中村　浩・前川公秀・落合知子
発行者　宮田哲男
発行所　株式会社 雄山閣
〒102-0071　東京都千代田区富士見 2-6-9
TEL　03-3262-3231 / FAX　03-3262-6938
URL　http: //www.yuzankaku.co.jp
e-mail　info@yuzankaku.co.jp
振 替：00130-5-1685
印刷・製本　株式会社ティーケー出版印刷

ISBN978-4-639-02602-0 C1030
N.D.C.069 360p 21cm